公共管理系列教材

管理学基础

主　编　彭小兵

副主编　谢　丹

重庆大学出版社

U0670616

内容提要

本书按照管理环境、管理道德、管理职能的体系进行编写,系统地阐述了管理活动的基本原理、普遍规律、一般方法和最新的管理实践、管理案例。全章共 12 章,主要包括管理概论、管理理论的演化、组织文化与管理环境、社会责任与管理道德,以及决策、计划、组织、沟通、激励、领导、控制、德鲁克管理思想等内容。每章正文前按照知识、能力和素质列举了学习目标,章末附有本章小结、案例分析、思考与练习题。

本书主要供高等学校经济类、管理类本科生的专业基础课"管理学"教学使用,也可作为企事业单位、社会组织、党政机关的管理者或服务岗位员工的学习参考书。

图书在版编目(CIP)数据

管理学基础／彭小兵主编. -- 重庆:重庆大学出版社,2017.8(2019.8 重印)

ISBN 978-7-5689-0791-0

Ⅰ.①管… Ⅱ.①彭… Ⅲ.①管理学—高等学校—教材 Ⅳ.①C93

中国版本图书馆 CIP 数据核字(2017)第 209656 号

管理学基础

主　编　彭小兵
副主编　谢　丹
策划编辑:尚东亮

责任编辑:李定群　何俊峰　　版式设计:尚东亮
责任校对:刘志刚　　　　　　责任印制:张　策

*

重庆大学出版社出版发行
出版人:饶帮华
社址:重庆市沙坪坝区大学城西路 21 号
邮编:401331
电话:(023)88617190　88617185(中小学)
传真:(023)88617186　88617166
网址:http://www.cqup.com.cn
邮箱:fxk@cqup.com.cn(营销中心)
全国新华书店经销
重庆紫石东南印务有限公司印刷

*

开本:787mm×1092mm　1/16　印张:15　字数:320 千
2017 年 8 月第 1 版　　2019 年 8 月第 2 次印刷
印数:2 001—4 000
ISBN 978-7-5689-0791-0　定价:39.00 元

本书如有印刷、装订等质量问题,本社负责调换

版权所有,请勿擅自翻印和用本书
制作各类出版物及配套用书,违者必究

前言

　　人类在开发、利用大自然和处理社会关系的实践活动中,逐渐探索、发展出了一系列管理思想,至今形成了一套相对完整的管理学理论。然而,在哈罗德·孔茨(Harold Koontz)看来,管理理论就像一个丛林世界,丛林里有无数植物。管理理论也有无数流派和支流派,甚至对"管理"这个概念学术界都存在数十、上百种定义,难以达成一个精确的、统一的定义。这是管理学作为一种科学理论体系而言,与数学、物理学、经济学等其他学科最大的不同。因此,孔茨不得不将管理学界定为一个知识分类框架。但是,难道管理学真的就只能"是一个知识分类框架"而没有统一衡量的尺度吗?比如,对于"决策""执行""监督"和"权力""责任""利益"等现代管理要素,如何决策,如何执行,如何监督,以及决策、执行、监督与责、权、利之间有什么样的对应关系。对于这些问题,要想找到整齐划一的答案是不可能的,但它们作为管理的一系列活动过程,同样具有自身的客观规律,近200年来发展出了一些科学的方法论,并能够以反映管理客观规律的理论和方法为指导。具体而言,管理学的知识架构和理论体系主要围绕两个问题加以展开,即:其一,管理是什么,"管理是什么"涉及管理的内容和原理,属于认识论的问题,包括:管理的概念,管理的本质,管理职能以及管理行为的性质、特征等;其二,如何进行管理,"如何进行管理"涉及管理的方法,属于方法论的问题,如目标管理、系统管理以及各种研究方法。这里,认识论是基础,方法论是目的。通常,绝大多数冠名为《管理学》《管理学基础》《管理学原理》的大学教材,其主要内容都呈现了上述两个方面的理论体系。

　　本书是在编者十多年《管理学》课程教学的讲义、教案、教学大纲、教学案例及多年企事业单位管理实践总结的基础上编写而成的。它融合了经济全球化、互联网技术日新月异以及组织形态、组织边界剧烈变革(例如中国市场上微商的涌现与崛起)条件下的最新管理实践、管理变革需求,并在理论观点、知识体系上主要借鉴、参照了美国著名的管理学教授,组织行为学权威,圣迭戈州立大学管理学荣誉退休教授斯蒂芬·P.罗宾斯(Stephen P. Robbins)的《管理学》体例和架构(编者使用罗宾斯教授的第7版、第9版、第11版中译本《管理学》教材从事本科教学长达10年),也参考了彼得·德鲁克等管理学权威以及周三多、陈春花、刘志坚等国内管理学前辈的一些学术观点、管理理念和知识架构,在此表示衷心的感谢。

本书具有以下几个方面的特点:

1.本书按照重庆大学管理类实践型创新人才培养的知识目标、能力目标、素质目标对管理学的整个理论知识体系进行编排,涵括了管理学核心的理论框架,内容上浓缩了国内外经典教材的知识精华,满足了不同学科、专业对掌握"管理学"基础知识的不同需求。

2.本书每章的最后均对该章的核心知识进行了归纳整理,并把重要的基础概念、理论知识,通过多种类习题、现实案例分析、自我测试等形式抽取、剥离出来,便于读者和学生理解、掌握和分析、应用,并凸显当前社会热点、焦点问题,现实性、趣味性大大增加。这不仅有助于提升学生运用所学的理论知识去分析实际问题、解决现实问题的能力和积极性,也有助于作为一种"生活中的管理学"的准科普读物向全社会普及、推广。

3.鉴于MPA、MBA、MSW等专业硕士学位教育已成为大学生非常关注的热点问题,本书在内容上兼顾了MPA、MBA、MSW入学考试的知识要求和价值理念,并设附录介绍了我国MPA、MBA、MSW教育及人才培养的基本要求,还探讨了如何学好本课程。

本书由重庆大学公共管理学院彭小兵、重庆大学城市科技学院谢丹编写。全书共12章,其中,彭小兵负责前言、第1章至第5章、第9章至第12章和附录,谢丹负责第6章至第8章。全书由彭小兵统稿。

本书的编写和出版,获得了2016年重庆市本科高校"三特行动计划"特色专业建设项目(行政管理专业)的资助,同时还得到了重庆市社会科学规划普及项目(重庆市《人文社会科学龙门阵》科普系列丛书之一)、重庆市研究生教育教学改革研究重点项目(编号:yjg142028)、重庆市高等教育教学改革研究项目(编号:153001)以及重庆市人文社会科学重点研究基地——公共经济与公共政策研究中心、重庆大学城市科技学院、重庆长江工商管理研究院的大力支持。

由于编者水平有限,书中难免存在不足之处,敬请各位读者批评指正。

编　者

2017年5月

目录

第 1 章　管理的基本概念

【知识目标】

 1.定义管理。

 2.区分管理的效率和效果。

 3.描述管理的基本职能和管理过程。

 4.描述管理者所需的技能。

 5.描述组织是什么。

【能力目标】

 1.解释管理者是什么。

 2.识别管理者所扮演的角色。

 3.结合实例理解管理者的概念技能。

【素质目标】

 1.区分成功的管理者与有效的管理者。

 2.研究管理的价值所在。

 3.结合自身的理想和现实,正确地对待、学习管理学。

1.1　管理和管理者

在本章中,引入管理者和管理的概念,并回答下列问题:谁是管理者,什么是管理,管理者做什么,以及为什么应该花时间来学习管理的相关知识。

1.1.1　管理者与组织

管理者可以是各种身材、各种模样、各种肤色和不同性别、不同年龄阶段的人,他们在各类组织中履行着自己的职责。他们不仅经营大公司,也经营小企业,还领导着各级党政机构、军队、医院、博物馆、学校、球队、大学生社团,以及像基金会、合作社、慈善机构之类的社会组织。有一些管理者身居组织的最高领导岗位;而另一些管理者则担任基层

1

管理职务。如今,从政界、商界到学术界,成功的女性管理者已屡见不鲜。

从上面的描述可以看到,管理者都是在组织中工作的。因此,在明确管理者这个问题之前,先来了解组织的概念。

组织(Organization)是为实现某些特定的目的而对人员的一种精心安排。学院或大学就是一个组织。大学生社团、政府机构、教会、中国银行、华为公司、重庆长江工商管理研究院、中国红十字会、加油站、医院、美国芝加哥公牛(Chicago Bulls)篮球队和意大利黑手党(Mafia)等也都是组织。组织一般会建立规则和制度,选拔出某些成员作为"老板",以赋予他们驾驭其他成员的职权;编写职务说明书,以使组织的成员知道他们应该做什么。

组织分为营利性组织和非营利组织两种基本类型。其中,自主从事生产经营活动的企业是典型的营利性组织。以利润最大化为目标、赢得经济利益是企业管理的最本质要求,也是区分营利性组织与非营利性组织的关键特征。非营利性组织主要提供公共产品与服务,不以营利为目的,强调社会效益。但无论是营利性组织还是非营利性组织,都具有3个共同特征:

①每一个组织都有一个明确的目的,这个目的一般是以一个或一组目标来表示。

②每一个组织都是由人组成的。

③每一个组织都发展出一些深思熟虑的结构,用以规范和限制组织成员的行为。

在中文语境里,组织既是动词,又是名词。作为实体(Entity)的组织(Organization),是为达到组织目标而结合在一起的、具有正式关系的一群人,或者说,名词形态的组织是一种由人们组成的、具有明确目的和系统性结构的实体。作为过程(Process)的组织(Organizing),是指为实现组织目标对组织资源进行有效配置的过程。

管理者在组织中工作,但并非所有在组织中工作的每一个人都是管理者。为简化起见,我们将组织的成员分为两种类型:操作者和管理者。操作者(Operatives)是那些直接从事某项工作或任务,进行具体的生产业务活动或专门技术活动的组织成员,他们不具有监督其他人工作的职责。例如,汽车生产线上安装防护板的装配工人,麦当劳店中烹制汉堡包的厨师,医院里为你看病或服务的医生、护士,在教室里为学生提供教学服务的教师等,这些人都是操作者,所从事的活动是组织所分派的具体的作业工作。而管理者(Managers)是指挥别人活动的人,他通过协调其他人的活动达到与别人一起或者通过别人实现组织目标的目的。管理者处于操作者之上,为作业工作提供服务,通常在组织中监督、指挥或协调他人完成具体任务,并对他人工作负有最终责任。有时管理者也做一些作业工作,如医院院长为病人动手术,大学校长为学生上课,保险索赔监督员除了负责监督保险索赔部门办事人员的工作以外,还可能承担一部分办理保险索赔的业务职责,但管理者必须把主要时间和精力用于管理工作。

1.1.2 管理头衔

1)组织层次与管理头衔

按照图1.1所示的组织层次,管理者可以分为高层、中层、基层3种管理头衔,不同层次的管理者承担着不同的管理职责。

高层管理者是指对整个组织负有全面责任的管理人员。其职责为：承担着制订广泛的组织决策、为整个组织制订计划和目标的责任，包括制订组织的总目标、总战略，掌握组织的大政方针并评价整个组织的绩效。

中层管理者是处于高层管理人员与基层管理人员之间的一个或若干个中间层次的管理人员。其职责为：贯彻执行高层管理人员所制订的重大决策，监督和协调基层管理人员的工作。与高层管理人员相比，中层管理者更注重日常的管理事务。

基层管理者是组织中处于最低层次的一线管理人员（First-line managers），他们直接管理作业人员。其职责为：管理非管理雇员所从事的生产、研发或服务工作，包括给下属的作业人员分派具体工作任务，直接指挥和监督现场作业活动，以保证各项工作任务的有效完成。

不同层次的管理者，其工作内容和性质存在很大的差异。基层管理者主要关心具体工作的完成情况，他们关心战术性工作，在处理问题时往往凭借其丰富的生产、销售或研究的工作经验和熟练的技术才能。高层管理者则对组织的长远目标和战略规划更感兴趣，他们关心战略性工作，包括如何制订战略性计划，争夺竞争对手的市场，以扩大自己的市场占有率等。

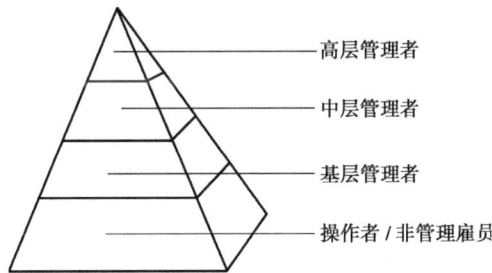

图 1.1　组织的层次与管理头衔

在一个组织中，准确地识别谁是管理者很容易，通过留意组织成员各式各样的头衔就可大致辨认出来。例如，基层管理者通常称为监工。在制造业工厂中，基层（或最低层）管理者可能被称为领班、车间主任；在足球运动队中，基层管理者被称为教练。中层管理者可能享有部门或办事处主任、项目经理、生产主管、地区经理、院长、主教或财务经理的头衔。而处在或接近组织最高领导位置的管理者的头衔，通常被称为董事长或董事会主席、总裁或首席执行官（CEO）、副总裁、校长、总监、总经理。在制造业工厂中，一个有着 25 年管理生涯的人所拥有的管理头衔可能会包括职衔系列：生产工长、领班、调度经理、厂长助理、厂长、工厂经理、地区经理、东部地区制造经理、制造副总裁。在一所大学里，一个有 25 年管理经历的人，他们的升迁阶梯中也许包括这样一些头衔：辅导员、教研室主任或系主任、副院长、院长、校长助理或副校长、校长。

2）管理领域与管理人员

按照如图 1.2 所示的管理领域，管理者又可以分为专业管理人员与综合管理人员，他们扮演着不同的角色。其中，综合管理人员是指负责管理整个组织或组织中某个事业部的全部活动的管理者,如总经理和副总经理,事业部负责人等。专业管理人员是负责组织中某一类活动或职能的管理者,如企业职能部门的管理人员,医院的科室主任,高校的教研室主任等。

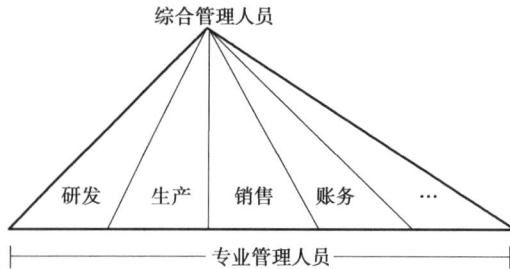

图 1.2　管理领域

1.1.3　管理

纵观人类社会的历史不难发现,管理是小到一个家庭,大到一个国家的各种组织由强变弱或由弱变强的根本。实践证明,一个单位、一家企业,在其他条件不变的情况下,不同的管理层和不同的管理方式可以完全改变其原有状态,既可能使其起死回生,也可能使其一败涂地。下面这个故事,比较突出地体现了管理的重要性及实践性。

> 一名记者、一名律师和一名企业家,三个好朋友在一个星期天相约到高尔夫球场打球,可到了球场后,却发现场面十分混乱。一大群人像被蒙住了眼睛一样,胡乱挥舞着球杆,球四处呼啸,三人非常惊异而且生气,当即叫来了老板,质问他为何如此。
>
> 老板平心静气地说:我经商多年,钱也赚够了,想着高尔夫球是一种富人的娱乐,而一般人很可能是一辈子都享受不来的,便抽出一些时间专门安排他们免费娱乐,今天上午刚好轮到盲人,所以场面才会这样混乱。律师说:"一个商人居然能够体恤他人的痛苦,你好了不起!"
>
> 记者说:"我要写稿赞扬你。"企业家说:"主意是挺好的,但你为什么不把盲人娱乐的时间安排在晚上呢?既有效又不影响赚钱,两全其美!"管理者需要用一种思维去考虑问题,想人们之所不想,既要考虑经济效益又要考虑社会效益。

尽管有效的管理无法直接创造出自然资源,但是它可以有效地利用自然资源,用较少的资源做更多的事情。正是从这个意义上,我们说管理是一种基础国力,管理科学是兴国之道。那么,究竟什么是管理?

1)管理的定义

对于管理的概念,不同的学者有不同的认识。例如,功能学派认为,管理是计划、组织、指挥、协调和控制;行为学派认为,管理是利用各种手段,把人的积极性充分调动起来;管理科学学派认为,管理是利用数学模型进行方案选择;决策学派认为管理就是决策。此外,孔茨认为各级管理者都担负着创造和保持一种使人们在群体中相互配合工作的环境,从而达成精心选择的任务和目标;强调领导艺术的人认为,管理就是领导;强调工作任务的人认为,管理就是由一个人或多个人来协调其他人的活动以便实现个人单独活动所不能达到的效果。

本书认为,管理是指一个协调工作活动的过程,以便能够有效率和有效果地同别人一起或通过别人实现组织的目标。这里,"过程"的含义可以表示为管理者发挥的职能或从事的主要活动,这些职能可以概括地称为计划、组织、领导和控制,下文将详细阐述这些职能。

更好地理解管理这个定义的具体内涵,还需要理解 4 个方面的概念:管理是一个过程,代表了一系列进行中的、有管理者参与的职能或活动;管理活动主要是一种协调,这样就区分了管理岗位与非管理岗位;管理是为实现组织目标服务的载体,管理本身是没有目标的,不能为管理而管理,而只能服务于"实现组织目标";管理工作是在特定环境下开展的。

2)管理的基本矛盾

管理是人类活动中基本、重要的活动之一。任何集体活动以及个人的多个活动都需要管理,没有管理的协调,集体中每个成员的行动方向并不一定相同;即使目标一致,由于没有整体配合,也可能达不到总体的目标。儒家主张的"修身、齐家、治国、平天下",既是一种处世、治国、理政的哲学,也体现了中国古人的一种管理智慧,其表明了管理由近及远的层次和管理领域范围。

管理的基本矛盾来源于人们社会活动遇到的基本矛盾——资源有限性和人们追求无限性的矛盾。资源是稀缺的,而人的欲望是无限的。倘若没有管理,世界就会陷入冲突混乱中。

3)管理的效率和效果

效率(Efficiency)是指输入与输出之间的对比关系,是管理的极其重要的组成部分。对于给定的输入,如果你能获得更多的输出,你就提高了效率。类似地,对于较少的输入,你能够获得同样的输出,你同样也提高了效率。因为管理者经营的输入资源(资金、人员、设备等)是稀缺的,所以管理者必须关心这些资源的有效利用。因此,管理就是要使资源成本最小化,或者说,管理要求以尽可能少的投入获得尽可能多的产品。所谓的"正确地做事",指的就是效率,关注做事的方式。

然而,仅仅有效率是不够的,管理还必须使活动实现预定的目标,即追求活动的效果(Effectiveness)。当管理者实现了组织的目标,则其管理工作或活动是有效果的。显然,管理的效果就意味着所从事的工作和活动有助于组织达到其目标,即所谓的"做正确的事",关注做事的结果。因此,效果涉及的是活动的结果。图 1.3 揭示了效率和效果的机理。

效率和效果是互相联系的。例如,如果某个人不顾效率,其很容易达到有效果。为什么一些地方政府的行政机构的服务经常受到公众的抨击,按道理说他们是有效果的,但他们的效率太低,也就是说,他们的工作是做了,但耗费的时间成本太高。因此,管理

效率（方式）　　　效果（结果）

| 资源利用 | | 目标达成 |

管理努力实现：
低资源浪费（高效率）
高目标达成（高效果）

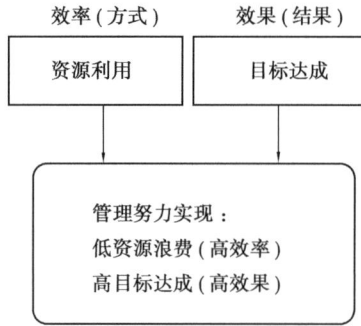

图 1.3　管理的效率和效果

不仅关系到使活动达到目标，而且要做得尽可能有效率。反过来，组织也可能存在有效率但却没有效果的情形。那种要把错事干好的组织就是如此。现在有许多大学在成批量地"加工"学生方面，算得上是高效率的，例如采用计算机辅助学习设备、大班上课、过分依赖兼职教师，使得学校可以大幅度地削减用在每个学生上的教育经费。但这样的教学和人才培养已经受到在校生、毕业生、家长和评价机构的批评。批评意见认为，大学没能给学生适当的教育。

不过，在更多的情况下，高效率还是与高效果相关联的。低水平的管理绝大多数是由于无效率和无效果，或者是以牺牲效率来取得效果的。

1.1.4　管理职能

20 世纪初，法国古典管理理论的代表人物之一，法国矿业工程师亨利·法约尔（Henri Fayol）提出，所有的管理者都履行着 5 种管理职能：计划（Plan）、组织（Organize）、指挥（Command）、协调（Coordinate）和控制（Control）。20 世纪 50 年代中期，美国加州大学洛杉矶分校（UCLA）的两位教授——哈罗德·孔茨（Harold Koontz）和西里尔·奥唐奈（Cyril O'Donnell），采用计划、组织、人事、领导和控制 5 种职能作为管理学教科书的框架。不过学术界一般已将管理职能精简为 4 项基本职能，即计划、组织、领导和控制。

由于组织的存在是为了实现某些目的，因此就得有人来规定组织要实现的目的和实现的方法，这就是管理的任务。计划职能（Planning）包含定义组织的目标，制订整体战略以实现这些目标，以及将计划逐层展开，以便协调和将各种活动一体化。

管理者还承担着设计组织结构的职责，即为组织职能（Organizing）。包括决定从事哪些任务，由谁来从事这些任务，任务怎么分类和归集，谁向谁报告，以及在哪一级作出决策。

每一个组织都是由人组成的，管理的任务是指导和协调组织中的人，这就是领导职能（Leading）。当管理者激励下属，指导他们的活动，选择最有效的沟通渠道，处理雇员的行为问题，解决组织成员之间的冲突时，他就是在进行领导。

管理者还要履行控制职能（Controlling）。控制即监控以确保事情按计划进行。当设定了目标后，就开始制订计划，向各部门分派任务，雇佣人员，对人员进行培训和激励。尽管如此，有些事情还是有可能偏离计划。为了保证事情按既定的计划进行，管理必须监控组织的绩效,将实际的表现与预先设定的目标进行比较。如果出现了任何显著的偏差,管理的任务就是使组织回到正确的轨道上来。这种监控、比较和纠正的活动就是控制职能的含义。

管理职能回答管理者在做什么的问题,他们在计划、组织、领导和控制。当然,由于分工问题,一个组织里不是所有管理者都在作计划、组织、领导或控制。但不管怎样,管理过程是一组进行中的、通常以连续的方式体现出来的决策和工作活动,在这个过程中管理者履行着计划、组织、领导、控制职能。

1.1.5　管理者角色

20 世纪 60 年代末期,亨利·明茨伯格(Henry Minzberg)对 5 位总经理的工作进行了一项研究,发现组织的管理者们常常陷入大量变化的、无一定模式的和短期的活动中,他们几乎没有时间静下心来思考,因为他们的工作经常被打断。根据观察和分析,明茨伯格提出,管理者扮演着 10 种不同但却是高度相关的角色(roles),这 10 种角色可以进一步组合成 3 个方面:人际关系、信息传递和决策制订。

1) 人际关系角色(Interpersonal roles)

①挂名首脑或象征性首脑。必须履行许多法定或社会性例行义务,包括迎接来访者,签署法律文件。例如,大学校长在毕业典礼上颁发毕业文凭,就是在扮演挂名首脑的角色。

②领导者。负责激励和动员下属,负责人员配备、培训、激励,负有惩戒雇员和交往的职责,实际上从事所有的有下级参与的活动。所有的管理者都扮演领导者的角色。

③联络者。维护与外部接触和联系网络,披露信息,发感谢信,从事有外部人员参加的活动或其他外事工作。联络者与组织内外提供信息的来源接触,例如,销售经理从人事经理那里获得信息属于内部联络关系,当这位销售经理通过市场营销协会与其他公司的销售经理接触时,他就有了外部联络关系。

2) 信息传递角色(Information roles)

①监听者。寻求和获取各种特定的信息(包括各种即时信息),以便透彻地了解组织与环境,作为组织内部和外部信息的神经中枢,阅读期刊和报告,保持私人接触。例如,通过阅读杂志和与他人谈话来了解公众趣味的变化,了解竞争对手可能正打算干什么。

②传播者。管理者还是一种信息通道,发挥着向组织成员传递信息的作用,包括将从外部人员和下级那里获得的信息传递给组织的其他成员——有些是关于事实的信息,有些是解释和综合组织内有影响的人物的各种有价值的观点,举行信息交流会。

③发言人。当代表组织向外界表态时,他是在扮演发言人的角色,包括向外界发布有关组织的计划、政策、行动、结果等信息,举行董事会议,向媒体发布信息。

3) 决策制订角色(Decision criteria)

①企业家。管理者发起和监督那些将改进组织绩效的新项目,包括:寻求组织和环境中的机会,开发新项目,制订"改进方案"以发起变革,监督某些方案的策划、执行,制订

战略,检查会议决议的执行情况。

②混乱驾驭者或故障排除者。管理者采取纠正行动应付那些未预料到的问题。当组织生变或面临重大的、意外的动乱时,负责采取补救行动,掌控混乱局势,应对危机。

③资源分配者。管理者肩负着分配人力、物力和财力的责任,配置组织的各种资源,批准所有重要的决策,包括调度、询问、授权,从事涉及预算的各种活动和安排下级的工作。

④谈判者。作为组织的代表,参与工会、与客户进行合同谈判。当管理者为了自己组织的利益与其他团体议价和商定成交条件时,他们是在扮演谈判者的角色。

虽然大量的研究证据支持这样一种观点,即不论何种类型的组织以及在组织的哪个层次上,管理者都扮演着相似的角色。但是,管理者角色的侧重点是随组织的等级层次变化的,特别是传播者、挂名首脑、谈判者、联络者和发言人角色,对于高层管理者要比低层管理者更重要。相反,领导者角色对于低层管理者,要比中、高层管理者更重要。

1.1.6 管理技能

与普通的操作者不同,管理者在从事管理工作时需要具备一定的管理技能。大体上,管理者的技能可以分为3类。不同管理层次的管理者所需的技能有所不同(图1.4)。

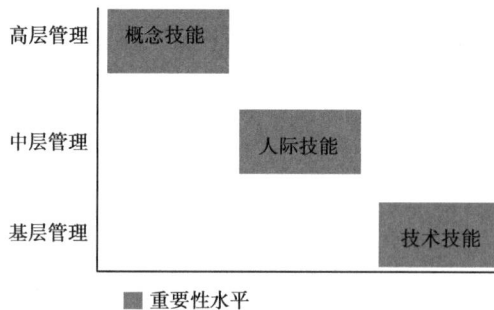

图 1.4　不同管理层次的技能

1)技术技能

技术技能是指从事自己管理范围内的管理工作所需要的技术和方法。管理者要熟悉和精通某种特定专业领域的知识,如:财务总监要熟悉财经制度、记账方法、预决算的编制方法。

2)人际技能

人际技能是指与人共事、激励或指导组织中的各类员工或群体的能力,能够独立和在小组中以合适的方式与他人沟通。管理是一种群体性的工作,因此,管理者的表达能力、协调能力、激励能力以及能够正确对待他人,都非常重要。

3)概念技能

概念技能是指一种综观全局、洞察环境复杂程度的能力或眼光(Vision,即洞察力),以及减少这种复杂性的技能,也是一种协调和整合组织利益与行为的能力。包括:管理者将组织看成一个整体,统观全局的能力;理解组织与环境的相互关联从而找出关键影响因素的能力;确定和协调各方面关系的能力;权衡不同方案优劣和内在风险的能力。

1.1.7　管理的几个问题

1) 平均的、有效的和成功的管理者

现实中存在这样一种现象,在工作上最有成绩的管理者,不一定是在组织中提升得最快的人。针对这种现象,弗雷德·卢森斯(Fred Luthans)和他的副手提出这样的问题:在组织中提升得最快的管理者,与在组织中成绩最佳的管理者从事的是同样的活动吗?他们对管理者工作的强调重点一样吗?带着这些问题,卢森斯和他的副手研究了450多位管理者,发现有效管理者与成功管理者都从事以下4种活动:

①传统的管理。如决策、计划和控制等。

②沟通。主要是一些交流例行信息和处理文书的工作。

③人力资源管理。包括激励、惩戒、调解冲突、人员配备和培训。

④网络联系。包括社交活动、政治活动和与外界交往等。

研究表明,"平均"意义上的管理者、"成功"的管理者和"有效"的管理者花在上述4项活动上的时间和精力显著不同。如表1.1所示,成功的管理者(以在组织中晋升的速度作为标志)在对各种活动的强调重点上,与有效的管理者(以工作成绩的数量和质量以及下级对其满意和承诺的程度作为标志)的显著不同之处在于:维护网络关系对管理者的成功相对贡献最大;从事人力资源管理活动的相对贡献最小;而在有效的管理者中,沟通的相对贡献最大;维护网络关系的贡献最小。这个研究生动地说明,社交和施展政治技巧对于在组织中获得更快的提升起着重要的作用。

表 1.1　平均的、成功的和有效的管理者的活动时间分布

	传统管理/%	沟通/%	人力资源管理/%	网络联系/%
平均管理者	32	29	20	19
成功管理者	13	28	11	48
有效管理者	19	44	26	11

2) 不同组织类型中的管理工作

有一个问题是,一个税务机关的管理者,与一个工商企业的管理者从事的是同样的工作吗?一般营利性组织(如中国银行)与非营利性组织(如中国红十字会)的管理者的工作是一样的吗?回答是:大部分是一样的。下面纠正一些关于公共组织管理者的谬论。

谬论1:公共组织中的决策强调的是政治的优先目标,而企业组织的决策是理性的和不涉及政治的。真相是:所有组织中的决策都受到政治的影响。

谬论2:公共决策的制订者与企业决策者不同,他们在职权和自主权方面受到行政程序的限制。真相是:几乎所有的管理者都感受到他们的管理抉择受到种种限制。

谬论3:使政府官员作出高绩效很难,他们太懒散,过于小心谨慎,且缺少动机,而企业管理者不同。真相是:有证据表明,公共部门和企业的管理者在需求动机上没有明显差异。

无论何种类型的组织,管理者的工作都具有共性,都要作决策、设立目标、建立有效的组织结构、雇用和激励员工、从法律上保障组织的生存、获得内部的政治支持以实现计划。当然,还是存在一些显著差别。对于企业组织,衡量绩效的最重要也是最明确的指标是利润,称为纯收入或"底线收入"(The bottom line)。而对于非营利组织,就找不到这种一般性的指标,考核学校、博物馆、政府机构、公益慈善组织的绩效是相当困难的。这些组织中的管理者不会由市场检验他们的绩效。总之,一般的研究结论是,尽管营利性和非营利性组织的管理存在显著差异,但二者的共性远超过它们之间的差异。当这两类组织的管理者履行计划、组织、领导和控制职能时,都要研究如何扮演决策制订者的角色。

3)不同组织规模中的管理工作

另外一个话题是,小型组织与大型组织的管理者的工作有无不同之处?回答这个问题需要考量小企业管理者的工作与大企业管理者有何不同。管理者在小型组织和大型组织中从事着基本相同的工作,区别仅在于程度和侧重不同,以及具体做法和花费的时间不同。

一项比较研究表明,管理者角色的重要性在两类企业中显著不同。通常,小企业管理者最重要的角色是发言人。小企业管理者要花大量的时间处理外部事业,如接待消费者,会晤银行家寻求贷款,搜寻新的生意机会,以及促进组织变革。相反,大企业的管理者主要关心的是企业的内部事务(如怎样在组织单位间分配现有的资源等)。根据此项研究,企业家角色(寻求生意机会和规划变革的活动)对于大企业的管理者来说处于相对次要的地位。

不过,与大企业的管理者相比,小企业管理者更可能是一个多面手,其工作综合了大公司总裁的活动和第一线监工的日复一日的活动。不仅如此,大企业管理者是结构化的和正规性的工作,而小企业管理者往往是非正规性的。在小企业中,计划不太可能是一种仔细协调的过程,组织结构的设计也不那么复杂,控制则更多地依靠直接巡视。

1.2 管理学及其特性

1.2.1 管理学的概念

管理学是一门专门研究管理活动、管理过程的普遍规律、基本原理和一般方法的科学与艺术。管理学不仅运用于工商企业,也用于医院、学校、军队、党政机关、基金会以及科研单位的管理,是一门应用性学科。管理学的整个知识体系,主要是围绕着"管理是什么"以及"如何进行管理"这两个问题展开的,前者属于认识论范畴,后者属于方法论范畴。

1.2.2　管理的科学性与艺术性

管理学发展至今,已经有了不同于其他学科的独特的学科知识体系,既是一门科学,又是一门艺术。

管理的科学性是指管理作为一个活动过程,存在着其自身运动发展的客观规律。管理的科学性体现在管理的系统性上,具有相对完整的理论体系。具体而言,管理有自己明确的概念、范畴和普遍原理、一般原则,并且相互依存,形成了独特的知识体系,当属科学无疑,其科学方法能够通过对事物、现象的观察而对事物的本质作出判定,并通过继续不断地观察而对这些本质的确切性进行检验。

管理的艺术性是指管理者在掌握一定理论和方法的基础上,灵活运用这些知识和管理技能的能力。管理的艺术性体现在以人为管理对象的特殊性、管理手段的弹性、管理方法的经验性。当然,管理的艺术性,既不是指文学、绘画、音乐、舞蹈等用形象来反映现实的社会意识形态,又不是指事物的形态独特而美观,而是指富有创造性的方式和方法,也就是在工作或广义的实践活动中,创造性地灵活应用科学知识,将知识转化为生产力和能力的一种技巧。艺术性来自个人的经验、直觉、智慧和智力。另外,管理是一种艺术,这是强调管理的实践性,没有实践则无所谓艺术。管理人员不能靠生搬硬套管理原则、原理进行管理活动,因为管理面对的不是一次又一次可以设定完全相同条件的实验环境,而是时刻都在变化的组织内外环境,因而没有可以一次又一次被重复验证的一成不变的规律可循。

总结起来,管理含有特定的艺术成分,主要体现在以下 4 个方面:

①管理没有一成不变的规律可循,不是因为自身的缺陷,而是所处的条件不同,决策因人而异,显出艺术性。

②管理对同一决策对象而言,决策本身既包含实验意义,又具有实施价值,不存在严格意义上的可以重新再来的机会,因而显现出决策者对机遇的把握能力。

③管理者的 3 项重要资源:决策能力、用人和运用自己有限的时间均是因决策者个人而异的。更多地体现为一种艺术。

④管理具有很强的实践性。优秀的管理专业毕业生并非就一定能管好一个企业。

总之,管理不仅要求科学严谨而且要求艺术。但正因为有了管理,一个企业、一个城市、一个国家乃至整个地球才能够秩序井然,才能产生、保持和发展经济效益。进而,我们也可以有疑问,宇宙的井然有序,是不是也意味着有一种无形的手在管理呢?

1.2.3　为什么要学习管理学

学习管理学的第一个原因,是由于改进组织的管理方式关系到每个人的切身利益。不管是否从事管理工作,我们一生中的大部分时间在和管理打交道。可以说,各种规模、各种类型的组织都需要管理,在所有组织层次上都需要管理,在所有工作领域中都存在管理问题,管理职能在所有组织中必须采用(图1.5)。因此,从切身利益出发也要求组织改进它的管理方式。

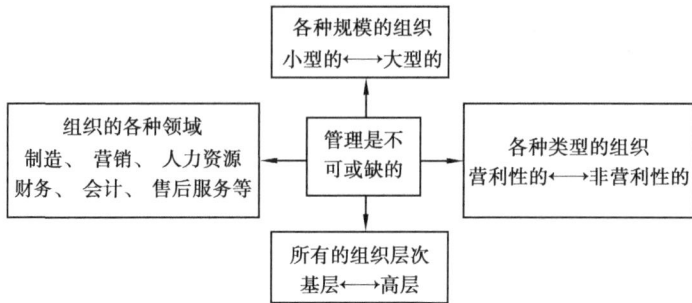

图1.5 对管理的普遍需要

学习管理学的第二个原因,是当你从学校毕业开始你的职业生涯时,你面对的工作现实是,要么管理别人要么被别人管理;多数人有管理责任,多数人也在为管理者工作。

对于那些选择管理生涯的人来说,理解管理过程是培养管理技能的基础,而且通过学习管理,可以从老师的行为中和组织的内部运作中,领悟到许多道理。虽然每个学习管理的人未必都打算从事管理职业,或选修一门管理课程只是取得学位的要求,但切不要把学习管理当作无关紧要的事情。因为只要出去工作,那么总得在某个组织中工作,于是,或者你是管理者,或者你为管理者而工作。

学习管理学的第三个原因是成为一名管理者有大量的回报。通常情况下,成为管理者的挑战有:管理是艰辛的工作;必须与各种性格的人打交道;当员工面对不确定性时,必须激励员工。但成为管理者也有大量的回报。如你创造一种工作环境使组织成员能够充分发挥他们的能力;你有机会创造性地思考;你有机会帮助他人发现工作的意义和完成他们的工作;你还有机会和各种人打交道,这样有助于提升你自己,锻炼或磨炼自己的意志和毅力。当然,有一点需要指出的是,你不要指望仅从一门管理课程中就能学会怎样做管理者。

【本章小结】

1.管理者是组织中指挥他人活动的人,拥有各种头衔,如监工、主任、院长、经理、CEO、董事长等。操作者是非管理人员,他们直接从事某项生产工作或服务。

2.管理是同别人一起或通过别人使活动完成得更有效的过程。这一过程体现在计划、组织、领导和控制的管理职能或基本活动中。

3.效果和活动的完成与目标的实现相联系,而效率涉及使完成活动的资源成本最小化。

4.管理者扮演着 3 组 10 种不同的角色:人际关系(挂名首脑、领导者、联络者)、信息传递(监听者、传播者、发言人)、决策制订(企业家、混乱驾驭者、资源分配者、谈判者)。

5.成功的管理者强调网络关系活动,有效的管理者则强调沟通。这个研究结果表明,社交和政治技巧对于在组织中晋升是重要的。

6.管理者需要具备概念技能、人际技能、技术技能。

【案例分析】

【案例 1.1】　日本一个小老板的一天(资料来源:贯通日本资讯频道)

该企业拥有员工 500 多人,效益良好;员工积极性高,是一个劳动密集型产业;老板是董事长兼总经理,下设一个生产副总和一个营销副总。以下是这个老板一天上班的时间纪实:

7:00,准时到达工厂,进办公室批阅昨天放在桌上的文件;

7:30,出现在工厂门口,迎接上班的员工;

8:00,上班时间到,到全厂各处走马观花地转了一下;

8:30,开车出厂,车后备厢中有钓竿,钓鱼去了;

11:30,钓完鱼回厂,把鱼送到厂内自办食堂,回自己的办公室看报(报纸杂志等外部资料 10 点准时送到他的办公桌上);

12:00,到厂内食堂与员工一起吃工作餐;

12:15,到办公室休息(内有一张供午休的床);

13:00,上班时间到,又到全厂各处走马观花地转了一下;

13:30,开车出厂,请朋友或客户喝茶;

16:00,回厂将办公室为当天过生日的员工订购的蛋糕(刚好 16:00 准时送到厂门口)装上车出厂(将所有的生日蛋糕一一送到员工的家中,同时入户走访了 3 家计划走访的员工;另外临时到今天早上观察到情绪不正常的两个员工家中去看了一下);

17:00,回厂,又站在厂门口欢送员工下班;

17:00,开车回家。

问题:用明茨伯格的管理理论框架分析这个日本小老板的活动。

1.你认为该企业老板有效利用了他的时间吗? 请说明理由。

2.你认为他应该怎么安排时间,为什么?

3.讨论:该老板"上班迎、下班送,与员工共同进餐",会不会削弱管理者的权威?

【思考与练习】

一、单项选择题

1.以下对管理的应用范围的认识,正确的是哪一项?（　　）

A.管理仅适用于企业组织　　　　　　　B.管理适用于所有组织

C.管理不适用于非营利性组织　　　　　D.管理仅适用于大型组织

2.从发生的先后顺序看,下列4种管理职能的排列方式,哪一种更符合逻辑?
（　　）

A.计划、控制、组织、领导　　　　　　B 计划、领导、组织、控制

C.计划、组织、控制、领导　　　　　　D.计划、组织、领导、控制

3.一个管理者所处的层次越高,面临的问题越复杂,越无先例可循,越需要具备
（　　）。

A.领导技能　　　　B.组织技能　　　　C.概念技能　　　　D.人事技能

4.管理是人类社会普遍的社会现象,它是伴随着（　　）的出现而产生的。

A.自然界　　　　B.人类　　　　C.生物　　　　D.组织

5.管理既是一门科学又是一门艺术。管理的艺术性,是强调管理的（　　）。

A.复杂性　　　　B.有效性　　　　C.实践性　　　　D.精确性

二、名词解释

管理　非营利性组织　概念技能

三、简答题

1.什么是组织? 为什么管理者对组织的成功起着重要作用?

2.有效果的组织一定是有效率的吗? 试讨论。

3.将4种管理职能与明茨伯格的10种角色相对照。

4.管理者的工作是怎样随着他在组织中的等级变化的?

四、应用与自我评估

1.市长的工作在哪些方面与公司总裁的工作相似? 在哪些方面有所不同?

2.学习管理学对于一个公共管理学科专业的毕业生有什么好处? 如果他打算:

(1)在政府机关中工作;

(2)在大中型公司企业中工作;

(3)在一个非营利性组织中工作。

3.大学教师是管理者吗? 以法约尔的管理职能观和明茨伯格的管理者角色观进行
讨论。

4.自我评估:你在一个大型组织中从事管理的动机有多强?

下列问题用于评价你在一个大型组织中从事管理的动机。它们基于7种管理者工
作的角色维度。对每一个问题,在最能反映你的动机强烈程度的数字上画个圆圈(1～7,

由弱到强），见表 1.2。

表 1.2　7 种管理者的角色维度

我希望与我的上级建立积极的关系	1　2　3　4　5　6　7
我希望与我同等地位的人在游戏中和体育比赛中竞争	1　2　3　4　5　6　7
我希望与我同等地位的人在与工作有关的活动中竞争	1　2　3　4　5　6　7
我希望以主动和果断的方式行事	1　2　3　4　5　6　7
我希望吩咐别人做什么和用法令对别人施加影响	1　2　3　4　5　6　7
我希望在群体中以独特的和引人注目的方式出人头地	1　2　3　4　5　6　7
我希望完成通常与管理工作有关的例行职责	1　2　3　4　5　6　7
总分	
参考答案：加总你的分数，你的得分将落在 7~49 分的区间内 评分标准：7~12 分为较低的管理动机；22~34 分为中等的管理动机；35~49 分为较高的管理动机	

第 2 章　管理理论的产生与发展

【知识目标】

1.掌握管理理论的演变和发展。

2.掌握科学管理的主要观点。

3.掌握人际关系学说的主要观点。

4.掌握系统管理理论和权变理论的主要观点。

【能力目标】

1.理解管理的数量方法。

2.描述早期组织行为倡导者的贡献。

3.解释霍桑研究对管理理论发展的重要性。

4.描述一般行政管理理论的贡献。

【素质目标】

1.说明学习管理史的价值。

2.综述管理理论主要贡献者的探索精神。

2.1　早期的管理活动及管理理论的萌芽

管理历史的知识能够帮助理解今天的管理理论和实践。本节将介绍当代管理概念的起源，并说明管理概念是如何反映组织和社会的变化要求而不断演进的。

你是否了解古代的哪些人类活动反映了管理思想？从史料记载来看，大约从公元前5 000年开始，在世界四大文明发祥地就先后出现了大规模、高水平的管理活动，并在实践中产生了丰富的管理思想。埃及的金字塔、中国的长城、巴比伦的"空中花园"等远古建筑包含着伟大的管理实践，闪耀着古代人类的管理思想，表明几千年前人类就能够完成规模浩大的、由成千上万人参加的大型工程。如金字塔的建造，建造一座金字塔要动用10万人干20年，谁来吩咐每个人该干什么？谁来保证在工地上有足够的石料让每个人都有活干？答案一定是现代意义上的管理：得有人计划要做什么，得有人组织人们和材料去做这件事,得有人指挥人们去做,以及采取某些控制措施来保证每件事情按计划进行。这些计划、组织、领导、控制等管理活动,显然在地球上已经存在了几千年。

甚至《圣经》的"出埃及记"中也提到管理的概念。摩西的岳父对以色列的领袖摩西说:"你这种做事的方式不对,你会累垮的。你承担的事情太繁重,光靠你个人是完不成的。现在你听我说,我要给你一个建议,你应当从百姓中挑选出能干的人,封他们为千夫长、百夫长、五十夫长和十夫长,让他们审理百姓的各种案件。凡是大事呈报到你这里,所有的小事由他们去裁决,这样他们会替你分担许多容易处理的琐事。如果你能够这样做事,那么你就能在位长久,所有的百姓将安居乐业。"这些文字戏剧性地说明,一个大型组织的管理者,需要授权和只过问那些较低层管理者不能解决的例外问题。

罗马天主教会是另一个关于管理的有趣例子。教会今天的组织结构基本上是在公元 2 世纪建立的,那时,教会的目标和教义规定得更加严格,最高权威集中于罗马。教会建立了一个简单的权力等级结构,由 5 个层次组成,从下到上分别为社区教士、主教、大主教、枢机主教和教皇。在将近 2 000 年的过程中,这种结构基本上没有变化。古罗马建立了层次分明的中央集权帝国,分 4 个道,13 个省,60 多个郡。公元 15 世纪左右的管理思想成就体现在意大利政治哲学家尼可罗·马基雅维利的《君王论》一书里。该书出版于 1532 年,系统地阐述了统治者怎样管理国家、如何更好地运用权威,提出了 4 条原则:权威来自群众;内聚力,组织要长期存在,就要有内聚力,而权威必须在组织中行使;领导能力;求生存的意识。这些原则对今天的组织及其管理实践都依然有借鉴和参考意义。

对古典经济学说作出了主要贡献,被誉为西方经济学鼻祖的亚当·斯密(Adam Smith)于 1776 年发表了《国富论》一书,阐述了他对组织和社会将从劳动分工(Division of labor)中获得巨大经济利益的光辉论断。亚当·斯密认为,劳动分工之所以能够提高生产率,是因为它提高了每个工人的技巧和熟练程度,节省了由于变换工作浪费的时间。劳动分工也有利于机器的发明和应用,今天广泛普及的工作专业化、专门化(如教学、医疗、汽车厂的装配线等)及其带来的巨大经济效益,无疑是亚当·斯密在 240 年前提出的劳动分工的反映。

20 世纪以前对管理最重要的影响还是产业革命(Industrial Revolution),它开始于 18 世纪的英国,在美国南北战争结束后又传到了美国。机械力迅速取代了人力,并且使在工厂中制造商品更加经济。机械力的出现,大量生产,随着迅速扩展的铁路系统而来的运输成本的降低,以及几乎没有任何政府法令的限制,这一切促进了大公司的发展。约翰·D.洛克菲勒(John D. Rockefeller)建立了垄断性的标准石油公司(Standard Oil),安德鲁·卡内基(Andrew Carnegie)控制了钢铁工业的 2/3,以及其他企业家们建立了很多大型企业,这些企业需要正规化的管理,对于规范的管理理论的需求也应运而生。

不过,大体上,在产业革命以前还谈不上研究管理或提出管理理论。在产业革命或工业化前,社会组织主要是家庭、部落、教会、军队和国家,有些人也从事较小规模的经济活动,但其规模无法与工业化时期相比,所以当时的管理思想主要体现在教会、军队和王朝的管理上。产业革命后,由于工业的发展和厂商的增多,出现了一批杰出的企业家,他们总结自己的管理经验,共同探讨管理的问题,为管理理论的产生作出了贡献,形成了管理理论的萌芽,但依然没有形成正式的管理理论体系。主要原因是当时的研究重点是技术而不是管理,当时占主导地位的是技术天才、发明家和工厂的创始人,他们的成败多数取决于他们个人的性格而不是一般的管理。这时,实践中的管理具有所有者与管理者职能未分离、没有严密的管理制度、凭经验管理等特征。直到 20 世纪初,建立正式管理理论的尝试才迈出了决定性的第一步,管理才被系统地加以研究,逐渐形成一种共同的知识体系,成为一门正式的学科。

2.2　管理理论的形成与发展

20 世纪的前半期是一个管理思想的多样化时期。科学管理从如何改进作业人员生产率的角度看待管理;一般行政管理者关心的是整个组织的管理和如何使之更有效;一批管理研究人员强调人力资源或管理的"人的方面";而另一批人则专注于开发应用数量方法。在本节中,将主要描述这 4 种方法对管理的贡献,但严格地讲,这 4 种方法都与同一个对象有关,它们之间的差异反映出研究者不同的背景和兴趣,犹如"盲人摸象"的寓言,其实每一个盲人摸到的都是同一头大象,但他们对大象的认识取决于各自所站的位置。因此,他们的每一个观点都正确,但每一种观点都有它的局限性。

2.2.1　科学管理理论

弗雷德里克·温斯洛·泰勒(Frederick Winslow Taylor)的科学管理(Scientific management)研究及其在 1911 年出版的《科学管理原理》,确立了他作为科学管理之父的地位。泰勒的大部分工作生涯是在美国宾夕法尼亚州的米德韦尔和伯利恒钢铁公司度过的。作为一位有着清教徒背景的机械工程师,他当时对工人的"磨洋工"、工人和管理者没有明确的责任概念,工厂缺乏有效的工作标准,管理者凭着预感和直觉作决定,以及管理当局与工人之间固有的对立观念等低效率工作状况感到震惊。于是,泰勒开始在车间里用科学方法来纠正这种状况,以极大的热情寻求从事每一项工作的"最佳方法",前后持续了近 20 年时间。

泰勒明确规定了提高生产率的指导方针,并定义了 4 项管理原则:

①对工人工作的每一个要素开发出科学方法,用以代替老的经验方法。

②科学地挑选工人,并对他们进行培训、教育和使之成长。

③与工人们衷心地合作,以保证一切工作都按已形成的科学原则去办。

④管理当局与工人在工作和职责的划分上几乎是相等的,管理当局把自己比工人更胜任的各种工作都承揽过来。

泰勒相信,遵循这些原则会给工人和管理当局双方带来繁荣,工人们会挣更多的钱,同时管理当局会获得更多的利润。泰勒在搬运生铁实验、铁锹实验、金属切削实验等领域里的实验,美国制造业应用科学管理方法后的效率提升,以及这些管理原则在美国联合邮包服务公司的应用,都为泰勒的预言提供了支持证据。

泰勒的思想激发了人们研究和发展科学管理方法的热情,他的最杰出的追随者是弗兰克和莉莲·吉尔布雷斯(Frank and Lillian Gilbreth)夫妇,他们致力于研究工作安排和消除手及身体动作的浪费问题。米德维尔钢铁厂(Midvale Steel Words)和伯利恒钢铁公司(Bethlehem Steel Company)工作的一位年轻的工程师亨利·甘特(Henry L. Gantt),他发明了一种奖金制度,对那些以少于标准规定的时间完成工作者给予额外奖励;他还引入了一种对领班的奖金制度,只要领班手下的所有工人都完成了定额,不仅工人而且领班本人也可以得到一份额外的奖金,从而使科学管理的应用对象不仅包括操作者还包括工作的管理者。但甘特最著名的发明是创造了一种使管理者能够用来进行计划和控制的甘特图(Gantt chart)。通过在一个坐标轴上表示出计划的工作与完成的工作,在另一个坐标轴上表示出已经过去的时间,甘特图使管理当局能够随时看到计划的进展情况和及时采取必要的行动保证项目按时完成。

科学管理的产生是管理从经验走向理论的标志,也是管理走向现代化、科学化的标志,其意义不亚于蒸汽机的发明导致的工业革命。图 2.1 揭示了科学管理的理论体系。

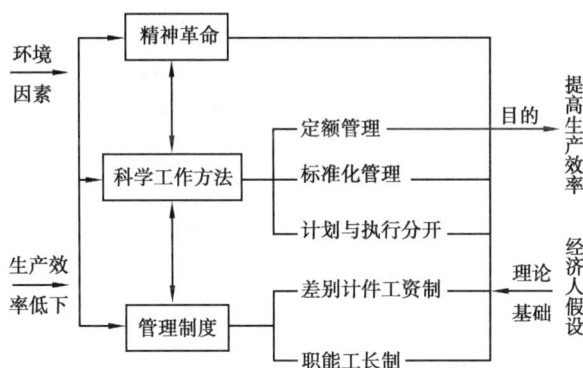

图 2.1　科学管理的理论体系示意图

当然,泰勒开创的科学管理理论也存在历史局限性,体现在以下 3 个方面:

①把人看成"经济人"。泰勒认为工人的主要动机是经济的,工人最关心的是提高自己的金钱收入。

②只重视技术的因素,不重视人群社会的因素。由于强调采用科学的合理的最快的方法,工人的分工越来越细,操作越来越简单,越来越成为机器的附属品。

③把管理看成了狭窄的车间管理,这在今天看来是不可思议的。

2.2.2　一般行政管理理论

与科学管理同时代的另一批思想家也在思考管理问题,不过他们关注的焦点是组织。管理学界称这些人为一般行政管理理论家(General administrative theorists),其中的杰出代表是亨利·法约尔和马克斯·韦伯。这些理论家们在解释管理者的工作是什么以及有效的管理由哪些要素构成等方面,发挥了重要作用。

1）亨利·法约尔的一般管理理论

在本书的第 1 章中曾经提到过亨利·法约尔的理论,他把管理看成一组普遍的职能,即计划、组织、指挥、协调和控制。法约尔写作的年代与泰勒差不多在同一时期,但是,泰勒关心的是车间层的管理,采用的是科学方法;而法约尔关注的是所有管理者的活动,并把其个人经验上升为理论。泰勒是一位科学家,而法约尔作为法国一家大型煤炭企业的经理,是一位实践者。如表 2.1 所示,法约尔从管理实践中总结出了 14 条管理原则,并强调指出,管理是工商企业、政府甚至家庭中所有涉及人的管理的一种共同活动。

表 2.1　法约尔的 14 条管理原则

序号	管理原则	主要内容
1	工作分工	与亚当·斯密的"劳动分工"原则一致。专业化使雇员们的工作更有效率,从而提高了工作的成果
2	职权	管理者必须有命令下级的权力,职权赋予管理者的就是这种权力。但是,责任应当是权力的孪生物,凡行使职权的地方,就应当建立责任
3	纪律	雇员必须遵守和尊重组织的规则,违反规则的行为会被施以惩罚。对管理者与工人间关系的清楚认识关系到组织的规则
4	统一指挥	每一个雇员应当只接受来自一位上级的命令
5	统一领导	每组具有同一目标的组织活动,应在一位管理者和一个计划下进行
6	个人服从整体	任何雇员个人或雇员群体的利益,不应当置于组织的整体利益之上
7	报酬	对工作人员的服务必须付给公平的工资
8	集中	决策制订是集中于管理当局还是分散给下属,只是一个适当程度的问题,管理当局的任务是找到在每种情况下最适合的集中程度
9	等级链	最高层到最低层的直线职权代表了一个等级链,信息应当按等级链传递。但是,如果遵循等级链会导致信息传递的延迟,则可以允许横向交流,条件是所有当事人同意和通知各自的上级
10	秩序	人员和物料应当在恰当的时候处在恰当的位置上
11	公平	管理者应当和蔼、公平地对待下级
12	人员稳定	雇员的高流动率是低效率的,管理当局应当提供有规则的人事计划,并保证有合适的人选接替职位的空缺
13	首创精神	允许雇员发起和实施他们的计划,会调动雇员们的极大热情
14	团结精神	鼓励团队精神会在组织中建立起和谐和团结

2）马克斯·韦伯的行政组织理论

马克斯·韦伯是德国社会学家。在 20 世纪初,韦伯发展了一种权威结构理论,并依据权威关系来描述组织活动。他描述了一种称之为官僚行政组织(Bureaucracy)的、可供选择来重构现实世界的理想组织模式,体现着劳动分工原则,有着明确定义的等级和详细的规则与制度,以及非个人关系。韦伯的官僚行政组织特征如表 2.2 所示。

表 2.2　韦伯的官僚行政组织特征

序号	组织特征	特征说明
1	劳动分工	工作应当分解成为简单的、例行的和明确定义的任务
2	职权等级	职位应当按等级来组织,每个下级应当接受上级的控制和监督
3	正式的选拔	所有组织成员都依据经过培训、教育或考试取得的技术资格选拔
4	正式规则和制度	为确保一贯性和全体雇员的活动,管理者须倚重正式的组织规则
5	非人格性	规则和控制的实施具有一致性,避免掺杂个性和雇员的个人偏好
6	职业定向	管理者是职业化的官员而不是他所管理的单位的所有者,他们领取固定的工资并在组织中追求他们职业生涯的成就

科学管理理论和一般行政管理理论被称为古典管理理论。古典管理理论的研究虽然各有不同的侧重点,但它们有两个共同的特点:一是把"人"视为"机器",忽视"人"的因素、人的需要和人的行为(包括心理活动);二是把组织与外部环境分离,只关心组织内部的问题,因此是处于一种"封闭系统"的管理时代中。

2.2.3　行为科学理论

1)人力资源方法

管理者是同人们一起实现组织的任务,因此,人力资源方法(Human resources approach)被用来考察组织的管理问题,并构成了人事管理、激励和领导的当代观点。人力资源方法的早期倡导者有罗伯特·欧文(Robert Owen)、雨果·明斯特伯格(Hugo Munsterberg)、玛丽·帕克·福莱特(Mary Parker Follett)和切斯特·巴纳德(Chester Barnard)等人。

罗伯特·欧文是一位成功的苏格兰生意人。他憎恶苏格兰许多工厂中的粗劣做法,如雇佣童工,13 个小时工作日以及恶劣的工作条件等,谴责工厂主们关心他们的设备胜过关心员工。欧文设想了一个乌托邦式的工作场所,提出应在法律上规定工作日时间,制定童工法,普及教育,由公司提供工作餐,以及企业参与社区发展计划。

雨果·明斯特伯格对工作中的个人进行研究以使其生产率和心理调适最大化,并于1913 年发表了《心理学与工业效率》一书,开创了工业心理学研究领域。他建议用心理测验来改进雇员的选拔,用学习理论评价培训方法的开发,以及对人类行为进行研究,以便明晰以什么方法来激励工人是最有效的。今天人力资源管理中关于甄选技术、雇员培训、工作设计和激励的知识,很多都建立在明斯特伯格的研究工作基础上。

社会哲学家玛丽·帕克·福莱特是最早认识到应当从个人和群体行为的角度来考

察组织的学者之一,他的人本思想影响着人们看待动机、领导、权力和权威的方式。福莱特认为,组织应该基于群体道德而不是个人主义,个人的潜能只有通过群体才能释放出来。管理者和工人都是共同群体里的合作者,而管理者的任务就是协调群体。此时,管理者应当更多地依靠他的知识和专长去领导下属,而不是依靠他的职务权力。

切斯特·巴纳德曾任新泽西贝尔电话公司的总裁,深受韦伯思想的影响。但与韦伯对组织的机械论和非人格性观点不同,巴纳德将组织视为一个社会系统,这个系统要求人们之间的合作。他在发表于 1938 年的《经理的职能》一书中阐述了他的一系列观点:组织是由具有相互作用的社会关系的人们组成的,管理者的主要作用是尽最大的努力去沟通和激励下级;组织的成功主要取决于员工的合作,员工和组织要与外部机构保持良好关系;组织依赖于投资者、供应商、顾客和其他外部机构,因此管理者必须审视环境,调整组织以保持与外部环境的平衡;权威来自于下级接受它的意愿,如果一个雇员不服从上级的命令,这种不服从是对权威的拒绝,且上级也许能够惩罚那些不服从命令的下级,但关键是,"上级的命令没有被照办"这件事已经发生了。

2) 霍桑试验与人际关系学说

1924 年开始,美国西方电气公司在芝加哥附近的霍桑工厂进行了一系列被称之为霍桑研究(Hawthorne studies)的实验。实验最初的目的是根据科学管理原理,探讨工作环境对劳动生产率的影响。后来,哈佛大学心理学教授埃尔顿·梅奥(Elton Mayo)作为顾问加入了该项试验,重点研究心理和社会因素对工人劳动过程的影响,并于 1933 年出版了《工业文明的人类问题》一书,提出著名的"人际关系学说",开辟了行为科学研究的道路。

霍桑实验共分 5 个阶段:

(1) 照明实验

照明实验时间是从 1924 年 11 月至 1927 年 4 月。当时关于生产效率的理论占统治地位的是劳动医学的观点,认为影响工人生产效率的是疲劳和单调感等,于是当时的实验假设便是"提高照明度有助于减少疲劳,使生产效率提高"。可是经过两年多的实验发现,照明度的改变对生产效率并无影响。

(2) 福利实验

福利实验时间是从 1927 年 4 月至 1929 年 6 月。实验目的是查明福利待遇的变换与生产效率的关系。但实验发现,不管福利待遇如何改变(包括工资支付办法的改变、优惠措施的增减、休息时间的增减等),都不影响产量的持续上升。后来进一步的分析发现,导致生产效率上升的主要原因是:其一,参加实验的光荣感。实验开始时 6 名参加实验的女工曾被召进部长办公室谈话,她们认为这是莫大的荣誉。这说明被重视的自豪感对人的积极性有明显的促进作用。其二,成员间良好的相互关系。

(3) 访谈实验

访谈实验最初的想法是要工人就管理当局的规划和政策、工头的态度和工作条件等问题作出回答,但工人表示想就访谈提纲以外的事情进行交谈,他们认为重要的事情并不是公司或调查者认为意义重大的那些事。访谈者了解到这一点,及时把访谈计划改为事先不规定内容,详细记录工人的不满和意见。访谈计划持续了两年多,工人的产量大幅度提高。

(4)群体实验

梅奥等人在这个试验中选择了 14 名男性工人在单独的房间里从事绕线、焊接和检验工作,对这个班组实行特殊的工人计件工资制度。实验者设想,实行这套奖励办法会使工人更加努力工作,以便得到更多的报酬。但观察结果发现,产量只保持在中等水平上,每个工人的日产量平均都差不多,而且工人并不如实地报告产量。深入调查发现,这个班组为了维护他们群体的利益,自发地形成了一些规范。如约定谁也不能干得太多,突出自己;谁也不能干得太少,影响全组的产量;并且约法三章,不准向管理当局告密,如有人违反这些规定,轻则被挖苦谩骂,重则被拳打脚踢。进一步调查发现,工人们之所以维持中等水平的产量,是担心产量提高,管理当局会改变现行奖励制度或裁减人员,使部分工人失业,或会使干得慢的伙伴受到惩罚。这一试验表明,为了维护班组内部的团结,可以放弃物质利益。由此提出"非正式群体"的概念,认为在正式的组织中存在着自发形成的非正式群体,这种群体有自己特殊的行为规范,对人的行为起着调节和控制作用。

(5)态度实验

对两万多人次进行态度调查,规定实验者必须耐心倾听工人的意见、牢骚,并作详细记录,不作反驳和训斥,而且对工人的情况要深表同情。结果产量大幅度提高。因为谈话内容缓解了工人与管理者之间的矛盾冲突,形成了良好的人际关系。

上述由于受到额外的关注而引起绩效或努力上升的情况,我们称之为"霍桑效应"。霍桑效应所揭示的基本结论包括以下 3 条:

①员工是"社会人"。提出了"社会人"的观点,强调金钱并非刺激职工积极性的唯一动力,新的刺激重点必须放在社会、心理方面,以使人们之间更好地合作并提高生产率。

②企业中存在着"非正式组织"。在这种无形组织里,有它的特殊感情、规范和倾向,并且左右着群体里每一位成员的行为。

③满足工人的社会欲望,提高工人的士气,是提高生产效率的关键。而士气的高低主要取决于职工的满足度,这种满足度首先体现为人际关系,如工人在企业中是否被上司、同事和社会所承认等;其次才是金钱的刺激。因此,新的领导能力在于提高职工的满意度。

3)人际关系运动

人际关系运动(Human relations movement)的代表人物有:戴尔·卡内基(Dale Carnegie)、亚伯拉罕·马斯洛(Abraham Maslow)和道格拉斯·麦格雷戈(Douglas McCregor)。不过,他们个人观点的形成,更多地来自他们个人的哲学观点而不只是大量的研究证据。

戴尔·卡内基认为成功的方式是争取其他人的合作。他告诫人们,成功之路在于:

①通过对人们努力的真诚赞赏使其感到他们自己是重要的。

②建立良好的第一印象。

③通过让别人讲话,对其表示同情,以及"从不对一个人说他错了"的方式,使人们接受你的思维方式。

④赞扬人们的优点,让反对者有机会来维护他们的面子,以此来改变人们的态度。

亚伯拉罕·马斯洛是一位人道主义心理学家,提出了人类需要的 5 个层次:生理需要、安全需要、社会需要、尊重需要和自我实现的需要。从动机的角度来看,马斯洛认为,需要层次中的每一步必须得到满足,下一层次的需要才会被激活;一旦某种需要被充分满足,它就不再对行为产生激励作用。此外,马斯洛相信自我实现是人类生存的最高需要。

道格拉斯·麦格雷戈最著名的理论,是关于人性的两套系统性假设——X 理论和 Y 理论。X 理论基本上是一种关于人性的消极观点,它假设人们缺乏雄心壮志,不喜欢工作,总想回避责任,以及需要在严密监督下才能有效地工作;Y 理论提出了一种积极观点,它假设人们能够自我管理,愿意承担责任,以及把工作看成像休息和玩一样自然。麦格雷戈相信 Y 理论假设最恰当地抓住了工人的本质,对管理实践具有指导意义。

2.2.4 管理的定量方法

管理的定量方法(Quantitative approach)是在第二次世界大战中对军事问题的数学和统计算法基础上发展起来的。例如,当英国面临如何使有限的空军力量在与德国大规模空军力量的对抗中取得最佳效果的问题时,他们转向数学家们寻求最优的配置模型。类似地,美国反潜战斗队,为了提高穿越北大西洋的同盟军船队护航的生存概率,以及为了确定飞机和水面舰艇袭击德国 U 型潜艇的最佳投弹深度,采用运筹学技术解决上述问题,获得了满意的效果。战争结束后,许多用于解决军事问题的定量方法被移植到工商领域。

管理的定量方法包括统计学的应用、最优化模型、信息模型和计算机模拟等。例如,线性规划方法可以使管理者改进资源分配的方案;关键路线分析可以使工作进度计划更有效;经济订货批量模型可以辅助企业决定应维持的最佳库存水平。定量方法最直接的贡献是在管理决策方面,特别是计划与控制决策,但在其他领域的应用受到限制。原因是:许多管理者不熟悉数量工具;行为问题涉及面太广而又很直观;绝大多数管理者可以直接了解组织中现实的问题,如激励下级和减少冲突等,而无须借助建立定量模型这种更抽象的活动。

2.3 管理理论的一体化趋势

像大多数研究领域一样,管理学在 20 世纪 60 年代初进入成熟阶段后,开始趋向一体化。

2.3.1 过程方法

1961 年 12 月,哈罗德·孔茨(Harold Koontz)发表了一篇论文,详细地阐述了管理研究的各种方法以及"管理理论的丛林"现象。孔茨先是承认每一种方法都对管理理论有一定贡献,然后指出:人力资源方法和数量方法更像是管理者采用的一种方法,而不是一种管理理论;过程方法能够包含和综合当今的各种管理理论。过程方法(Process approach)最初是由亨利·法约尔提出的,即计划、组织、领导、控制等管理职能是一个连续的循环过程。

2.3.2　系统方法

20 世纪 60 年代中期开始,很多学者认为组织应按照系统框架来加以分析,这就是系统方法(Systems approach)。生理学家用系统观点来解释动物是怎样通过获取输入和产生输出而保持一种平衡状态的。所谓系统,是指一组相互联系和相互制约的要素按一定方式形成的整体。社会是系统,汽车、动物、人体都是系统。系统管理理论的主要观点包括以下两点:

1)组织是一个由相互依存的诸多要素组成的系统

一个好的系统会产生整体大于部分之和的协同作用。"拉绳实验"也表明,局部最优不等于整体最优。法国农业工程师林格曼(Ringelman)设计的"拉绳实验"过程是:把被试者分成 1 人 1 组、2 人 1 组、3 人 1 组和 8 人 1 组,要求各组应尽全力拉绳,同时用灵敏度很高的测力器分别测量其拉力。结果 2 人组的拉力是单独拉绳时的 2 人拉力总和的 95%;3 人组的拉力是单独拉绳时 3 人拉力总和的 85%;而 8 人组的拉力则降到单独拉绳时 8 人拉力总和的 49%。"拉绳实验"中出现"1+1<2"的情况:独立操作时竭尽全力,集体操作时责任被悄然分解。为什么会出现这种现象?社会心理学研究认为,责任越具体,人的潜力发挥得越充分,要滑头的人就越少,用真劲的人发展的空间就越大。

2)组织是一个开放系统

系统有两种基本类型:封闭系统和开放系统。封闭系统(Closed systems)不受环境影响,也不与环境发生相互作用。泰勒关于人和组织的机械论观点基本上是一种封闭系统观点。相反,开放系统(Open systems)是与环境相互作用的系统。

主张系统观点的学者将组织想象成是由"相互依赖的多种因素,包括个人、群体、态度、动机、正式结构、相互作用、目标、状态和职权"组成的,管理者的任务是协调组织的各个部分以实现组织的目标。例如,按照管理的系统观点,无论生产部门多么有效率,如果营销部门没有预测到顾客需求的变化,以及没有能够与产品开发部门合作,开发出顾客需要的产品,组织的整体绩效将受到损害。此外,开放系统方法认识到组织不是自我包含的,它们依赖于从环境获取维持生命的输入,并将环境作为吸纳自身输出的源泉。没有一个组织能够无视政府的法令、工会、供应商关系或大量的顾客而长期生存下去。

2.3.3　权变方法

权变方法(Contingency approach)或称为情境方法,被用来综合各种各样的管理理论,取代过分简单化的管理原则。例如,一个高考状元的学习方法放在其他同学的学习上是否一定有效？回答这个问题就要应用到权变思想。

权变就是随机制宜、随机应变的意思。权变管理思想强调管理应随环境的变化而变化。世界上没有一成不变的、普遍适用的"最佳的"管理理论与方法。任何管理模式和方法都不可能是普遍最佳的，而只可能是合适、适用的。按照权变管理理论的观点，管理者的任务是明确在特定的情况、特定的环境、特定的时间内，哪种方法对实现管理目标最有帮助。

对照早期的管理理论，可以发现，虽然劳动分工无疑在许多情况下是有价值的，但工作也可能会变得太专业化了；官僚行政组织作为一种组织形式在许多情况下是很理想的，但也有许多情况下其他的结构设计更有效；有时候允许员工参与决策制订是有效的领导方式，但并非所有的时候都是如此，在不少情况下领导应当专断地作出决策，然后告诉雇员应该怎么做。

对于管理研究来说，权变方法有一种直观的逻辑性，因为组织在规模、目标、任务等方面都是多样化的。表 2.3 描述了 4 种一般性的权变变量。

表 2.3　一般性的权变变量

权变变量	说　明
组织规模	组织规模扩张时，协调的问题也随之增多。例如，适合于 5 万名雇员的组织结构，可能对只有 50 名雇员的组织来说是低效率的
任务技术的例行程度	组织为了实现目标，需要采用技术将输入转化为输出。例行技术所要求的组织结构、领导风格和控制系统，不同于用户定制化和非例行技术的要求
环境的不确定性	政治、技术、社会文化和经济变化的不确定性会影响管理过程，在稳定和可预见的环境下做得很好的工作，可能不适合迅速变化和不可预见的环境
个体差异	个体在成长的愿望、自主性、对规模的承受力以及期望方面存在明显差异。这些差异对管理者选择激励方法、领导风格和职位设计有重要影响

2.4　管理实践的当前趋势和问题

2.4.1　全球化问题

自由贸易和全球经济一体化，使所有组织在世界范围内都面临全球市场的经营机会和挑战，管理不再局限于某个国家的边界。不仅可口可乐、麦当劳、肯德基、星巴克、丰田汽车、通用汽车、福特汽车、波音飞机、家乐福、沃尔玛等全球性企业或品牌，而且中国的高铁、联想、华为、阿里巴巴等知名企业或品牌也都融入了世界经济中。这些例子说明世界已成为一个全球市场，有效的管理者需要适应不同的文化、不同的制度和不同的技术条件。

2.4.2 劳动力的多样化

今天的组织特征是工作人员的多样化,现代企业的员工队伍在性别、种族、民族、年龄方面更加具有异质性、多样化,全球性的劳动力老龄化趋势明显,亚洲和拉丁美洲的劳动力增长比例很大。例如,美国硅谷很多高科技公司的员工是少数族裔或移民。多样化的含义还包括任何不同劳动特征的人,如残疾者、上年纪者、体重超重者。"溶化锅"假设(将组织中的差异融合,不同特征的人会自动趋向一致)曾经被用来处理组织内的差异,但现在我们认识到这种假设越来越难以成立。因此,管理面临的挑战是,通过处理不同的生活方式、家庭需要和工作风格,使组织更能够包容多样化的人群。"溶化锅"假定正在被承认和欢迎多样化所取代。

2.4.3 激励创新和变革

管理者面对的是正在以前所未有的速度发生变革的环境,新的竞争者一夜之间就冒了出来,而老的竞争者通过合并、兼并或由于跟不上市场的变化而消失。在信息技术领域中持续的创新,加上全球化的产品和金融市场,造成了一种混乱状态,其结果是,许多过去的指导原则已不再适用。对创新和变革的需要正要求许多组织重新创造自己。管理者们通过取消不必要的管理层次,消减多余的职能,撤销绩效不佳的经营单位来重构他们的组织。而管理者自己也在改变其风格,他们把自己的角色从老板转变为团队领导者。越来越多的管理者发现,当他们不再吩咐人们应该做什么,而是关注、激励、指导和鼓励时,他们会更有效。

2.4.4 全面质量管理

无论工商企业还是公共组织都在进行着质量革命,描绘这场革命的通用术语是全面质量管理(Total quality management,TQM)。这场革命是由一小群质量专家掀起的,其中最突出的是一位名叫 W.爱德华兹·戴明(W. Edwards Deming)的美国人。按照他的观点,一个管理得好的组织,应当用统计控制减少变异性,从而产生均匀的和可预见的产出质量。全面质量管理是一种管理哲学,它受到不断改进和响应顾客需求与期望的驱动,具体含义如下:

1)强烈地关注顾客

顾客的含义不仅包括外部购买组织产品和服务的人,还包括内部顾客(如回收应收账款的人员),他们向组织中的其他人提供服务并与之发生相互作用。

2)不断地改进

TQM 是一种永不满足的承诺,"非常好"还不够,质量总能得到改进。

3)改进每项工作的质量

TQM 采用广义的质量定义,它不仅与最终产品有关,并且与组织如何交货、如何迅速地响应顾客的投诉、如何有礼貌地回答电话等都有关系。

4）精确地度量

TQM 采用统计技术度量组织作业中的每一个关键变量,然后与标准和基准进行比较,从中发现问题,追踪问题的根源,消除问题的原因。

5）向雇员授权

TQM 吸收生产线上的工人加入改进过程,广泛地采用团队形式作为授权的载体,依靠团队发现和解决问题,其目标是建立组织对持续改进的承诺。

2.4.5　学习型组织

美国麻省理工斯隆管理学院教授彼得·圣吉(Peter M.Senge)1990 年出版了《第五项修炼——学习型组织的艺术与实务》一书,他提出了学习型组织的五项修炼,即学习型组织的技能。

1）自我超越(Personal mastery)

不断认识自己,认识外界的变化,不断地赋予自己新的奋斗目标,并超越过去,超越自己,迎接未来。

2）改善心智模式(Improving mental models)

“心智模式”是指根深蒂固于每个人或组织中的思想方式和行为模式。改善心智模式就是摒弃旧的思维方式和常规程序,把“镜子”转向自己,先修炼自己。

3）建立共同愿景(Building shared vision)

要求组织能在今天与未来环境中寻找和建立一种愿景。“愿景”是指对组织理想未来的构想或设想。愿景不是由高层领导独自制订的,而是在自上而下、自下而上和左右协商中形成的,得到了广大员工的一致认可。

4）团队学习(Team learning)

团队的智慧总是高于个人的智慧。当团队真正在学习的时候,不但团队能产生出色的效果,而且个别成员的成长速度也比其他的学习方式更快。

5）系统思考(Systems thinking)

组织成员对组织的所有过程、活动、功能和与环境的相互作用进行积极的思考,形成系统观察的能力,以此来观察世界,决定正确的行动。

【本章小结】

1.古典管理理论力图打破传统的经验管理,实现对作业与组织的科学、理性的管理,但这些思想都忽视了人的因素和环境的影响。

2.霍桑实验引起了人们对组织中人的因素的重视,提供了有关群体规范和行为的新见解,管理开始积极地寻求提高雇员的工作满意度和雇员士气的途径。

3.定量管理思想是数量方法在管理中的应用,它通过将运筹学、统计学和计算机等科学知识和方法用于研究和解决复杂的管理问题,以帮助管理者更好地制订目标和行动方案。

4.组织是一个与环境保持密切联系的开放系统;系统管理和权变管理这两种管理思想,冲破了以往着重于组织的内部并倾向于寻找普遍适用的最佳管理模式的做法。

5.工作人员多样化是指工人们在性别、民族、种族、身体缺陷、年龄或其他任何人类特征方面的异质性,这些特征构成了人与人的差异。

6.成功的组织应当是灵活的和反应迅速的,管理者应当能够有效地发起大规模的创新革命,关注顾客的需要,追求持续的改进,追求精确的度量,努力提高产品的质量。

【案例分析】

【案例2.1】 山雀与知更鸟的故事(摘自《学习型组织新思维》,邱昭良)

1930年以前,在英国北部一个城镇,两户人家的院子里分别住着山雀和知更鸟两个家族。山雀家族很热情,似乎有法国人浪漫、意大利人热情的血统,每天都会飞出去和其他山雀家族游玩,或者将朋友请到家里来聚会,它们甚至开过近百人的"Party"。而知更鸟家族更像一个拘谨的英国绅士,它们彬彬有礼,固守自己的传统和领地,从不与其他同类或异类"亲密接触",总是独来独往,与别人保持了安全的距离,一旦有不速之客,就会使它们感觉窘迫或不安,也会使它们失去绅士风度,以大声鸣叫吓止来犯之敌。

很长时间以来,每天早晨,这两家的早点都是美味可口的奶油。因为在20世纪30年代以前,英国工人送到订户门口的牛奶,奶瓶口既没盖子也不封口,因此,它们每天都可以轻松愉悦地从瓶口吸食漂浮在奶瓶上层的奶油,所有的鸟儿都有奶油吃。

突然有一天,鸟儿们发现奶瓶口被人用锡箔封起来了!

这一发现在鸟群中引起了躁动,因为这样就意味着它们无法吃到美味可口的奶油早餐了,它们不得不四处觅食。而且经过多年吸食奶油,它们的消化系统也发生了一些变化,要想再去适应"饥一顿饱一顿"的动荡生活和各种粗糙的杂食,确实是一件痛苦的事。

于是,山雀们议论纷纷,甚至召开专门的会议来商讨对策,大家七嘴八舌,但大都一筹莫展。突然,有只山雀提出:"我们可以去别的村镇看看那里的奶瓶口是否也封了起来?"

"这个主意好。"大家纷纷赞同,于是马上行动。早上起来,成群结队的山雀就会四处游荡,寻找没有被封上口的奶瓶找奶油吃。

一开始,果然会有收获,有些村镇的牛奶公司还保持着原来的传统,早起的鸟儿有奶喝。但后来,越来越多的住户反映有鸟吸食奶油,于是,几乎整个英格兰的所有牛奶配送公司都把奶瓶口封了起来。鸟儿们再次陷入困境中,所有的鸟儿都没有奶油吃了。每当它们吃着粗糙的杂食时,都非常想念过去的美好时光。

有一天早晨,一个对奶油充满渴望的小家伙不顾大家的劝阻,飞到一个奶瓶前,仔细地端详着。妈妈对它说:"好孩子,别看了,好日子已经过去了,看也没有用。"但小家伙依然执着地在想:如何才能吃到香喷喷的奶油呢? 第二天如此,第三天也如此,几乎每天它都要飞到奶瓶那儿琢磨,有些鸟儿也加入了它的行列。大家在台阶上来回踱步,想办法。

有一天,正当它们在奶瓶边端详时,主人早起突然出门来了,吓得大家四处散开,一只小鸟将奶瓶撞倒,奶瓶口的锡箔正好碰到了另一只小鸟的喙 ——锡箔被小鸟的喙刺破了! 奶油流了出来,芳香四溢。

这个意外事件使很多鸟儿心有余悸,但却引起了那个小家伙的思索。它想:如果我用尖尖的喙去刺破锡箔,我们不就又可以吃到奶油了吗? 于是它开始有意识地用喙去刺锡箔,一开始总掌握不好角度、力度和火候,很吃力,但慢慢地,它学会了如何轻松地用喙刺破锡箔吃到美味可口的奶油。

当然,它也没有把这个秘密埋在自己内心深处,何况群居、开朗的它们也没有条件做到这一点。于是,更多的山雀开始了解、学习使用这个方法。大约在20年后的1950年,英国所有的山雀都学会了把奶瓶的锡箔啄开,吃它们喜爱的奶油。

与山雀形成鲜明对比的是悲惨的知更鸟们。自从自家门口的奶瓶被封上口以后,这些鸟儿也就再也没有吃过奶油了,因为它们不与别人交往,信息闭塞。即使偶有知更鸟发现这个秘密,它们也没有四处传播。

问题:读了这个小故事,你对管理理论的演化与发展有什么样的感想呢?

【思考与练习】

一、单项选择题

1.科学管理的中心问题是(　　　)。

A.制订定额　　　　B.刺激工资制　　　　C.提高效率　　　　D.提高质量

2.管理活动的本质是(　　　)。

A.对人的管理　　　B.对物的管理　　　C.对资金的管理　　　D.对技术的管理

3.决策理论学派认为,管理者的主要任务是(　　　)。

A.计划　　　　　　B.决策　　　　　　C.组织　　　　　　D.控制

二、名词解释

霍桑实验　权变理论

三、简答题

1.简述科学管理理论的主要观点及它对今天企业管理的指导意义。

2.简述人际关系学说的主要观点。

第 3 章　管理文化与环境

【知识目标】

1.定义组织文化。

2.描述组织具体环境和一般环境的各种要素。

【能力目标】

1.解释组织文化是如何反映组织个性的。

2.解释如何才能形成强文化或弱文化。

3.描述雇员学习文化的各种途径。

4.比较确定的与不确定的环境。

5.识别管理者可能与之打交道的各个利益相关者。

【素质目标】

1.解释文化是如何约束管理者的。

2.阐述管理者如何对待并管理外部利益相关者。

3.1　管理的万能论与象征论

社会中有一种占支配地位的观念是:管理者对组织的成败负有直接的责任。当组织运行不良时,管理者是负有责任的。一般称此观点为管理万能论(Omnipotent view of management)。相反,另一些观察家认为,管理者对组织成果的影响十分有限,管理者在组织成败上起到的实际作用非常小,组织的成败在很大程度上要归因于管理者无法控制的外部力量。此时,管理者必须对随机性、混淆性和模糊性中的内在含义作出判断。这种观点则称为管理象征论(Symbolic view of management)。这一节将仔细来对比这两种观点,以阐明管理者应该从他们的组织绩效中,得到多大程度的荣誉或责备。

3.1.1　管理万能论

管理学理论中有一个占主导地位的假设:一个组织的管理者的素质,决定了这一组织本身的素质。也就是说,组织的效果和效率的差别,在于组织中管理者的决策和行动。好的管理者应预测变化,发掘机会,改善不良绩效,并领导他的组织实现目标或在必要的时候改变目标。基于这种假设,一个公司在利润增加时,管理当局就会获得大量的荣誉和红利,以及股票、期权等形式的报酬;而当利润下降时,董事会就会撤换最高管理层,期待新的管理班子能带来公司业绩的改善或公司的稳定。在公共管理领域也是如此:某个市长或县长的撤换,除了换届等政治原因外,也常常是基于政绩或地方治理业绩上的考量。

管理万能论将最高管理者视为组织的中流砥柱,他们能够克服任何障碍去实现组织的目标。无论是工商组织、公共组织还是一个体育团队,都似乎有大量案例来印证这一点,例如,乔布斯与苹果公司、郎平与中国女排。一个组织或团队的命运与辉煌是与他的领导人(教练)息息相关的。而除了一部分情有可原的情况外,如天灾、政治因素,当组织运行不良时,必须有人承担责任,且承担责任的角色往往是由管理者扮演。当然,当一切运行良好时,管理者也会得到荣誉,也即取得了积极的成果但管理者并未花什么精力。

3.1.2 管理象征论

管理象征论是假定一个管理者影响组织绩效的能力非常有限。按照象征论的观点,一个组织的成败受到大量的管理当局无法控制的因素影响。这些因素包括经济形势、政府政策、竞争对手、技术垄断、自然灾害、特定产业的状况以及组织前任管理者的决策。这样,管理当局实际上对组织成果的影响是极其有限的。

管理当局真正能够影响的大部分是象征性的成果。管理当局的作用被看成对随机性、混淆性及模糊性中的内在含义作出判断,管理当局很容易给股东、顾客、雇员及公众造成他们在控制着事态的错觉。当事情进行得顺利时,需要有人受到赞扬,这一角色由管理当局来扮演。类似地,当事情进行得糟糕时,便需要一个替罪羊,这一角色同样由管理当局来承担。在组织的成功与失败中,管理当局所起的实际作用是很小的。

3.1.3 管理的综合论

既然万能论和象征论在特定的场景中都存在,那么现实情况是两种观点的综合。从管理实践来看,管理者既不是无能的,也不是全能的。每一个组织中都存在着限制管理者决策选择的内部约束力量,这些内部约束源于组织的文化。此外,外部约束也冲击着组织,并限制着管理的自由,这些外部约束来自于组织环境。

总之,组织文化与环境对管理者构成压力,制约着他们的选择。当然,尽管存在着各种约束,但管理者也并非无能为力。在一个相当大的范围里,管理者还是能够对组织的绩效施加重大的影响,并使优秀的管理者有别于拙劣的管理者。我们不应把这些约束力量看成在任何情况下的固定因素。对某些组织来说,在某些情况下,管理者是有可能改变并影响他们的文化与环境的,这种可能性扩展了管理当局可自由斟酌决定的范围。

3.2 组织文化

我们知道,每一个人都具有某些心理学家所说的"个性"。一个人的个性是由一套相对持久和稳定的特征组成的。当我们说一个人热情、富有创新精神、轻松活泼或保守时,我们正在描述他的性格特征。一个组织也同样有自己的个性,这种个性称为组织的文化。

3.2.1 组织文化的概念及内涵

组织文化(Organizational culture)是指一个组织成员共有的价值和信念体系,而且这一体系在很大程度上决定了组织成员的行为方式。就像部落文化中拥有支配每个成员对待同部落人及外来人的图腾和戒律一样,组织拥有支配其成员行为的文化。在每个组织中,都存在着随时间变化的价值观、信条、仪式、神话及实践的体系或模式,这些共有的价值观在很大程度上,决定了雇员的看法及对周围世界的反应。当遇到问题时,组织文化通过提供正确的途径来约束雇员行为,并对问题进行概念化、定义、分析和解决。

上述组织文化的定义有以下两个方面的含义:首先,文化是一种知觉,或者说一种共同感知。这种知觉存在于组织中而不是个人中。组织中具有不同背景的人,试图以相似的术语来描述组织的文化,这就是文化的共有方面。其次,组织文化是一个描述性术语。它与成员如何看待组织有关,而无论他们是否喜欢他们的组织,它都是描述的而不是评价的。

尽管现在还没有规范性的方法来准确测量组织的文化,但可以通过评价一个组织具有的 10 个特征的程度来识别组织文化,组织文化是这 10 个特征的复合体,如表 3.1 所示。

表 3.1 组织文化的 10 个特征

序号	特 征	特征说明
1	成员的同一性	雇员与组织的一致程度,而不只体现雇员的工作类型或专业特征
2	团体的重要性	工作活动围绕团队组织而不是围绕个人组织的程度
3	对人的关注	管理决策要考虑结果对组织中的人的影响程度
4	单位的一体化	鼓励组织中各单位以协作或相互依存的方式运作的程度
5	控制	用于监督和控制雇员行为的规章、制度及直接监督的程度
6	风险承受度	鼓励雇员进取、革新及冒险的程度
7	报酬标准	同资历、偏爱或其他非绩效因素相比,依据雇员绩效决定工资增长和晋升等报酬的程度
8	冲突的宽容度	鼓励雇员自由争辩及公开批评的程度
9	手段—结果倾向性	管理更注意结果或成果,而不是取得这些成果的技术和过程的程度
10	系统的开放性	组织掌握外界环境变化并及时对这些变化作出反应的程度

不同的组织可能有完全不同的文化,一些组织鼓励员工自由发表争论性的或不同的意见,并以正式的规章来保护员工,而另一些可能相反。下面是两种截然不同的组织文化。

组织 A:雇员对公司忠诚,有大量严密的规章制度和明确的部门及权力线,管理者密切监督员工以保证不发生偏差;管理当局关心的是高生产率;工作活动是围绕个人设计的;对努力、忠诚、协作及避免出错都给予表扬及奖励,公司仅从内部提升管理者。

组织 B:员工以其技术诀窍和专业知识以及同公司外的广泛交往为荣,只有少量的规章制度,监督较松;管理当局关心高生产率,但相信高生产率来自于正确地对待员工;工作活动是围绕工作队设计的,并鼓励工作队成员跨越职能领域及权力等级进行交流;评价管理者不仅依据其部门的绩效,还要看其部门同组织内其他部门协调工作的好坏程度;职务晋升与物质奖励给予贡献最大的员工,而不看其个人癖性或工作习惯;将最优秀的人员安排到高层位置,而不管出身;公司对顾客变化着的需求作出快速的反应。

3.2.2 组织文化的结构

1) 物质文化

物质文化是一种由组织创造的器物文化,如组织的各种标志、标识等,具有看得见、摸得着、很直观等特点,属于组织文化的表层文化。

现实中,为什么要把一些属于物质实体的东西作为文化来看待呢? 这是因为,不仅仪器设备、技术装备、工艺流程、操作手段等这些与组织生产直接相关的物质现象会体现组织的文化素质,而且厂区布局、建筑形态、工作环境等也会体现组织的文化素质。

2) 行为文化

行为文化既包括组织的生产行为、分配行为、交换行为和消费行为所反映的文化内涵与意义,也包括诸如企业形象、企业风尚和企业礼仪等组织行为文化因素。相对于表层的物质文化而言,行为文化是组织文化的浅层部分。

3) 制度文化

制度文化是组织文化的中层,体现在组织与领导制度、工艺与工作管理制度、职工管理制度、分配管理制度等制度中;不同的文化意识,就会有不同的制度建设思想。

4) 精神文化

精神文化是组织文化中的核心和主体,是广大员工共同而潜在的意识形态,包括管理哲学、敬业精神、基本信念、价值标准、道德观念等。

精神是在组织信奉的价值观念的基础上所形成的一种群体意识和精神状态。相对于中层的制度文化、浅层的行为文化和表层的物质文化而言,精神文化是组织文化结构中的核心层。

3.2.3 文化的来源

一个组织的文化常常反映组织创始人的远见、使命,因为创始人有着独创性的思想,所以他们对如何实施这些想法存在着倾向性,他们不为已有的习惯或意识所束缚。创始人通过描绘组织应该是什么样子的方式来建立组织早期的文化。由于新组织的规模较小,从而使得创始人能够使他的远见深刻地影响组织的全体成员。

一个组织的文化是以下两方面相互作用的结果:

①创始人的倾向性和假设。

②每一批成员从自己的经验中领悟到的东西。

例如,历经百年,洛克菲勒公司成为美国企业的一面金字招牌,旗下美孚石油公司最鼎盛时垄断了全国 80%的炼油工业和 90%的油管生意,由其衍生而来的埃克森美孚公司2006 年占据世界五百强魁首。洛克菲勒家族在过去 150 年的发展史中,不仅成为整个美国历史的缩影,也揭示了商业竞争的核心:契约精神、信誉、慈善捐赠。这些称为组织文化的价值追求,正是源于洛克菲勒家族从创始时就秉承了"家族财富属于上帝,我们只是管家"的财富观。

那么,组织的员工是如何学习或继承组织文化的呢? 主要形式有:

①故事。讲述组织历史上对组织文化具有奠基作用的重大事件或重要人物。

②仪式。通过一些固定的组织仪式或重复性的活动来传承组织文化。

③有形信条。通常,有形的信条是创造组织个性的本质。

④语言。组织设计出独一无二的术语,有助于传承组织文化和精神。

3.2.4　强文化和弱文化

虽然所有的组织都有文化,但并非所有的文化对雇员都有同等程度的影响。一般地,强文化(强烈拥有并广泛共享基本价值观的组织)比弱文化对员工的影响更大;而雇员对组织的基本价值观的接受程度和承诺越大,文化就越强。其基本逻辑是,在强文化中,组织的核心价值观得到强烈的认可和广泛的认同;接受这种核心价值观的组织成员越多,他们对这种价值观的信仰就越坚定,组织文化就越强;组织文化越强,就会对员工的行为产生越大的影响,并在组织内部创造了一种很强的行为控制氛围。

一个组织文化的强弱程度,取决于组织的规模、历史、雇员的流动程度及文化起源。一些组织分不清什么是重要的,什么是不重要的,这是弱文化的一个特征;或者说,在这样的组织中,文化对管理者的影响很小。然而,大多数组织已向强文化转变。他们对什么是重要的,什么是正确的雇员行为,什么推动了组织的前进等问题取得了共识。有理由相信,当组织文化变得更强时,它将会对管理人员的所作所为产生越来越大的影响。

当然,强文化有时候也会有负面作用,主要表现在以下 3 个方面:

①成为创新和变革的障碍。在不断发展、变化的环境中,组织内部也必然会产生一种变革和创新的客观要求,当组织文化及核心价值观与这种创新要求不相符甚至产生矛盾时,组织文化固有的稳定性和惯性就变成了组织创新的障碍。

②多样化的障碍。组织雇用各具特色的个体,是因为他们能给组织带来多种选择上的优势。但当个体在强文化作用下努力地去适应组织文化时,个体优势的多样化就丧失了。当强文化大大消减了不同背景的个体带到组织中的独特优势时,它就成了组织的一个束缚。

③兼并和收购的障碍。组织文化具有排异倾向,任何人要进入某组织并被组织所认可和接受就必须顺应和接受这个组织的固有文化,否则就会被视为"异类",就要承受来自全体其他成员的巨大压力,直到融入或退出为止。

3.2.5　组织文化对管理实践的影响

首先,组织文化有助于管理者建立适当的管理行为。组织文化与管理者尤其相关,因为文化确立了对人们应该做什么,不应该做什么的软约束。尽管这些约束很少是清晰的,通常也没有用文字写下来,甚至很少听到有人谈论它们,但它们确实存在,而且组织中所有的管理者很快就会领会"该知道什么和不该知道什么"。

例如,如果一个工商企业的文化支持这样的观点:削减费用能带来利润的增加,以及低速平稳增长的季度收入,能给公司带来最佳利益的话,那么在这种情况下,管理者不可能追求创新的、有风险的、长期的或扩张的计划。同样,组织文化把什么是恰当的行为传递给了管理者,如果一个组织的文化是以对雇员的不信任为基础的,那么管理者更可能采用独裁式而不是民主的领导方式。

其次,一个组织的文化,尤其是强文化,会制约一个管理者涉及所有管理职能的决策选择。如组织文化会影响:计划应由个人还是群体制订的,这取决于管理者参与环境扫描的程度;雇员在工作中有多大的自主权,任务是由个人还是小组来完成的,这取决于部门经理之间的相互联系程度;管理者多大程度上关心雇员日益增长的工作满意度,哪种领导方式更为适宜,是否所有的分歧(甚至是建设性的分歧)都应当消除;组织更多的是通过雇员控制自己的行为还是施加外部控制,雇员绩效评价中应强调哪些标准,个人预算超支,组织将会产生什么反响。

3.3　组织环境

认识到任何组织都不是独立存在的,外部环境会对管理带来巨大的冲击,这是系统方法对管理的主要贡献。"一个公司的成败不总是归咎于内部的管理。"说明环境对组织也有较大的影响。如雾霾等环境污染的严峻形势,不可能不对汽车、钢铁等制造业产业、化工厂、建筑业等行业企业造成压力;而交通拥堵问题,却给公交公司、轨道交通公司带来了发展机遇。这些例子都可以证明,环境中的某些力量在管理者行为的形成过程中起着重要作用。在本节中,提出几种影响管理的关键环境力量,并说明这些力量是如何制约组织的创新战略及管理者斟酌决定的自由的。

环境的定义

环境(Environment)是指对组织绩效起着潜在影响的外部力量。任何组织都是在一定的环境中从事活动的,环境的特点和变化都会对组织产生影响,影响决策者的决策以及组织活动方向、内容、计划方式的选择。环境由一般环境和具体环境构成,并具有不确定性。

1）环境构成

（1）一般环境

一般环境（General environment）是指组织活动所处的大环境，它对不同类型的组织均产生相似的影响，主要包括：政治与法律环境、经济与技术环境、社会与文化环境、自然环境，以及那些能影响组织但联系尚不清楚的条件。通常来说，一般环境是组织的管理者无法影响和控制的，因此，管理者常用的管理对策主要是适应和利用一般环境。

经济环境。利率、通胀率、可支配收入的变动、证券市场指数以及一般商业周期，是一般环境中能够影响组织管理实践的一些因素。

政治与法律环境。包括一个组织在东道国的政治（政权）稳定性及政府首脑对工商企业的作用所持的态度。在美国、中国，各类组织大体上在一个稳定的政治环境中运行。但由于管理是一种世界范围的活动，一些国家的政治稳定性是很不规律的，甚至有些国家或地区处在一种长年的战乱中，因此管理内在地要求组织努力预测其所在国的政治气候及政策变化。

社会环境。管理当局必须使企业经营适应变化中的社会预期，包括符合当地的文化传统、价值观、风俗和品位。组织提供的产品、服务及其内部政策都必须适应当地的社会条件。例如，一个组织如果没有照顾孩子的设施，那它也许会失去招聘到有才干的女职员的机会；面对人口老龄化问题，各类组织必须针对这种年龄结构和不同年龄细分市场重新设计产品和服务。

技术条件。人类生活在一个技术日新月异的时代，自动化的办公室、机器人、激光、自媒体、新能源、智能手机、网上支付等，影响着人们生活的方方面面。高科技的应用对所有组织的管理而言，意味着更快、更好的决策制订能力和客户服务能力，因此，技术应用领先的医院、大学、机场、商场，比那些没有采用先进技术的同类组织具有更强的竞争力。

（2）具体环境

具体环境（Specific environment）是与特定组织直接发生联系的那些环境要素，它是由对组织绩效产生积极或消极影响的关键顾客群或要素组成的，包括：供应商、客户或顾客、竞争者、政府、公众压力集团（社会团体及利益相关者）。

供应商。一个组织的供应商，既包括为组织供应原材料和设备的公司，也包括资金及劳动投入的供给者，如资本的供给者，工会、职业协会、地方劳动力市场等雇员的供给者。管理当局寻求以尽可能低的成本来保证所需投入的持续稳定供应。因为这些投入物代表着不确定性，它们的不可获得或延误均能极大地降低组织的效果，管理当局必须尽最大努力来保证输入流的持续稳定。因此大多数大型组织会设有采购、财务及人力资源部门，以专门应对在获取机器、设备、资本及劳动力投入上的不确定性问题。

客户或顾客。组织是为满足顾客需要而存在的。工商业组织的顾客或代理商是吸收组织产出的主体；政府组织的存在是为了向公众提供公共物品或服务，通常，公众以投票的方式表明其对政府的满意度，这实际上就像顾客一样。显然，对于一个组织，顾客代表着潜在的不确定性，因为顾客的口味会改变，他们会对组织的产品或服务感到不满。

竞争者。所有组织甚至垄断组织,都有一个或更多的竞争者。百事可乐公司、可口可乐公司与重庆天府可乐公司,通用汽车公司与丰田汽车公司,北京大学与清华大学,中国邮政与顺丰快递,招商银行与中国银行,等等,它们彼此是竞争者,在各自领域展开着激烈竞争。因此,任何组织的管理当局都不能忽视自己的竞争者,否则,会付出惨重的代价。

政府。各级政府会制约着组织能做什么,不能做什么。政府通过汇率、税收、贸易壁垒、劳动法、反垄断法等的规定,制约着组织的发展。一些组织因业务之故,受到特定政府机构的仔细监察。如电信、网络、影视广播产业中的组织受政府的管制;上市公司必须受证监会的监管并遵守证券交易规定的财务标准;生产食品、药品的公司,需经食品和药品管理局审查和批准;成立公司,必须经过工商局、税务局的注册批准并符合公司法的规定。组织需要耗费大量的时间和资金来满足政府法规的要求,限制了可供管理者选择的可行方案。

公众压力集团。管理者应意识到特殊利益集团在试图影响组织的行为,例如环境污染、种族歧视、性别歧视、童工、侵犯人权等冒犯行为,极易受到公众的联合抵制。又如,绿色和平组织经过不懈努力,不但在捕鲸业、金枪鱼捕捞业及海豹皮制品业方面做出了显著的改变,而且提高了公众对环境问题的关注。管理者应当意识到这些集团会影响他们决策。

不过,具体环境对每一组织而言都是不同的,并随条件的改变而变化。而且,一个组织的具体环境因素经过一段时间会转变成一般环境因素;反之亦然。但与一般环境相比,具体环境对特定组织的影响更为明显、直接,且容易被管理者识别、影响和控制。

2)环境的特征

并非所有的环境都相同,例如,一个组织赖以存在及对其绩效起关键作用的因素,也许对别的组织毫无影响。因此,环境对管理者而言是很重要的。为了把握环境的不确定性,我们必须认识环境变化的特点和规律。环境的不同是因为环境的不确定性程度不同,可以分解为变化程度和复杂程度两个维度,体现以下两个特征:

(1)动态性

动态性是指环境影响因素随时间的变化趋势,表现为一种不可预知的变化程度。如果组织环境要素大幅度改变,则称之为动态环境;如果变化很小,或者说,主要环境影响因素不随时间而变化或者变化的幅度不足以影响组织的经营,则称为稳态环境。在稳态环境中或许没有新的竞争者,或现有竞争对手没有新的技术突破,公众压力集团极少有影响组织的活动,等等。

不过,有一种稍微复杂一点的情况是,对于可预测的快速变化又是何种情况呢?以零售百货商店、火车客运为例,它们的营业额具有可预见性,一般在中国的春节前后或春运期间有较高的营业额,而其他季节销售额会大幅度下降。问题是,这种可预见的消费需求变化是否使百货商店、火车客运的环境具有动态性呢?不是的。当谈到变化程度时,我们所指的是不可预见的变化。如果变化能够精确地预期,它就不是管理者必须应付的那种不确定性。但同样是零售百货商店,电子商务(网上购物、电子支付)的急速发展,到底会对传统百货零售业或超市带来什么样的影响;未来的零售业究竟是什么样的格局,对大多数百货公司、超市的管理者来说是一种不确定性或难以预见的。

(2)复杂性

与不确定性相关的另一个维度是环境复杂性程度。复杂性程度是指组织环境中的要素数量及组织所拥有的与这些要素相关的知识广度,包括一个组织所面临的环境影响因素的多少,它们之间的关联性以及处理这些环境影响所需要的知识的复杂性。签订合同、建立战略伙伴关系有助于降低环境的复杂性。一个组织要与之打交道的顾客、供应商、竞争者及政府机构越少,组织环境中的不确定性就越少。

复杂性还可依据一个组织需要掌握的有关自身环境的知识来衡量。例如,波音公司的管理者如想保证该公司制造的喷气式飞机没有缺陷,他就要尽可能多地了解其供应商的经营活动。相反,零售杂货店的管理者对这一要求就要低很多。

根据组织所面临环境的复杂性和动态性的不同,又可以把环境分为4种不确定性。

①低不确定性。简单和稳定的环境,即环境的影响因素不多,而且在较长时期内不会有很大的变化,在处理这些外部影响时不需要复杂的技术和知识。一般来说,离最终消费者越远,使用的技术越简单,则组织面临的竞争和市场也越缓和、稳定。

②较低不确定性。复杂和稳定的环境,随着组织所面临的环境因素的增加,环境的不确定性程度会相应地升高。

③较高不确定性。简单和动态的环境,虽然影响环境的因素不多,但是,这些因素会随着时间而变化,甚至难以预见,这样使环境的不确定性明显升高。

④高不确定性。复杂和动态的环境,影响组织的环境因素错综复杂,而且随着时间的不断推移,这些变化很难预料,这种环境的不确定性程度最高。

面对上述这种不确定性的环境,管理者所能采取的办法是塑造竞争文化,积极地适应环境,主动地选择环境,改变甚至创造适合组织发展的新环境,尽力将不确定性降至最低程度。通常,那种鼓励承担风险和创新,更注重结果而不是方法,增加雇员的决策权限,加强内部部门之间的合作的组织文化,有助于对变化着的环境作出更迅速和更顺利的反应。但一个组织面临的环境不确定性越大,环境对管理当局的选择和决定自身命运的自由的限制就越大。

3.4 跨文化管理

在经济全球化和对外贸易的过程中,在母国以外的国家或地区去从事管理工作或项目投资,已经成为一种越来越频繁、越来越常见的现象。随着组织戏剧性地扩张,中国也有越来越多的组织成为跨国公司、多国公司甚至无国界组织;而在全球自由贸易条件下,国界变得日益开放。这种全球扩张性活动在给组织带来巨大利益的同时,也向处于一个陌生国家的管理者提出了众多挑战。例如,假如你是一位跨国公司的经理,你准备到一家跨国公司的国外分支机构工作,你知道你所处的环境将会与国内不同,但二者差异会达到什么程度？这时应注意些什么呢？这其实就是一系列在外国环境中的跨文化管理问题。本节将考虑这些挑战,并对如何作出反应提供一些指导。

3.4.1　法律—政治环境

通常,管理者都习惯于稳定的法律和政治体系。因为在稳定的政治体系中,政治行为对市场的影响是缓慢的,程序是完善的,选举是定期进行的,即使一些国家执政党的变化通常也不会引起快速的、根本的改变。而支配个人和组织机构行为的法律的稳定,也有利于组织作出非常精确的预测,不至于形成投资与经商环境的过度不确定性。

但政治干预是一些国家现实生活的一个方面,一些国家的政府在相当长的历史时间内都是不稳定的。例如,一些南美、非洲及南亚的国家经常发生政变或内战、冲突,政府机构更迭频繁,每个新政府有自己的新规则,既可能会促进自由企业,也可能会出现工商业的国有化。这些国家工商企业的管理者由于政治的不稳定而面对着剧烈变动的高度不确定性。

当然,法律—政治环境并非只有不稳定才需要引起管理者的注意。事实上,一个国家社会及政治体系与母国的差异才是管理中最重要的关注点。管理者如果想了解他们经营中的制约因素及存在的机会,他们需要认识这些差异。例如,中国香港地区对商业的法律约束很少,而法国则很多。各国(地区)对工商业的间谍活动、贸易限制、工作条件、隐私权、工人权利等的法律是不相同的。

3.4.2　经济环境

全球管理者关注着经济因素,而一国的管理者则无此之虞。最明显的几个关注点是波动的货币汇率、多样化的税收政策以及差异性的通货膨胀率。

一个跨国公司,它的利润因受本国货币的地位或其经营所在国货币的影响而剧烈变化。全球性的组织除了在生产和销售上承担的风险,还可能有来自于浮动汇率的风险(或利润潜力)。同样,多样化的税收政策也是全球管理者的一个主要担忧点。许多东道国比公司所在国的约束更多;而有的则宽松一些。仅有一点可以肯定的是,国与国之间的税收规则不尽相同。管理者需要了解他们经营所在国的各种税收规则的实践知识,从而将其公司的全部纳税义务减至最少。此外,世界不同地区的通货膨胀率可能差异很大,全球管理者必须予以关注。

3.4.3　文化环境

还有一个环境力量是各国文化的差异。不同组织有不同的内部文化,不同国家或民族的文化差异性大。像组织文化一样,民族文化(National culture)是一国全体或大多数居民共有的价值观,它塑造了成员的行为及信仰,形成一个组织成员的行为及其看待世界的方式。

民族文化是否驾驭着组织文化,答案是不言而喻的。例如,2016年英国公投脱离欧盟,与其说是一种国家政治行为,不如说是一种民族文化行为,尽管"脱欧"后英国的经济和英国企业可能会因此受损。研究表明,民族文化对雇员的影响要大于组织文化对其的影响。在慕尼黑的 IBM 工厂的德国雇员,受德国文化的影响将会比受美国 IBM 公司文化的影响大。这意味着,与组织文化对管理实践的影响相比,民族文化产生的影响更强。

各国之间法律、政治和经济的差异是相当明显的,分辨起来相对容易。例如,在中国工作的日本主管或其在日本的中国对手,能不费劲地从国家的法律或税收政策中获得那些差异信息。然而,获取一个国家文化差异的信息却要困难得多。主要原因是当地"居民"缺乏向别人阐述他们文化差别特征的能力。基于此,顺理成章的一个问题是,如何进行跨文化管理呢?

迄今为止,能够帮助管理者更好地了解民族文化间差异的最有价值的理论框架,是由吉尔特·霍夫斯泰德(Geert Hofstede)发展出来的。他对在 40 个国家中为一家跨国公司工作的多名雇员进行了调查,发现民族文化对雇员与工作相关的价值观和态度起着主要影响。实际上,民族文化比年龄、性别、职业或在组织中的职位解释了更多的差异。更为重要的是,霍夫斯泰德发现,管理者和雇员的文化差异表现在民族文化的四个维度上:个人主义与集体主义、权力差距、不确定性规避、生活的数量及质量。基于这四个维度,管理的实践中可以据此考虑是否对组织的管理方式进行调整,并让管理者区分出那些"文化冲击"可能很大的、最迫切需要调整管理方式的国家。

1)个人主义与集体主义

个人主义(Individualism)是指一种松散结合的社会结构,在这一结构中,人人只关心自己或直系亲属的利益。这在一个允许个人有相当大自由度的国家或社会中是可能的。与个人主义相反的是集体主义(Collectivism),它以一种紧密结合的社会结构为特征。在这一结构中,人们希望群体中的其他人(诸如家庭或一个组织)在他们有困难时能帮助并保护他们。集体主义所换来的是成员对团体的绝对忠诚。

霍夫斯泰德发现,一个国家的个人主义程度与一国的财富密切相关。像美国、英国和荷兰等富裕国家,个人主义严重。像哥伦比亚、巴基斯坦等发展中国家,则盛行集体主义。

2)权力差距

人们天生具有不同的体力和智力,从而就产生了财富和权力的差异。社会如何处理这种不平等呢? 在不同的民族文化下,人们看待这种不平等问题的差异较大。霍夫斯泰德使用权力差距(Power distance)一词作为衡量社会承认机构和组织内权力分配的不平等程度的文化尺度。一个权力差距大的社会承认组织内权力的巨大差别,雇员对权威显示出极大的尊敬,称号、头衔及地位是极其重要的。如一些公司发现在与权力差距大的国家谈判时,所派出的代表应至少与对方头衔相同才有利,例如菲律宾、委内瑞拉和印度等国家。相反,权力差距小的社会尽可能减少不平等。尽管上级仍拥有管理上的权威,但雇员并不恐惧或敬畏老板,像丹麦、爱尔兰、奥地利就是这类国家的典型。

3)不确定性规避

这是衡量人们承受风险和非传统行为程度的文化尺度。我们生活在一个不确定的世界中,未来总是在很大程度上是未知的,不同的社会以不同的方式对这种不确定性作出反应。一些社会使其成员沉着地接受这种不确定性,在这样的社会中,人们或多或少对风险泰然处之。他们还很能容忍不同于自己的行为和意见,因为他们并不感觉受到了威胁。霍夫斯泰德将这样的社会描述成低不确定性规避(Uncertainty avoidance)的社会,也就是说,人们感到相当安全,新加坡、丹麦等国家看上去就是如此。

反过来,我们用人们日益增长的焦虑来表征一个高不确定性规避的社会。在这种社会中,人们表现出高度的神经紧张、压力和进取性。由于人们感到社会中有不确定性和模糊性的威胁,他们创建机构来提供安全和减少风险。他们的组织可能有更正式的规则,人们对异常的思想和行为缺乏容忍,社会成员趋向于相信绝对真理。毫不奇怪,在一个高不确定性规避的国家中,组织成员表现出较低的工作流动性,终身雇佣是一种普遍实行的政策。属于这类的国家有日本、葡萄牙和希腊等。

4) 生活的数量与质量

民族文化的第四个维度也分为两个方面。有的民族文化强调生活需用的数量(Quantity of life),过分自信以及追求金钱和物质财富;而另外的民族文化可能更强调生活的质量(Quality of life),他们更重视人与人之间的关系以及对他人幸福的敏感和关心。霍夫斯泰德发现,日本和奥地利的文化更倾向于生活的数量维度;相反,挪威、瑞典、丹麦和芬兰的文化,则更倾向于生活的质量维度。

【本章小结】

1.万能论认为管理者对组织的成败负有直接责任。相反,象征论指出,管理者对实质性的组织成果仅起着极为有限的作用,因为大量的因素是管理者所不能控制的。

2.组织文化是组织内部的一种共享价值观体系,它在很大程度上决定了雇员的行为。

3.组织文化的10个特征:成员的同一性;团体的重要性;对人的关注;单位的一体化;控制;风险承受度;报酬标准;冲突的宽容度;手段—结果倾向性;系统的开放性。

4.文化制约着管理者的行为,左右着管理者的判断、思想及感觉。强文化传递哪种选择是可取的,哪种选择是不可取的信息,在很大程度上制约了管理者的决策。

5.一般环境包含那些对组织有潜在影响,但其相互关系尚不清晰的力量,如经济、政治、社会和技术因素等。具体环境是与实现组织目标直接相关的那部分环境,如供应商、顾客、竞争者、政府机构和公众压力集团等。

6.环境的不确定性取决于环境的变化程度和复杂程度。稳定的、简单的环境是相当确定的;越是动荡和复杂的环境,不确定性就越大,限制了管理当局的选择及决定了自身命运的自由。

7.霍夫斯泰德发现,在外国环境中,管理者和雇员的文化差异表现在民族文化的四个维度上:个人主义与集体主义、权力差距、不确定性规避、生活的数量及质量。

【案例分析】

【案例 3.1】　安然为何不"安然"

安然公司成立于 1985 年,由美国休斯敦天然气公司和北方内陆天然气公司合并而成,公司总部设在美国得克萨斯州的休斯敦。该公司拥有资产 498 亿美元,雇员 2 万多人。安然公司在鼎盛时期其年收入达 1 000 亿美元,是世界上最大的天然气交易商和最大的电力交易商之一,名列《财富》杂志"美国 500 强"的第七名,一度是全球领先企业。2001 年底,安然公司因虚报近 6 亿美元的盈余和掩盖 10 亿多美元的巨额债务的问题暴露出来。12 月 2 日,安然公司根据美国破产法第十一章规定,向纽约破产法院申请破产保护,创下美国历史上最大宗的公司破产案纪录。安然为何会倒下? 回顾公司的历程,可以看到:

1992 年,安然跃升为跨国公司,将经营触角延伸到了欧洲、南美和俄罗斯;之后又进入了印度和中国市场。不仅干自己老本行——天然气,还将业务扩展到了发电、管道及其他领域。安然公司先后在国外投下了 75 亿美元,然而这些扩张活动,并没有像安然公司声称的那样,为公司带来丰厚的回报。两个最典型的商业败笔是:印度的达博尔(Dabhol)电站项目和英国的埃瑟里克斯(Azurix)水处理项目。

达博尔项目还没有上马,就遇到了麻烦。由于认定其在经济上不可行,世界银行1993 年拒绝为这一项目提供贷款,结果安然公司自己投入了 12 亿美元。后来因印度国内政党更迭,工程再次下马,经过一年多的谈判,才得以恢复。好不容易等到第一台 740兆瓦的机组并网发电了,唯一的用户——马哈拉特拉邦电力委员会认为其收费太高,而拒绝支付电费。这一纠纷迟迟没能解决,安然公司只好停止电站的运行。基于同样的原因,第二台 1 444 兆瓦机组,也于上一年六月停工,当时已完成了工程总量的 90%。

在埃瑟里克斯项目上,安然公司损失更惨重。公司于1998 年投入 28 亿美元巨资,买下了英国外塞克斯水处理公司,期望以该公司为平台,经营水处理业务,将项目命名为埃瑟里克斯。由于经验不足,项目于 1999 年 6 月步入市场后,在投标竞争中屡屡败给老到的对手。安然公司不得不出高价,与他们抢生意做,而如此得到的订单肯定是赔钱的。糟糕的是,英格兰恰在此时降低了水价,从而影响了公司的主营收入,这使得公司的股价急剧下跌了 40%。

安然公司在国内投资宽带网项目也有类似的盲目举动。安然公司于 1997 年并购了一家小型光缆公司——波特兰通用电气公司,随即宣布将在全国建设自己的宽带网,为客户提供网络服务。公司承认,要想指望宽带网赚钱需要一些时日,但它相信这一领域的发展潜力巨大,公司为此投入了 10 亿美元,建造了 18 000 英里光纤网络,并购置了大量的服务器等设施。但事实证明宽带接入服务目前还不足以带来什么利润,为此,公司又被捅了一个大窟窿。

安然公司经营的失败绝非偶然,与该公司的企业文化有着必然关系。安然公司奖励业绩的办法,颇让人费解。经理人完成一笔交易的时候,公司不是按照项目给公司带来的实际收入而是按预测的业绩来进行奖罚。这样一来,经理人常常在项目计划上做手脚,让它们看上去有利可图,然后迅速敲定,拿到分红,就万事大吉了。时下美国贸易业通行的会计制度,也助长了安然公司的经理人在签署项目时草率行事的歪风。按照这一制度,公司在签署一份长期合同时,就将预计给公司带来的所有收入,提前登录到账目上去。日后如果经营业绩与预测的不符,再以亏损计算。

安然问题的存在没有引起华尔街人士和新闻媒体应有的警觉。之所以会这样,安然前CEO肯·莱一语道破了天机,因为安然总是不断抛出一些"新的热点"来吊投资者和华尔街分析人士的胃口,让他们总是朝前看,而不问来时的路。即使安达信会计师事务所、摩根大通公司,以及各位来自政界朋友不是有意为其造假铺路,安然一味"朝前看"的诱导策略也确实让各界难以对该公司的情况有太多疑虑。

问题:结合管理环境分析美国安然公司崩塌的原因。

【思考与练习】

一、单项选择题

1.一般来说,企业面临的不确定性最大的外部环境类型是( )。

A.稳定而简单的环境　　　　　　　　B.动态而简单的环境

C.稳定而复杂的环境　　　　　　　　D.动态而复杂的环境

2.在企业物质文化基础要素中,专门用以代表企业或企业产品的固定图案、文字或其他形式的子要素是( )。

A.企业名称　　　　B.企业标准字　　　　C.企业标准色　　　　D.企业标志

3.( )集中体现了一个组织独特的、鲜明的经营思想和个性风格,反映着组织的信念和追求,也是组织群体意识的集中体现。

A.精神文化　　　　B.制度文化　　　　C.行为文化　　　　D.物质文化

二、名词解释

组织文化　公众压力集团　民族文化

三、简答题

1.依据象征论,管理当局在组织中扮演什么角色?

2.一般说来,谁对组织文化的影响更大:公司的创始人还是现在的管理者?为什么?

3.文化是如何影响管理者履行其4种管理的基本职能的?

4.分别描述一种对相对稳定的环境及动态的环境都有效的文化。

四、应用分析题

1.班级也有文化。描述你所在班级的文化。它约束了你的老师吗?如果是,请说明它是怎么约束的。

2.调查重庆一家本地火锅店的具体环境,分析并讨论它们是如何制约该店经理的?

3.试运用霍夫斯泰德关于民族文化的结构框架,讨论如何帮助中国驻英国大使更好地从事外交活动。

第4章 社会责任与管理道德

【知识目标】

1. 阐述社会责任的古典观和社会经济观。
2. 阐述公司的社会责任和经济效益间的联系。
3. 定义道德，并区分4种道德观。
4. 描述道德发展的阶段。
5. 讨论组织能够改善雇员道德行为的各种途径。

【能力目标】

1. 列举赞成和反对企业承担社会责任的论点。
2. 区分社会责任和社会响应。
3. 识别影响道德行为的因素。
4. 描述以价值观为基础的管理及其影响组织文化的方式。

【素质目标】

1. 剖析你对组织社会责任的基本认识。
2. 对照本章的理论知识来评估你自己的价值标准。

4.1 组织的社会责任

在20世纪60年代前,组织的社会责任问题并没引起社会注意。但那时社会运动的兴起,引起了人们对工商企业单一经济目标的疑问,这些疑问包括性别歧视、种族歧视、环境污染等。但今天不一样,中国企业的管理者现在经常遇到需要考虑社会责任的决策,如公益慈善事业、最低工资、环境资源的保护以及产品质量等,都是极为明显的社会责任问题。另外,人们对社会责任的概念有时候又混乱不清,例如,阿里巴巴的董事局主席马云曾经在回答对巴菲特和比尔·盖茨的慈善中国行有何想法的问题时说过,"创造就业机会重于做慈善""淘宝的大公益不是捐钱,而是为社会创造万个就业机会"。对于这位成功企业家的话,究竟应该如何认识? 为了帮助管理者作出正确的决策,让我们先来定义什么是社会责任。

4.1.1 两种相反的观点

定义社会责任(Social responsibility)的术语非常多。一些较为流行的说法有"只是创造利润""不仅是创造利润""是自愿的活动""关心更大的社会系统",以及"社会敏感"等。这些观点许多都是片面的。一方面,按照古典的(或纯经济的)观点,认为管理唯一的社会责任就是使利润最大化,这有点类似于马云的慈善观;但另一方面,站在社会经济的立场上,认为管理的责任不仅是使利润最大化,而且还是保护和增加社会财富。

1) 古典观

古典观(Classical view)最直率的支持者是诺贝尔经济学奖获得者、货币学派的代表人物米尔顿·弗里德曼(Milton Friedman)。他认为,今天大部分经理是职业经理人,即他们并不拥有他们经营的公司,他们是雇员,对股东负责。因此,他们的主要责任就是按股东的利益来经营业务。那么这些利益是什么呢? 弗里德曼认为股东们只关心一件事:财务收益率。

根据弗里德曼的观点,当经理将组织资源用于"社会产品"或者说将组织资源用于"社会利益"时,他们是在增加经营成本,是在削弱市场机制的基础。有人必须为这种资产的再分配付出代价,因为成本只能通过高价格转嫁给消费者,或者降低股息回报由股东所吸收。如果社会责任行为降低了利润和股息,那么股东受损失;如果必须降低工资和福利来支付社会行为,那么雇员受损失;如果用提价来补偿社会行为,那么消费者受损失;如果市场不接受更高的价格,销售额便下降,那么企业也许就不能生存,此时组织的全部组成要素都将受损失。因此,在弗里德曼看来,管理者的主要责任就是从股东的最佳利益出发来从事经营活动,古典观支持所承担的社会责任仅限于为股东实现组织利润的最大化。

2) 社会经济观

社会经济观(Socioeconomic view)对古典观反驳说,时代已经变了,并且对公司的社会预期也在变化。《公司法》可以作为这个观点的注解:公司要经政府许可(登记、注册)方能成立和经营;同样,必要时政府亦有权解散它们,因此公司不再是只对股东负责的独立的实体,它还要对建立和维持它们的更大的社会负责。正如一位社会经济观的支持者提醒的那样:"利润最大化是公司的第二位目标,而不是第一位目标,公司的第一位目标是保证自身的生存。"

让我们来审视三鹿集团毒奶粉事件。三鹿集团位于河北省石家庄市,前身是1956年2月16日成立的"幸福乳业生产合作社",曾经是中国最大的奶粉制造商,奶粉产销量自1993年起连续11年稳居全国第一,并在同行业创造了多项奇迹。但2008年爆出的中国奶制品污染事件使得三鹿集团最终走上了覆灭的命运。事件起因是很多食用三鹿集团生产的奶粉的婴儿被发现患有肾结石,随后经权威部门检测,在其奶粉中发现了化工原料三聚氰胺。截至2009年1月8日,全国累计报告食用三鹿奶粉和其他个别奶粉导致泌尿系统出现异常的患儿达29.6万人,6例死亡病例不能排除与食用问题奶粉有关。该事件引起各国的高度关注和对乳制品安全的担忧。中国国家质检总局公布对国内的乳制品厂家生产的婴幼儿奶粉的三聚氰胺检验报告后,事件迅速恶化,包括伊利、蒙牛、光明、圣元及雅士利在内的多个厂家的奶粉都检测出三聚氰胺。该事件也重创了中国制造的商品信誉,多个国家禁止了中国乳制品进口。2009 年 2 月,三鹿集团被法院宣布破产,集团董事长田文华被判处无期徒刑,副总裁王玉良、杭志奇以及相关职工被判处 5～15 年不等的有期徒刑。

在社会经济观的支持者看来,古典派观点的主要缺陷在于他们的时间框架。社会经济观的支持者认为,管理者应该关心长期的资本收益率最大化。为了实现这一点,他们必须承担社会义务以及由此产生的成本。他们必须以不污染、不歧视、不从事欺骗性的广告宣传等方式来保护社会福利,他们还必须融入自己所在的社区以及资助公益慈善组织,从而在改善社会中扮演积极的角色。此外,现代企业从事非常频繁的政治游说活动,来为它们的利益去影响政治进程,而社会也接受甚至鼓励工商企业卷入社会、政治和法律环境中。现代企业组织已经不是单纯的工商业组织,例如在中国,大量的国有企业承担着非纯粹的经济职能。

3) 赞成和反对社会责任的争论

一个引申的问题是,赞成和反对工商业组织担负社会责任的具体论据是什么呢? 表4.1 列举了已提出的主要观点。

表 4.1　支持和反对工商企业承担社会责任观的论据

观点	论　据	解　释
赞成的论据	公众期望	对工商企业的社会期望急剧增长,公众支持工商企业在追求经济目标的同时也追求社会目标的主张,现在则更加坚定
	长期利润	承担社会责任的工商企业趋向于取得更稳固的长期利润,这是更好的社区关系、负责的行为和更好的工商企业形象的必然结果
	道德义务	一家工商企业能够并应该有良心,工商企业应该具有社会责任,因为负责的行为也符合他们自身的利益
	公众形象	公司设法加强自身的公众形象以获得更多的顾客、更好的雇员以及其他益处;能够通过追求社会目标来创造为大众所喜欢的形象
	良好氛围	工商企业的参与能解决许多社会难题,从而在企业中创造更好的生活质量和更令人向往的团体,吸引并留住雇员
	减少政府调节	政府调节增加了经济成本,限制了管理当局的决策灵活性。通过承担社会责任,工商企业可以期望减少政府调节,节省国家财政开支
	责任与权力的平衡	工商企业在社会中拥有巨大的权力,这就要求有同等程度的责任来平衡它,否则,会助长违背公众利益的不负责行为
	股东利益	长期来看,股票市场将把承担社会责任的公司视为风险更小的和接受公众监督的公司,使得股票获得更高的价格——收益比率
	资源占有	工商企业拥有财政资源、技术专家和管理人才,它们有能力通过成立基金会的方式来帮助需要援助的公共项目和公益慈善计划
	预防社会弊端的优越性	社会问题发展到一定时候必须处理。工商企业应该在问题变得更严重,必须付出更大代价去补救以及在分散管理当局实现产品和服务目标的精力之前,对它们采取措施

续表

观点	论 据	解 释
反对的论据	违反利润最大化原则	这是古典观的精髓。工商企业在严格追求自己的经济利益和把其余活动留给其他机构时,就是在最大限度地承担社会责任
	淡化使命	对社会目标的追求冲淡了工商企业的基本使命:经济的生产率。社会也许会因不能很好地实现经济和社会目标而遭受损失
	成本	许多社会责任活动不能自负盈亏,某些人不得不为此付出代价,工商企业必须吸收这些成本,或将以更高的价格转嫁给消费者
	权力过大	在社会中,工商企业已经是最有权力的机构之一了,如果它追求社会目标,它的权力就更大了,社会已给予工商企业足够的权力
	缺乏技能	工商企业领导者的眼光和能力基本上是经济导向。商人不能胜任处理社会问题的角色
	缺乏明确规定的责任	政治代表追求社会目标,并对他们的行为负责,而工商企业领导则不必。工商企业于社会公众之间没有社会责任的直接联系
	缺乏大众支持	并没有广泛的社会授权要求工商企业参与社会问题,公众在这些问题上意见不一致,这是一个不能引起激烈争论的主题

4)从义务到响应

通常,社会责任是一种工商企业追求有利于社会长远目标的义务,而不是法律和经济所要求的义务。理解这一定义的前提是,其一,不管企业是否愿意承担社会责任,它们都会遵守社会颁布的所有法律;其二,将企业看成一种道德机构,在它努力为社会作贡献的过程中,它必须分清正确的和错误的行为。

为了更好地理解上述所定义的社会责任的内涵,我们来对比另外两个相关概念:社会义务和社会响应。社会义务是工商企业参与社会的基础。一个企业当它符合了其经济和法律责任时,或者说,当它达到了法律的最低要求时,它已经履行了它的社会义务(Social obligation)。这时,一个企业追求社会目标的程度仅限于它们有利于该企业实现其经济目标的程度。显然,与社会义务相比,社会责任和社会响应就不仅仅限于符合基本的经济和法律标准。

社会责任加入了一种道德规则,能明辨是非,促使人们从事、参与那些使社会变得更美好的事情,而不做那些有损于社会的事情。社会响应(Social responsiveness)是指一个组织适应变化的社会状况的能力。社会责任要求组织决定什么是对的、什么是错的,从而找出基本的道德真理。而社会响应强调一个组织对社会呼吁的响应,受社会伦理道德标准引导,能够为管理者作决策提供一个更有意义的指南。表4.2揭示了社会责任与社会响应的区别。

表 4.2　社会责任与社会响应的区别

对比因素	社会责任	社会响应
主要考虑	道德的	实际的
焦点	结果	手段
强调	义务	响应
决策框架	长期	中、短期

社会义务、社会责任与社会响应之间是一种什么样的关系呢？接下来的几个例子有助于理解它们。当一个公司达到了国家法律法规设立的排污标准，或招聘员工时不歧视那些打算两年内生育孩子的女性时，它只是履行了其社会义务。因为法律规定公司不能污染环境，不能歧视女性。为了应对雇员的呼吁、职业压力和环境保护者的抗议，2017年3月中国某民办高校为其教职员工提供了照顾小孩子的设施，2016年9月韩国三星电子公司因电池起火问题宣布在全球范围召回 Galaxy Note7 手机并在10月停售，2012年7月3日"什邡事件"中四川省什邡市政府宣布停止宏达钼铜冶炼项目的建设等，这些组织在这样做时都是对社会的响应。当然，任何组织从起初开始就能提供高质量、符合消费者需求和有利于公共利益的生产、服务和建设行为，则可以称这些组织在承担一种社会责任。一个对社会敏感的管理者，不是评价从长期来看什么对社会有益，而是更愿意认识到流行的社会准则，然后改变其社会参与方式，从而对变化的社会状况作出积极的反应。

4.1.2　社会责任和经济绩效

由于承担社会责任常常意味着组织要投入更多的预算，消耗组织更多的精力，降低组织的利润，因此一个自然而然的问题是：社会责任活动会降低一个公司的经济绩效吗？如果仅仅查看公司的年度报表内容和经济绩效指标（如净收入、权益收益率或每股价格），答案可能会是肯定的。然而，尽管经济绩效尺度比较客观，但这些指标通常仅用于表明短期的财务绩效。社会责任对企业利润的冲击（积极的或消极的）存在时滞，利用短期财务资料可能产生不了有效的结果。更何况，其中还有一个因果关系问题，如就算有证据证明社会参与和经济绩效是正相关的，也并不意味着一定是社会参与带来了高效益，它可能表明正是高利润才使得企业有能力广泛地参与社会活动，担负社会责任。

但尽管如此，多数研究表明了"社会责任"与"经济绩效"之间的正相关关系，而仅有少量研究发现了负相关关系。正相关关系的逻辑基础是社会参与为公司提供了大量利益，足以补偿其付出的成本。这些利益的范围广，包括积极、正面的组织形象，目标明确和更讲究奉献的员工队伍，政府较少的干预。据此，或许可以得出一个有意义的结论是：没有足够的证据表明，一个公司的社会责任行为明显降低了其长期经济绩效。如果现实中有足够多的政治和社会压力迫使着企业去追求社会目标，这个结论可以在决策中尝试着用来说服股东。

4.1.3　组织社会责任扩展的四阶段模型

现代管理学之父彼得·德鲁克说,管理是一门真正的博雅艺术(Liberal Art)。管理的对象是谁呢?是工作的人类社群。管理者应对任何受组织决策和政策影响的个人或团体负责。这些利害相关者(Stakeholders)是组织环境中的任何有关方面:政府机构、工会、雇员、顾客、供应商、所在社区及公众利益集团。

从表面看,管理的对象是工作的成效,但是工作是由人从事的,所以,管理者不得不和人打交道。管理者天天都要面对既可爱而又不完美的人,下属、顾客、客户,要正视并面对人性中的善,人性中的恶,人的潜能、长处,人的弱点。因此,管理的本质,其实就是激发和释放每一个人的善意:对别人的同情,愿意为别人服务,愿意帮他人改善生存环境、工作环境。管理者要做的是激发和释放人本身固有的潜能,创造价值,为他人谋福祉。因此,在德鲁克看来,企业的目的在外而不在内;从宏观的社会角度来看,企业本质上是"利他"的,本质上就是要承担社会责任的。德鲁克这里所称的管理的本质,其意不是说企业赚了钱之后捐一些出去承担社会责任(这只是承担社会责任的方式之一),而是说,企业存在的本身就在承担一种社会责任,因为你创造了顾客,生产出产品和服务就是在承担社会责任。赚钱只是你为顾客创造价值之后的一个副产品,它是结果而不是目的。

从德鲁克的这个思想来看,整个社会责任观点不过是一个虚幻的公共关系概念,它使得公司管理层在追求利润目标的同时显示出了某种社会意识。也就是说,尽管公司的某些社会行为主要是由利润动机驱动的,公司的行为是私利的,常常是基于自身利益最大化出发进行决策,但客观上实现了社会福利最大化。社会责任行为不过是一种乔装的利润最大化行为。有关"起因相关营销"(Cause-related marketing)的概念能够印证这点,它是指实施直接由利润驱动的社会行为,其背后的思想,是发现与公司产品和服务相吻合的社会原因,然后以互利的方式把它们联系起来。另外,公司的公益慈善事业需要借助广告,且要以利润来驱动。显然,虽然我们不能判定企业的每一个"社会"行动的动机,但显然至少有一些这样的行为是出于利润动机的,这个事实是和古典的利益最大化目标一致的,也从另一个角度印证了公司的社会责任和经济效益之间的正相关关系,承担社会责任并不会伤害到企业绩效。

进一步地,可以运用一个四阶段模型来扩展组织社会责任。正如德鲁克所阐释的那样,在追求社会目标方面,一个管理者所做的一切取决于他认为对其负有责任的人或人们。

在第1阶段上,管理者将通过寻求使成本最低和使利益最大来提高股东的利益。

在第2阶段上,管理者将承认他们对雇员的责任,并集中注意力于人力资源管理上,改善工作条件、扩大雇员权利、增加工作保障等,以获得、保留和激励优秀的雇员。

在第3阶段上,管理者将扩展其目标,包括公平的价格、高质量的产品和服务、安全的产品、良好的供应商关系等,并意识到,只有通过间接地满足其他利害攸关者的需要,才能履行对股东们的责任。

在第 4 阶段上,管理者对社会整体负责,他们对提高公众利益负有责任,而承担这样的责任意味着管理者积极促进社会公正、保护环境、支持社会文化活动,哪怕这样的活动会暂时对利润产生消极影响。显然,这一阶段管理者的追求与社会经济定义的社会责任内涵一致。

总之,工商业组织的管理者有遵守法律和创造利润的基本责任,不能实现这两个目标将威胁组织的生存。管理者也要识别他们认为对其负有责任的人们。通过关注利益相关者和公众对组织的期望,管理者会增强对关键的利害攸关者的责任,或减少疏远他们。

4.2　管理道德

这一节将考察管理的道德问题。道德通常是指规定行为是非的惯例或原则。管理者制订的许多决策和实施的很多其他管理行为,如产品销售、原材料采购、合同签订等,需要考虑谁会在决策和管理行为的结果和手段方面受到影响,并直接影响着组织的绩效。

4.2.1　4 种不同的道德观

在道德标准方面有 4 种不同的观点。

第一种是道德的功利观(Utilitarian view of ethics)。这种道德观点完全按照成果或结果制订决策。功利主义的目标是为绝大多数人提供最大的利益,忽视一些利益相关者的权利,鼓励效率和生产力,以符合利润最大化目标。它可能造成资源的不合理配置,侵犯欠缺影响力或话语权的人的利益。

第二种是道德的权利观(Rights view of ethics)。这是与尊重和保护个人自由和特权有关的观点,包括隐私权、良心自由、言论自由和法律规定的各种权利,包括下属揭发或告发上级违法时应当受到严格保护,免受打击报复的权利。权利观积极的一面是保护个人自由和隐私,但可能阻碍生产力和效率的提高。

第三种是道德公正观理论(Theory of justice view of ethics)。这要求管理者公平和公正地贯彻和加强规则,保护那些可能缺少代表或话语权的利益相关者的利益,但容易助长一种使雇员降低风险承诺、创新和生产效率的权利意识。

第四种是社会契约整合理论(Integrative social contracts theory)。这种观点要求道德决策的制订应当根据实证因素(是什么)和规范因素(应当是什么)来进行。该理论提倡基于两种“契约”的整合:其一,通过“社会一般契约”来确定可接受的基本原则;其二,通过“具体的契约”来处理社区成员之间可接受的行为方式。

大部分商人对道德行为继续持功利态度,这一观点与效率、生产力和高利润等目标相一致。使公司最大化地提升利润、为组织内绝大多数人谋取最大的利益,进而获取大多数组织成员支持,常常是组织管理层为自己某些不符合道德甚至非法行为辩解的有效方式。

功利主义为大多数人的利益牺牲了少数人的利益,即"多数人的暴政"。而强调个人权力和社会公正的公正观理论意味着管理者需要以非功利标准为基础的道德准则,这是个很大的挑战,因为依据个人权力和社会公正等标准来制订决策,要比依据效率和利润的效果等功利标准制订决策,带有更多的模糊性,导致管理者发现自己也面临着道德困境。

4.2.2　影响管理道德的因素

一个管理者的行为合乎道德与否,是管理者道德发展阶段与个人特征、组织结构设计、组织文化和道德问题强度的调节之间复杂地相互作用的结果。缺乏强烈道德感的人,如果他们受规则、政策、工作规定或加于行为之上的强文化准则的约束,其做错事的可能性很小。相反,非常有道德的人,可以被一个组织的结构和允许或鼓励非道德行为的文化所腐蚀。此外,管理者更可能对道德强度很高的问题制订出符合道德的决策。影响管理道德的因素有:

1) 道德发展阶段

研究表明,道德发展存在三个水平,每一个水平包含两个阶段,在每一个相继的阶段上,个人道德判断变得越来越不依赖外界的影响。

表 4.3　道德发展阶段

水　平	阶　段	描　述
前习俗: 是选择建立在个人后果的基础上	第 1 阶段	严格遵守规则以避免物质惩罚
	第 2 阶段	仅当符合其直接利益时才遵守规则
习俗: 道德价值存在于不辜负他人的期望之中	第 3 阶段	做你周围的人所期望的事情
	第 4 阶段	通过履行你所赞同的准则的义务来维护传统秩序
原则: 个人希望摆脱他们所属的群体或一般社会的权威确定自己的原则	第 5 阶段	尊重他人的权利,支持不相关的价值观和权利,不管其是否符合大多数人的意见
	第 6 阶段	遵循自己选择的道德原则,即使它们违背了法律

如表 4.3 所示,第一个水平称为前习俗(Preconventional)水平。在这个水平上,个人仅当物质惩罚、报酬或互相帮助等个人后果卷入时,才对正确或错误的概念作出反应。当演进到习俗(Conventional)水平时,表明道德价值存在于维护传统秩序和他人的期望之中。而在原则(Principled)水平上,个人作出明确的努力,摆脱他们所属的团体或一般社会的权威,确定自己的道德原则。通过对道德发展阶段的研究,人们得出 4 个结论:

首先,人们以前后衔接的方式通过 3 类 6 个道德发展阶段。他们逐渐地顺着阶梯向上移动,一个阶段接着一个阶段地移动,而不是跳跃式地前进。

其次,不存在道德水平持续发展的保障,发展可能会停止在任何一个阶段上。

再次,大部分的成年人处于第 4 阶段上,他们被围于遵守社会准则和法律。

最后,一个管理者达到的阶段越高,他就越倾向于采取符合道德的行为。例如,处于第 3 阶段上的一位管理者,可能制订将得到他周围的人们支持的决策;处于第 4 阶段上的管理者,将寻求制订尊重公司规则和程序的决策,以成为一名"模范的公司公民";处于第 5 阶段上的管理者,更有可能对他认为错误的组织行为提出挑战。

2) 个人特征

进入组织的每一个人都有一套相对稳定的价值观(Values)。价值观是关于对与错的基本信条、准则,这些信条是在个人早年从父母亲、老师、朋友或他人那里发展起来的。每个组织中的管理者,经常有着明显不同的个人准则。下面两种个性变量影响着人们的行为,这些行为的依据是个人的是非观念。

(1) 自我强度

自我强度是衡量个人自信心强度的一种个性度量。自我强度得分高的人比得分低的人更可能克制冲动,并遵循自己的判断。也就是说,自我强度高的人更可能做他们认为正确的事。可以预料,自我强度高的管理者比自我强度低的管理者,将在道德判断和道德行为之间表现出更大的一致性。

(2) 控制点

控制点(Locus of control)是衡量人们相信自己掌握自己命运程度的个性特征,分为内控和外控。内控的人相信他们控制着自己的命运,而外控的人认为其一生中会发生什么事全凭运气和机遇。从道德的观点来看,外控的人不大可能对其行为后果负个人责任,更可能依赖外部力量。相反,内控的人更可能对其行为后果承担责任,并依据自己的内在是非标准来指导自己的行为。可以预料,内控的管理者将比那些外控制的管理者,在道德判断和道德行为之间表现出更大的一致性。

3) 结构变量

结构变量包括以下 6 点:

①组织结构设计有助于形成管理者的道德行为。结构设计如果能使模糊性和不确定性最小,就更有可能促进管理者的道德行为。

②正式的规则和制度可以减少模糊性。职务说明书和明文规定的道德准则更可以促进行为的一致性。

③上级的行为对个人道德或不道德行为具有强有力的影响,所谓"上行下效""上梁不正下梁歪",说的就是这个道理。人们注视着管理层在做什么,并以此作为什么是可接受的和期望于他们的行为的标准。

④绩效评价系统最好既评价结果,也评价手段。因为仅以成果评价管理者,则会增加使人们"不择手段"地追求成果指标的压力。

⑤当报酬的分配方式、奖赏和惩罚越依赖于具体的目标成果时,管理者实现那些目标的压力和在道德标准上妥协的可能性就越大。

⑥时间、竞争、成本和工作压力越大,管理者就越有可能放弃他们的道德标准。

4）组织文化

组织文化的内容和力量也会影响道德行为。一种可能形成较高道德标准的文化,是一种高风险承受力,高度控制,以及对冲突高度宽容的文化。处在这种文化中的管理者,将被鼓励进取和革新,将意识到不道德的行为,并对他们认为不现实的或不喜欢的期望或需要,自由地进行公开挑战。

强文化比弱文化对管理者的影响更大。如果文化的力量很强并且支持高道德标准,它会对管理者的道德行为产生非常强烈和积极的影响。例如,强生公司有一种长期承诺为顾客、雇员、社会和股东履行义务的强文化。当 1982 年和 1986 年,有毒的泰诺胶囊在商店货架上被发现时,美国各地的强生公司的雇员,甚至在强生公司还未发表有关中毒事件的声明之前,就自动地将这些产品从商店撤走了。并没有人告诉这些雇员在道德上什么是对的,但他们知道,强生公司期望于他们的是什么。而在一种弱文化环境中,管理者更可能以亚文化规范作为行为的指南,工作群体和部门准则将强烈影响弱文化组织中的道德行为。

5）道德问题强度

对道德问题的重要性的认识可能会影响对道德行为的态度。例如,一位主管如果认为私自拿一些办公用品回家不算什么,他很可能会牵连进贪污公司公款的事件中去。一般更大强度的问题能促使更道德的行为。与决定问题强度有关的 6 个特征如下:

①某种道德行为的受害者(或受益者)受到多大程度的伤害(或利益)? 一般地,更多的受害者以及受害程度越大,越容易激发更道德的行为。

②多少舆论认为这种行为是邪恶的(或善良的)? 例如,对于考试作弊,社会上越是更多人具有羞耻感,就越能激发出更道德的行为。

③行为实际发生和将会引起可预见的危害(或利益)的可能性有多大? 例如,提拔一位带病的政府官员,比提拔的一位清廉官员更容易腐败。

④在该行为和它所期望的结果之间,持续的时间是多久? 例如,减少现有退休人员的退休利益,比减少现有年龄在 40~50 岁雇员的退休利益具有更直接的后果。

⑤在社会、心理或物质上,你认为你与该种邪恶(或有益)行为的受害者(或受益者)有多么接近? 例如,家人被解雇远比一个多年未见面的远房亲戚被解雇对你的伤害更深。

⑥道德行为对有关人员的集中作用有多大? 例如,担保政策拒绝 10 个要求得到 1 万美元担保金的人的改变,比拒绝 1 万个要求得到 10 美元担保金的人的改变影响更为集中。

上述 6 个要素决定了道德问题的重要性。当一个道德问题对管理者很重要时,我们有理由期望管理者会采取更道德的行为。

4.2.3　改善道德行为

广泛的道德行为具有明显改善组织道德风气的潜力。如果高层管理确实想减少其组织中的不道德行为，那么有许多事情可做，主要包括以下 8 个方面：

1）雇员甄选

招聘一个组织的雇员甄选过程（包括面试、笔试、背景测试等）中，应当被用来剔除道德上不符合要求的求职者，排除道德上可疑的候选人。甄选过程应被视为是了解个人道德发展水平、个人价值准则、自我强度和控制点的一个机会。

2）道德准则和决策规则

作为日益流行的用以减少迷惑的一种做法，道德准则（Code of ethics）是表明一个组织基本价值观和它希望雇员遵守的道德规则的正式文件。一方面，道德准则应尽量具体，以向雇员表明他们应以什么精神从事工作；另一方面，道德准则应当足够宽松，从而允许雇员们有判断的自由。表 4.4 列举了麦道公司曾经的道德准则。

表 4.4　麦道公司道德准则

正直和道德或存在于个人中或根本不存在。它们必须被个人所坚持或根本不被坚持。为了使正直和道德成为麦道公司的特征，作为公司的成员，我们必须努力做到： 　　在我们所有的交往中要诚实和守信； 　　可靠地执行分派的任务和职责； 　　我们所说的和所写的一切要真实和准确； 　　在所从事的所有工作中要协作和富于建设性； 　　对待我们的同事、顾客和其他所有人都要公平和体贴； 　　在我们的所有活动中要守法； 　　始终以最好的方式完成全部任务； 　　经济地利用公司的资源； 　　为我们的公司和为提高我们所生活的世界的生活质量奉献自己的服务。

斯蒂芬·罗宾斯对 83 家企业道德准则的调查发现，大多数道德准则的内容可分为 3 类：做一个可靠的组织公民；不做任何损害组织的不合法或不恰当的事情；为顾客着想。表 4.5 按被提到的频率的顺序列出了各种类型所包含的道德变量。

表 4.5　83 家企业道德准则的变量分类

类型 1：做可靠的组织公民 　　1.遵守安全、健康和保障规则 　　2.表现出礼貌、尊敬、诚实和公平 　　3.禁止生产非法药品和酒精 　　4.管理好个人财物 　　5.出勤率高和准时 　　6.听从监督人员的指挥

续表

7.不说粗话
8.穿工作服
9.禁止上班携带武器
类型 2:不做任何损害组织的不合法或不恰当的事情
1.合法经营
2.禁止付给非法目的的报酬
3.禁止行贿
4.避免有损职责的外界活动
5.保守秘密
6.遵守所有的反托拉斯和贸易规则
7.遵守会计规则和管制措施
8.不以公司财产牟取私利
9.雇员对公司基金负有个人责任
10.不宣传虚假和误导信息
11.制订决策不考虑个人利益
类型 3:为顾客着想
1.在产品广告中传递真实的信息
2.以你的最大能力履行分派的职责
3.提供最优质的产品和服务

不过,道德准则的效果很大程度上取决于管理当局是否持支持态度,以及如何对待违反准则的雇员。当管理当局认为它很重要,经常重复和强调它的内容,并当众谴责违反准则的人时,道德准则便能为一个有效的道德计划提供强有力的基础。

此外,劳拉·南希(Laura Nash)提出了 12 个问题作为指导管理者制订决策时处理道德问题的决策规则,如表 4.6 所示。

表 4.6 检验企业决策道德的 12 个问题

1.你准确地确定问题了吗?
2.如果你站在对方的立场上,你将如何确定问题?
3.这种情况首次发生时会是怎样的?
4.作为一个人和作为公司的一员,你对谁和对什么事表现忠诚?
5.在制订决策时,你的意图是什么?
6.这一意图和可能的结果相比如何?
7.你的决策或行动可能伤害谁?
8.在你作决策前,你能和受影响的当事人讨论问题吗?
9.你能自信你的观点在长时间内将和现在一样有效吗?
10.你的决策或行动能问心无愧地透露给你的上司、CEO、董事会、家庭或整个社会吗?
11.如果你的行动为人所了解,那么它的象征性潜力是什么? 如果被误解了,又该如何?
12.在什么情况下,你将允许发生意外?

3）高层管理的领导

道德准则要求高层管理以身作则,至少在言行方面,高层管理者所做的比他们所说的更重要,否则就会出现"上梁不正下梁歪"的现象。

高层管理还可通过他们的奖罚来建立文化基调。选择谁或什么事作为提薪奖赏或是晋升的对象,将向雇员传递强有力的信息。如一方面,以不正当的方法取得重大成果的某位经理,他的提升表明那些不正当的方法是可取的。因此,组织绝对要避免出现这种问题。另一方面,当揭发错误行为时,管理当局不仅必须惩罚做错事的人,而且还要公布事实,让人人看到结果。这就传递了另一条信息:"做错事要付出代价,行为不道德不是你的利益所在。"

4）工作目标

雇员应该有明确的和现实的目标。当目标清楚和现实时,它会减少雇员的迷惑并使之受到激励而不是惩罚。但如果目标对雇员的要求不现实,明确的目标也能引起道德问题,在不现实的目标压力下,即使有道德的雇员也会持"不择手段"的态度。

5）道德培训

越来越多的组织正设立研讨会、专题讨论会和类似的培训项目,灌输组织的行为标准,阐明什么行为是可以接受的,什么是不可以接受的,尝试改善道德行为。不过,由于人们在年轻时就形成了自己的价值体系,所以从小时候就开始或在家庭中进行道德教育是必需的。当然成年后也可以加强道德培训,这种培训有助于提高个人道德发展水平,即使没有取得任何结果,至少这种道德培训增强了对经营道德问题的意识。

6）综合绩效评价

绩效评估必须关注道德标准,一个组织如果想使它的管理者坚持高道德标准,它必须在绩效评价过程中包含道德方面的内容。

7）独立的社会审计

一种重要的制止非道德行为的因素是害怕被抓住的心理。按照组织的道德准则评价决策和管理的独立审计,提高了发现非道德行为的可能性。这种审计可以是一种例行评价,类似财务审计一样;或者是抽查性质的,并不预先通知。为了保证正直,审计员应对组织的董事会负责,并直接将审计结果呈交董事会。审计报告呈交给董事会,不仅给了审计员一个警告,也减少了那些被审计的组织报复审计员的机会。

8）正式的保护机构

正式的保护机构,即保护那些处于道德困境中的员工,以使处于道德困境中的雇员能够坚持按自己的判断行事而不必担心受到惩戒或报复。此时,组织应设立一个专门的申诉过程,使雇员能够放心地利用它提出道德问题,揭发那些非道德行为,或对践踏道德准则鸣笛示警。可以通过两种途径来实现:其一,任命道德咨询员。当雇员面临困境时,他们能够向咨询员寻求指导;道德咨询员的作用就相当于一块共鸣板,一条让雇员开口唠叨自己的道德问题原因和发表自己意见的渠道。当各种选择明确后,咨询员应扮演促成"正确"选择的倡议者的角色。其二,设立道德官员,用以设计、指导和修改组织所需的道德计划。

当然,孤立地看上述 8 个行动也可能不会产生多大的影响,但将它们全部或绝大部分作为综合计划的一部分来实施,便具有明显改善一个组织道德气候的潜力。不过,随着社会的变迁,社会对组织的道德要求也在不断地发生规律性的变化,甚至社会对什么是"恰当行为"的期望增长,要快于企业提高其道德标准的能力,这时,管理者必须不断地把握这些变化中的期望,否则,今天可以接受的道德标准对未来可能是一种拙劣的指南。

【本章小结】

1.根据古典观,企业的社会责任仅仅是使股东的财务回报最大化;而与此对立的社会经济观认为,企业应对更大的社会负责。

2.社会责任是指组织追求有利于社会的长远目标;社会响应是指企业对社会压力作出反应的能力。前者要求工商企业决定什么是对的、什么是错的;而后者则是由社会准则引导的。

3.大量研究表明,在公司的社会参与和经济绩效之间,存在一种正相关关系。现有的证据并未表明,对社会负责的行动,会显著降低一个公司的长期经济绩效。

4.道德是指判断行为是非的规则或原则。

5.功利主义道德观按照成果或后果制订决策。权利观寻求尊重和保护个人的基本权利。公正观理论寻求公正和公平地贯彻和强化规则。社会契约整合理论则强调道德决策的制订应当根据"是什么"和"应当是什么"来进行。

6.一个管理者行为道德与否,是在管理者的道德发展阶段中,个性特征、组织结构设计、组织文化和道德问题强度之间复杂的相互作用的结果。

7.道德发展有 3 个水平,每一个水平由两个阶段组成。第 1 阶段和第 2 阶段仅受人们的个人利益影响;第 3 阶段和第 4 阶段受他人期望的影响;第 5 阶段和第 6 阶段受个人认为正确的道德原则的影响。

8.一个综合道德计划应包括:经过甄选程序去除不符合道德要求的求职者,一个成文的道德准则和决策规则,高层管理的承诺,明确和现实的工作目标,道德培训,综合绩效评价,独立社会审计和正式的保障机构。

【案例分析】

【案例 4.1】 道-康宁公司的"道德"

汤姆斯·塔尔科特已在道-康宁公司(Dow Coming)做了 24 年的材料工程师。他的工作是帮助公司为乳房植入物制造商开发硅酮凝胶。但是在 1976 年,当公司转向生产一种更具流动性的凝胶来制造更柔软、更逼真的植入物时,他辞职了。塔尔科特担心这种更薄的凝胶会破裂或渗漏,从而严重危害人体健康。他的这一担心 15 年来一直没有引起公司总经理的注意。

尽管道-康宁公司的硅酮凝胶植入物曾在动物体内进行过全面试验,并且 200 多万妇女接受了这些植入物的事实表明,无健康危害,但公司的权威地位在 1992 年初受到怀疑。塔尔科特可能是正确的,道-康宁公司不仅没有在几十年中意识到植入物的渗漏问题,而且还试图掩盖问题的发生。

报纸、联邦药品管理局(FDA)及国会小组的调查披露了公司的备忘录。1975 年时,公司仓促地将产品投放市场,以至于这些产品或是没有经过试验,或是简化了检查硅酮是否从植入物中渗漏的动物试验。内部备忘录揭露道-康宁公司向妇女、医药专家及联邦药品委员会的管理者误报其研究结果。这些备忘录表明该公司很早就知道硅酮可能会从乳房植入物中渗漏出来,流入妇女体内。在几十年的否认和从中作梗之后,道-康宁公司终于在 1992 年初承认了它不是一贯诚实的,它为自己辩解,之所以未能早些公布备忘录是因为害怕给妇女们造成恐慌。然而即便如此,也不可能完全消除使用该公司植入物的妇女们的疑虑。公司在 1992 年 2 月声明愿意为任何想要摘除乳房植入物而又无力支付手术费的妇女支付费用。与此同时,公司宣布它已经撤换了首席执行官,企图向公众及主要机构表明它严肃处理了植入物问题。此后不久,道-康宁公司为了避免可能的诉讼,宣称它将勾销 9 400 万美元的利润,并退出植入物生意的行业。

问题:道-康宁公司的隐瞒行为是公司不负责任的一个罕见例子,还是仅是职业道德沉落的另一典型呢? 有大量证据表明,道德(或道德缺乏)是一个普遍的问题。

【案例 4.2】 寂静的春天:DDT 的兴衰(作者:赵斌;来源:生态学时空)

DDT 曾经是一种杀虫剂,中文译名为"滴滴涕"。DDT 从发明到曾经风光无限,直至最后被禁用有 100 年左右的历史。

1874 年,奥地利蔡德勒(Zeidler)在实验室合成了 DDT,但当时没有发现什么用途;1939 年,瑞士化学家保罗·穆勒(Paul Mueller)发现 DDT 可以迅速杀死蚊子、虱子和农作物害虫,而且在当时认为比其他杀虫剂安全,随后于 1940 年获得了第一个瑞士专利;1942 年,商品 DDT 正式面市,主要用于植物保护和卫生方面;第二次世界大战前后,世界很多地方传染病流行,使用 DDT 可令疟蚊、苍蝇和虱子得到有效控制,并使疟疾、伤寒和霍乱等疾病的发病率急剧下降;1948 年,其发明者穆勒获诺贝尔生理医学奖。人们当时高傲地宣称:DDT 预示着一个没有害虫的世界。

但是,DDT 在大规模使用约 30 年后,于 1972 年被禁用。DDT 在 20 世纪上半叶为防治农业病虫害、减轻疟疾伤寒等蚊蝇传播疾病危害方面的确功不可没,但由于后来发现其巨大的环境代价,很多国家和地区不得不禁止使用。在 DDT 被禁用后,同时放松了对疟疾的警惕,疟疾很快就在不发达国家卷土重来。特别是在非洲国家,每年有 1 亿左右的疟疾新发病例,有 100 多万人死于疟疾,其中大多数是儿童。在 2006 年 9 月,世界卫生组织令 DDT 低调复出,允许部分地区重新使用这种杀虫剂,那显然是不得已而为之。疟疾目前还是发展中国家主要的病因与死因,这除了与疟原虫对氯奎宁等治疗药物产生抗药性外,也与目前还没有找到一种经济有效对环境危害又小能代替 DDT 的杀虫剂有关。可以说,目前的这些人工化合物,恐怕很少有像 DDT 一样,让人们对它又爱又恨的。2011年美国拉斯克奖中的临床研究奖首次授予中国的科学家屠呦呦,以表彰她"发现了青蒿素——一种治疗疟疾的药物,在全球特别是发展中国家挽救了数百万人的生命"。显然,人们还是希望在尽可能的情况下杜绝使用 DDT。

DDT 的危害,现在人们已经十分清楚,但这已经是一百年以后的事了。然而,其危害并没有因为禁用而销声匿迹,在全球大部分国家禁用 DDT 数十年后的今天,南极阿德利企鹅体内仍检测出这种物质,且含量多年来始终不降。研究者认为,这是因为 DDT 被"储存"在冰川中,持续影响南极生态环境。当然,目前企鹅体内的 DDT 含量还不足以对它们造成危害,但这正是人们对 DDT 及时禁用的结果。举这个例子,也是想说明,类似的空间影响尺度可能是全球性的,时间影响尺度也以数十年计。其实,当时的人们也知道它是有一定毒性的,因为人、畜摄入会死亡。所以当时也只是强调药品要保管好,使用者直接接触了药物后要用肥皂洗手。以为注意了这两条,就万事大吉了。那时的人们没有外来化合物的概念,更没有人造化学产品对生态影响的评价。

有些灾难总是在我们不经意之处发生。正式发现 DDT 有问题也是非常偶然的。美国女科学家蕾切尔·卡逊(Rachel Carson)本来是一个海洋生物学家,1958 年她看到朋友在来信中说,生活的小村镇听不见鸟鸣了,蜜蜂很少见了,果树产量降低了,母鸡孵不出小鸡,人也生些莫名其妙的病,春天很寂静。敏感的卡逊,当时就觉得这可能是严重的自然生态失衡的问题。于是,她用了数年时间进行调查,终于从小鸟和猛禽身上发现是 DDT 在作怪。DDT 喷在树上,带药的枯枝落叶掉落地面,进入土壤,蚯蚓吃了泥土,老鹰吃了蚯蚓,这种在生物体内难以代谢的化学物质通过食物链传递一级一级放大,使得老鹰等鸟蛋壳变得极薄,一孵就破,所以鸟少了,甚至绝种了。

1962 年蕾切尔·卡逊出版了《寂静的春天》,书中揭示了 DDT 及各种化学药品危害环境的问题,开创了现代环保运动的先河,但同时蕾切尔·卡逊却也倒了大霉。这本书一问世,虽然也引起了不少人的重视,但更多的是遭到一大批专家的猛烈抨击。他们造卡逊的谣,有的说她是歇斯底里,有的说她是极端主义分子。有的政府官员还对她进行人身攻击,这些人的后台来自化学工业集团和农业部门,蕾切尔·卡逊触犯了他们的利益。奇怪的是不但国会宠爱化学工业,连美国医学学会当时也站在化学工业一边!因为蕾切尔·卡逊坚持人和自然的平衡关系,而许多科学家坚信人定胜天,认为人类正稳稳地控制着大自然。她的书出版后争论一直在继续,两年后蕾切尔·卡逊在身心交瘁中病逝。

1970 年美国宣布禁用 DDT。1980 年,民主党的卡特把总统自由勋章追授给卡逊,奖励她对环保作出的贡献。不久之后的选战中,民主党被共和党赶下了台。到 1992 年,民主党的克林顿-戈尔用打经济牌、打环保牌胜了连掌白宫 12 年的共和党。为此,副总统戈尔特地为新版《寂静的春天》写了前言,从此尘埃落定。戈尔指出:改变以污染为代价的盈利体制和经济实用主义是很艰难的。美国自己禁用了一些农药,但仍然生产出口赚钱。虽然鼓励用生物制剂替代化学药品,但是受到太多的官员的冷眼和制造商的抵制。

对于安全检测,化学药品的护卫者总是报告:实验并未显示出化学药品与人的疾病有直接联系。戈尔能讲这些老实话,大概认为那是上届共和党政府的责任吧。

问题:《寂静的春天》的争议,表明组织的社会责任与管理的道德问题非常复杂,甚至有时候,没有相应的科学技术知识,就很难对相关问题下定论,例如转基因技术以及一切农业企业的转基因作物种植行为的社会责任与管理道德,就不是一个容易回答的问题。

【思考与练习】

一、单项选择题

1.管理道德是一种特殊的(　　)。

A.社会公德　　　　B.家庭美德　　　　C.职业道德　　　　D.生活道德

2.(　　)对管理者而言,可以说是立身之本、行为之基、发展之源。

A.人际关系　　　　B.管理道德　　　　C.分配能力　　　　D.组织设计

3.管理道德受个人利益支配,按怎样对自己有利制订决策。这属于道德发展的(　　)。

A.前习俗层次　　　B.后习俗层次　　　C.习俗层次　　　D.原则层次

4."做你周围人所期望的事"对应的道德发展层次是(　　)。

A.前习俗层次　　　B.后习俗层次　　　C.习俗层次　　　D.原则层次

5."遵守自己选择的伦理准则,即使这些准则违背了法律"对应的道德层次是(　　)。

A.前习俗层次　　　B.后习俗层次　　　C.习俗层次　　　D.原则层次

6.管理道德的主体是(　　)。

A.抉择者　　　　　B.责任者　　　　　C.管理者　　　　　D.普通员工

二、名词解释

社会责任　管理道德

三、简答题

1.从社会责任的社会经济观角度来看,古典观的缺陷是什么?

2.有关道德的4种观点,哪一种在你的朋友圈子中最流行?为什么?

四、应用分析题

1.假设一家多产品公司的社会责任是生产合理的安全产品。同样,这家公司随时对其生产的每件不安全品作出反应:它一旦发现产品不安全,就立刻从市场上撤回。那么,在收回了10次后,公司能被认为是承担了社会责任吗?或者,公司能被认为具有社会响应能力吗?

2.讨论:"从长期来看,那些不以社会认为负责的方式使用权力的人将会失去权力"这一观点。

3."企业的营生就是生意。"请你从古典观和社会经济观来评论这句话。

第5章 决 策

【知识目标】

1.概述决策制订过程的步骤。

2.定义理性的决策者。

3.说明理性决策的局限性。

4.掌握决策方法。

【能力目标】

1.区分确定型、风险型和不确定型决策情况。

2.明确群体决策的优缺点。

3.阐述改善群体决策的 4 种方法。

4.对比完全理性决策和有限理性决策的差异。

【素质目标】

1.描述你对一些常见决策偏见的理解。

2.有限理性决策的理解。

3.解释你的直觉在决策制订过程中所扮演的角色。

5.1 决策制订过程

5.1.1 决策的概念

1)决策的含义

决策(Decision Making)是在两个或更多的方案中作出选择的过程。决策是管理工作的核心、基本要素。决策普遍存在。一般管理者每天有 70% 以上的时间是在作决策;所有的组织成员也都在制订决策。一个完整的决策包括以下 5 个方面:

①决策者;

②至少两个以上的可供选择的方案;

③存在决策者无法控制的若干自然状态;

④可以测知各个方案与可能出现的状态相对应的结果;

⑤衡量各种结果的价值标准。

决策不仅包括某一瞬间作出的明确、果断的决定,还应包括在作决定之前所进行的一系列准备活动,并在决定之后采取具体措施落实决策方案。

2)组织决策的特征

在组织中进行的决策,一般具有以下5个特征:

(1)目标性

组织决策与纯粹个人的决策相比较具有更加明确的目的性和目标性,主要表现在3个方面:目标是决策的依据,是组织在未来特定时限内完成任务程度的标志;决策者根据目标,拟订未来的活动方案,以目标为标准评价和比较这些方案,并且对未来活动效果进行检查;组织决策是一种理性的决策。

(2)可行性

决策的可行性是指:所依据的数据和资料比较准确、全面;决策能解决一定的问题,实现预定的目标;方案有实行的条件,即人、财、物和技术等;决策富有弹性,留有余地,以保证目标实现的最大的可能性。

决策是为了付诸实践,不能实施的决策是毫无意义的。如企业的任何一项活动都需要资源,缺少必要的人力、物力和技术上的支持,方案都是不能实现的。因此,决策方案的拟订和选择,不仅要考察采取某种行动的必要性,而且要注意实施条件的限制。组织决策应该在外部环境与内部条件结合研究和寻求动态平衡的基础上来制订。

(3)选择性

决策的实质是选择,没有选择就没有决策,而要能有所选择,就必须提供多个可行的、相互替代的方案。为了实现相同的目标,组织可以从事多种不同的活动,这些活动在资源需求、可能结果及风险程度等方面都有所不同,从中选出较优方案,才能保证决策的质量。

(4)过程性

决策不是一项决策,而是一系列决策的综合,包括选择业务活动的内容和方向,具体开展业务活动,筹措资源、调整组织结构、人事安排等许多方面的工作。此外,一系列决策中的每一项决策,本身也是一个包含许多工作、有众多的人参与的过程。从决策目标的确定到决策方案的拟订、评价和选择,再到决策方案执行结果的评价,构成了一项完整的决策。

(5)动态性

决策是一个动态的、不断循环的过程。决策没有真正的起点,也没有真正的终点。实际上,决策的主要目的之一是使组织活动适应外部环境的变化。由于外部环境是不断发生变化的,因此,决策只有保持动态性,才能更好地实现组织与环境的动态平衡。

5.1.2 决策制订过程

决策被描述为"在不同方案中进行选择",这种"选择"是一个过程而不是简单的选择方案的行为,包括:发现问题—明确问题—拟订方案—评价及选择方案—实施方案+检查评价和反馈处理。没有这一决策过程,就很难保证决策的正确性、科学性和合理性。

决策制订过程(Decision-making process)可以描述为8个步骤:从识别问题开始,到选择能解决问题的方案,最后结束于评价决策效果。这一过程既能用来描述个体决策,也能用来描述群体决策。接下去,以一个"购买计算机的决策"例子来描述决策制订过程。

步骤1:识别决策问题

决策制订过程始于一个存在的问题(Problem)。问题开始于现实与期望状态之间的差异。因此,问题识别是主观的。也就是说,在某些事情被认为是问题前,管理者必须意识到差异,他们不得不承受采取行动的压力。同时,他们必须有采取行动所需的资源。

如何使管理者意识到事情的差异呢?比较,即将事情的现状和某些标准进行比较,而比较的标准,可以是过去的绩效,预先设置的目标或组织中其他一些单位的绩效,也可以是其他组织中类似单位的绩效。例如,在一个关于购买计算机的决策中,标准就是预先设定的目标——"我的销售代表需要一台新计算机"。

步骤2:确定决策标准

管理者确定了需要注意的问题后,就要明确决策标准(Decision criteria)。也就是说,管理者必须确定什么因素与决策相关。在购买计算机的例子中,决策者必须评价什么因素与他的决策相关。这些标准可能是价格、重量、保修、屏幕类型、屏幕大小、可靠性(品牌机还是组装机)、制造厂家(国外的还是国内的)等。这些标准反映出管理者的想法,这与他的决策是相关的。无论表述清楚与否,每一位决策者都有指引他决策的标准。在决策制订过程的这一步,不确认什么和确认什么是同等重要的。

步骤3:为决策标准分配权量

一个具体的决策所依据的标准可能是多个的,但显然这些标准并非同等重要——有一些标准决策者更看重,而另一些标准可能不那么看重。因此,为了在决策中恰当地考虑这些标准的优先权,有必要明确各类标准的重要性。这个重要性体现为分配在各标准上的权重。

决策者如何衡量标准的重要性?一个简单的方法就是从1~10对标准打分。例如,最重要的标准是10分,最不重要的标准是1分。这样,与你打5分的一个标准相比,最高分10分的标准将更重要1倍。例如,一个决策者可能认为计算机的可靠性比其屏幕类型更重要,因此他给计算机可靠性的打分可能大于计算机屏幕类型的评分。

步骤4:拟订备选方案

接下来,决策制订者开发出能成功地解决问题的可行方案。这一步无须评价方案,仅需列出即可。在购买计算机的案例中,可以列举出几个乃至十几、数十个备选方案。

步骤 5:分析备选方案

方案一旦拟订后,决策者必须批判性地分析每一个方案。这些方案经过与步骤 2、3 所述的标准及权重的比较后,每一方案的优缺点就变得明显了。在购买计算机的例子中,依据标准评价每一方案,即根据价格、重量、保修、屏幕类型、屏幕大小、可靠性、制造厂家等标准,对每种备选方案进行评价。首先,我们再次从 1~10 对每个标准进行打分,最高分为 10 分,最低分为 1 分。其次,基于第 3 步确定的权重和第 5 步对标准的打分(评价),计算每一种备选方案的加权总分。

需要指出的是,尽管有些打分、评价可达到相当客观的程度,例如,对于价格,决策者能从当地经销商那里得到最低的市场价格,维修频率的数据可以从售后服务部门获得,但问题是多数评价仍然是一种个人的主观判断,这种主观判断具体反映在步骤 2 所选的标准的权重以及方案评价过程中。这就说明了为什么两个有同等出价的购买者会关心两套截然不同的方案,即使是同一套方案而其权重又是如此的不同。我们注意到,标准的权重影响了它们的评价总分,进而极大地改变了备选方案的排序。

步骤 6:选择最优方案

这是从所列的和所评价的备选方案中选择最优方案的关键步骤。既然前面的步骤已经确定了所有与决策相关的因素,恰如其分地权衡了它们的重要性,并确认了可行的或备选的方案,那么决策者仅需选择步骤 5 中得分最高的方案。

步骤 7:实施决策方案

所选择的方案需要得到有效的实施,因为如果方案得不到恰当的实施,仍可能是失败的。所以,这一步骤就涉及将方案付诸行动。

实施(Implementation)是指将决策传递给有关人员并得到他们行动的承诺。另外,如果必须执行决策的人参与了决策制订过程,那么他们更可能热情地干出成果来,这是本书后面章节的“计划”“组织”“激励”“领导”等管理职能中需要涉及的。

步骤 8:评价决策结果

决策制订过程的最后一个阶段就是评价决策效果,看它是否已解决了问题。基于上述步骤所选择和实施的方案,取得了理想的结果吗? 如何评价结果在控制职能中有所体现。

评价的结果如发现问题依然存在会怎样呢? 管理者需要仔细分析什么地方出了错。是没有正确认识问题,是在方案评价中出错了,还是方案选对了但实施不当? 这些都需要一一分析,且对此类问题的回答将驱使管理者追溯前面的步骤,甚至可能需要重新制订决策。

5.1.3　决策的普遍性

决策对管理者每一方面工作的重要性怎么强调也不过分。如表 5.1 所示,决策渗透于管理的 4 大基本职能中,因此管理者在做计划、组织、领导和控制时常常被称为决策者。

表 5.1　管理职能中的决策

管理职能	决策问题的描述
计划	组织的长远目标是什么 什么战略能够最好地实现这些目标 组织的短期目标应该是什么 每个目标的困难程度是多大 直接向我报告的下属是多少人
组织	组织中的集中程度应多大 职务如何设计 组织何时应该实行改组 应当如何对待缺乏积极性的雇员
领导	在特定的环境中,哪一种领导方式最有效 一个具体的变化将如何影响工人的生产力
控制	何时是激发冲突的最恰当时机 组织中的哪些活动需要控制 如何控制这些活动 绩效偏差达到什么程度才算严重 组织应建立哪种类型的管理信息系统

　　一个管理者在决策制订中所做的一切,对外界观察者而言并非是显而易见的。许多管理者的决策制订活动具有例行性。比如每天中午决策吃什么的问题,它提出极少的问题并常常能很快解决,以至于很多人认为这不算决策。实际上,管理者每天要制订许多例行性决策。即使一个决策很容易作出,或管理者以前已经遇上过许多次,它仍然是一个决策。

5.1.4　群体决策

　　管理决策的制订,可以是管理者单个人作出决断或选择,也可以是群体讨论后作出决断和选择。组织中的许多决策,尤其是对组织的发展战略和人事有极大影响的重要决策,是由集体制订的,很少有哪个组织不采用委员会、联席会、办公会或代表大会作为制订决策的工具。接下去将比较群体决策和个人决策的优缺点及其各自的适应性。

　　1)群体决策的优点和缺点

　　个人决策和群体决策都各具优点,相对于个人决策,群体决策的优点有以下4点:

　　①提供更完整的信息。"三个臭皮匠顶一个诸葛亮"是一句常用的俗语。一个群体将带来个人单独行动所不具备的多种经验、多条信息和多个不同的决策观点。

②产生更多的方案。群体拥有更多数量和种类的信息,通常具有不同的专业背景,能比个人制订出更多的方案。多元化的"世界观"常产生更多的方案。

③增加对某个解决方案的接受性。通常,让受到决策的影响或实施决策的人们参与了决策的制订过程,他们将更可能接受决策,并倾向于鼓励他人也接受它。

④提高合法性。群体决策制订是与民主决策相一致的,因此人们觉得群体制订的决策比个人制订的决策更合法。拥有全权的个体决策者不与他人磋商,具有独裁和武断之嫌。

群体决策也并非完美无缺,其主要缺点有以下 4 点:

①消耗时间。群体讨论要耗费更多的时间,因此决策效率较低。

②少数人统治。一个群体的成员不会是完全平等的,他们可能会因职位、经验、有关问题的知识、易受他人影响的程度、语言技巧、自信心等因素而不同。这就为单个或少数成员创造了发挥其优势、驾驭、支配群体中其他人的机会,导致其对最终决策有过多的影响。

③屈从压力。在群体中要屈从社会压力,导致群体思维(Group think),抑制了不同观点,削弱了群体中的批判精神,损害了决策的质量。

④责任不清。群体成员分担责任,但实际上谁对最后的结果负责却不清楚。在个人决策中,谁负责任是明确具体的。而在群体决策中,任何一个成员的责任都被冲淡了。

2)群体决策的效果和效率

群体决策是否比个人决策更有效,取决于如何定义效果。"群体能比个人作出更好的决策",是指群体决策可能优于群体中平均的个人所作的决策,但它们绝不比杰出的个人所作的决策好。

以反复交换意见为特点的群体决策过程也是耗费时间的过程。因此,如果决策的效果是以速度来定义的话,那么个人决策更为优越。同时,效果也可以指一种方案所表明的创造性程度。如果创造性是重要的,那么群体决策比个人决策更为有效。但这要求培养群体思维的推动力必须受到限制。在 5.4 中描述的头脑风暴法、德尔菲法等决策方法,有助于医治群体思维病。

决策效果的另一个评价标准是最终决策的接受程度。由于群体决策参与的人更多,所以他们有可能制订出更广为人接受的方案。

群体决策的效果还受群体大小的影响。群体越大,异质性就越大,协调所耗费的时间就越多。因此,群体不宜过大:小到 5 人,大到 15 人即可。有证据表明,5 个或 7 个人的群体在一定程度上是最有效的。因为 5 和 7 都是奇数,可避免不愉快的僵局,这样的群体大得足以使成员变换角色和退出尴尬的状态,却又小得足以使不善辞令者也能积极参与讨论。

当然,离开了效率的评价,效果就无从谈起,群体决策者和个人决策者相比,其效率总是稍逊一筹,群体决策比个人决策消耗的工作时间更多。因此,在决定是否采用群体决策时,主要的考虑是效果的提高是否足以抵消效率的损失。

3）民族文化对群体决策的影响

决策风格以及决策者愿意承担的风险程度,是反映一国文化环境下决策差异的两个方面。管理者需要改变其决策风格,以反映他们所在国家的民族文化和所在公司的组织文化。

例如,日本人就比美国人更倾向于群体决策,这可以从日本的民族文化特征得到解释。日本人崇尚遵奉与合作,通常在制订决策前,CEO 要收集大量的信息,以便在群体决策时形成一致的舆论。由于日本组织中的雇员享有高度的工作保障,所以管理决策是从长远观点出发的,而不是只考虑短期的利润。

其他国家(如法国、德国和瑞典)的高层管理者也使他们的决策风格适应本国的文化:在法国普遍以独裁方式制订决策;德国的管理方式反映了德国文化讲究结构和秩序的特征,组织中有大量的规则和条例,管理者有明确的责任并按规定的组织路径进行决策;瑞典管理者的决策风格更富于进取性,主动提出问题,不怕冒风险,并且把决策权层层委让,鼓励低层管理人员和雇员参与影响他们利益的决策。

5.2 理性、有限理性和直觉决策

一般认为,管理决策是理性的。对此问题的理解,其实是表明决策是前后一致的,是追求特定条件下价值最大化的,也就是决策是管理者在具体的约束条件下作出的一致的、价值最大的选择。这就涉及"理性""最好""最优"等概念的讨论。

5.2.1 理性假设

一个完全理性的决策者,会是完全客观的和合乎逻辑的。他会认真确定一个问题并会有一个明确的、具体的目标;他对决策制订过程的步骤会始终如一地导向选择使目标最大化的方案,且决策的制订符合组织的最佳经济利益。此时。理性决策的制订,符合以下 7 个特征:

（1）问题清楚

在理性决策中,问题是清楚的、无歧义的。决策者被假定为拥有与决策情境有关的完整信息。

（2）目标导向

在理性决策中,没有目标的冲突。无论决策是购买一辆新车、选择所读的一所大学、为一种新产品制订恰当的价格,还是挑选合适的应聘者以填补一个工作空缺,决策者都有唯一的、明确的、试图实现的目标。

（3）已知的选择

已知的选择即所有的方案和结果是已知的。理性决策假设决策者是富于创造性的,他们能够确定所有相关的标准,并能列出所有可行的方案。而且,决策者还能意识到每一方案的所有可能的结果。

（4）清晰、明确的偏好

理性决策假设标准和方案能按其重要性进行排序。

（5）一贯的偏好

一贯的偏好即偏好是不变和稳定的。除了有一个明确的目标和偏好外,它假设具体的决策标准是一贯的,这些标准的权重是不随时间而变化的。

（6）没有时间和成本的约束

理性决策者能获得有关标准和方案的全部信息,因为它假设没有时间和成本的限制。

（7）回报最大化

理性决策者总是选择那些能产生最大经济回报的方案,这个理性假设可应用于任何决策。但本书主要是指组织的管理决策,决策制订是为了取得最佳的组织经济利益,即决策者被认为是取得组织利益最大化,而不是他个人的利益最大化。

5.2.2　理性假设的局限

管理决策可以遵循理性假设。也就是说,如果一位管理者面对这样一个相对比较简单的问题:目标明确,方案极少,时间压力很小,挑选评价方案成本很低,组织文化支持革新和承担风险,以及决策的结果又是相当具体和可衡量的,那么决策过程可以遵从理性假设。但是,管理者面临的大多数决策并不完全符合上述情况,也就是不符合理性决策的特征。大量研究指出了决策制订经常改变理性假设中隐含的逻辑性、一贯性和假定。这些研究见解包括:

①个人信息处理能力是有限的。在短时间的记忆中,大多数人仅能维持 7 条左右的信息。当决策变得复杂时,个人试图通过建立简单的模型,将问题减化到可以理解的程度。

②决策制订者趋向于将解决方法和问题混合在一起。确定一个问题经常伴随一个大概的、可接受的方法描述,但却模糊了决策过程的制订方案阶段和评价方案阶段的界限。

③感性偏见可以歪曲问题本质。决策者的背景、在组织中的地位、利益和过去的经验,使他的注意力集中于一定的问题而忽略其他问题。管理者的认识受组织文化的禁锢,看不到他们认为不存在的事情。

④许多决策者选择信息是出于其易获得性,而不是出于其质量。因此常常造成重要的信息被忽略,或者一些重要的信息比易获得的信息在决策中权重更轻。

⑤决策者倾向于过早地在决策过程中偏向某个具体的方案,从而左右着决策过程,使决策结果趋向于某个决策者可能早已认定的方案。

⑥前期的解决方法现在不起作用了,但这并不总能引起寻求新方案的需求。相反,它常引起一种承诺升级（Escalation of commitment）,即决策者进一步增加对先期行动的资源投入,以试图证明起初的决策并没有错。承诺升级是一种在过去决策的基础上不断增加承诺的现象,尽管有证据表明已经作出的决策是错误的,但拒绝承认最初的决策存在缺陷。

⑦路径依赖。从前的决策先例制约着现在的选择。决策极少是简单的、孤立的事件。把它们描述成为选择流中的一系列点更为贴切。大多数决策实际是许多长期分决策的积累。

⑧组织是由不同的利益群体组成的,这使得决策很难甚至不可能建立起一种为实现单一目标或整个组织目标的共同努力。不同利益的存在决定了目标、方案和结果的差异,因此决策中讨价还价是必不可少的,以求达成妥协和支持最后方案的实施。在模糊和矛盾的环境中,决策很大程度上是权力博弈和政治施加影响的结果。

⑨组织对决策者施加着时间和成本的压力。这就限制了一个管理者所能寻找到的可行的备选方案的数量,进而人们趋向于在旧方案的附近寻找新方案,受旧方案的牵制与约束。

⑩尽管有潜在的不同见解,但大多数组织的文化都是强化维持现状,而不鼓励风险承担和创新。错误的选择对决策者生涯的影响,比发展一种新思想的影响更大,因此决策者更倾向于花更多的精力避免错误,而不是发展创新的设想。

5.2.3 有限理性

上述对理性假设的局限性的描述,实际上揭示了决策的有限理性问题,即实践中,管理者常常在基于有限理性(Bounded rationality)的假设来进行决策制订的。

有限理性是指决策者受自身信息掌握及处理能力的限制,将决策问题的本质特征抽象为简单的模型,然后努力在简单的模型参数下采取理性行动,其结果是制订一个满意的决策而不是一个目标最大化的决策,即作出一个用以解决方案的"足够好"的决策。

有限理性表明,决策最终选定的方案通常是一个满意的方案。那么,除了有限理性的现实外,还有什么缘由可以用来解释决策选择的为什么是满意方案而不是最优方案?实际上,最优方案需要具备一定的条件,包括:

①了解与组织活动有关的全部信息;

②能正确辨识全部信息的有用性,了解其价值,并能制订出没有疏漏的行动方案;

③能准确地计算每个方案在未来的执行结果。

很显然,满足上述全部条件几乎是不可能的,因此决策的最优方案实际上不存在。那么,决策以后怎么来判断决策的优劣呢? 可以确立决策质量或决策有效性的衡量标准,包括:

①决策的合理性:有利于实现组织的目标;

②决策的可接受性:下属乐于接受并付诸实施;

③决策的时效性:所需时间和周期长短;

④决策的经济性:所需投入是否在经济上合理。

把握管理者工作中的有限理性问题具有重要的现实意义。理想的理性假设现实中难以满足,特别是管理层的战略决策中,决策制订过程的细节,强烈地受到决策者个人利益、组织文化、内部政治及权力考虑的影响。管理者应该如何制订决策的完全理性观和管理者实际上如何制订决策的有限理性描述之间不可避免地会存在巨大鸿沟。

不过,尽管存在着对完全理性的局限,是否意味着管理者可以忽略 5.1.2 节所描述的 8 个决策步骤? 答案是否定的。因为人们还是希望管理者遵循理性过程。管理者也知道,"好的"决策者必定要做的事情是:识别问题、考虑方案、收集信息,以及果断而谨慎地行动。这样,管理者才能表现出正确的决策行为,并在其上级、同事和下级面前展现出决策能力和决断的科学性,让他们相信管理者的决策是智慧和理性相结合的结果。

5.2.4　直觉决策

在 2016 年中国著名的"宝万之争"中(深圳市宝能投资集团有限公司与万科企业股份有限公司之间关于万科股权之争),万科企业之前任何的理性决策模型都是不起作用的,最终解决问题的恰恰是依赖于政府直接或间接干预。也就是说,如果万科的管理高层要能够预测到所谓的"野蛮人"入侵问题,那么除了理性决策之外,还得辅之以其他决策手段。其中,直觉决策在管理决策中扮演着重要角色。

直觉决策是一种潜意识的决策过程,不是依靠系统性的、详尽的问题分析,而是基于决策者的经验以及积累的判断来作出决断。直觉决策包括以下 5 个方面:

①基于经验的决策,也就是根据经验来制订决策。

②影响发动的决策,也就是根据感觉或情绪来制订决策。

③基于认知的决策,也就是根据技能、知识和训练来制订决策。

④潜意识的心理过程,也就是运用潜意识的信息帮助管理者制订决策。

⑤基于价值观或道德的决策,也就是根据道德、价值观或组织文化来制订决策。

实践中,不管承不承认,上述直觉都客观存在,都会影响决策的过程。但理性模型本质上是用系统性的逻辑完全取代直觉,显然不符合客观实际,也常常导致决策失败的现象。因此,在某些情况下,当理性决策失灵时,决策的制订能够通过决策者的直觉来改善。例如,考试过程中,很多考生的经验是,当确实拿不准答案时,特别是做单项选择题,常常通过直觉选择一个答案。换言之,直觉完全被理性分析来取代并不可取;相反,直觉决策是理性分析的补充,理性决策和直觉决策这两种方法理应是相辅相成的。

问题是,管理者何时最有可能使用直觉决策的方法呢? 通常有以下 8 种情况:

①决策所依赖的环境和决策结果存在高度不确定性时。

②极少有先例存在,无迹(规律)可循时。

③难以科学地预测外界变化时。

④"事实"有限时。

⑤事实不足以明确指明前进方向时。

⑥分析性数据用途不大时。

⑦当需要从几个备选方案中选择一个,而每一个的评价都良好时。

⑧时间紧迫,决策者正确地作决策的压力很大时。

通常,人们要么是在决策过程的起初运用直觉,要么是在决策过程的结尾使用直觉。在决策开始时使用直觉,决策者逃避系统分析问题,让直觉自由地发挥,努力产生不寻常的可能性事件,以及形成从过去资料分析和传统行事方式中一般产生不出来的新方案。而决策制订结尾的直觉运用,却依赖于对决策标准及其权重的确定、方案制订和方案评估的理性分析。

5.3　问题、决策条件与决策的类型

管理者在一种决策情境下所面对的问题类型,通常决定了他如何对待此问题。本节区分出问题和决策类型,并指出管理者采用的决策类型应如何反映问题的特征。

5.3.1　问题的类型

有些问题非常直观,如决策的目标明确,问题是熟悉的,与问题相关的信息比较容易确定且是完整的。例如,一个供应商延迟了一项重要的交货,警察抓捕一个交通肇事逃逸犯,教学督导复评一个教师的课堂教学活动等,这些情况都称为结构良好的问题(Well-structured problems):直观、一目了然、熟悉和容易确定或定义。它们与完全理性假设接近一致。

但更多的情况下,管理者面临的问题都是结构不良问题(ill-structured problems),这些问题是新的或不同寻常的、有关问题的信息是含糊的或不完整的。例如,挑选一个建筑师设计一幢新的公司总部大楼,决定是否投资于一种新产品的开发,以及中共中央、国务院决定设立河北雄安新区等,都属于新颖的、不经常发生的、信息模糊的和不完整的问题。

5.3.2　决策的类型

对应于问题的类型,决策也可分为两类:程序化决策和非程序化决策。其中,程序化决策是处理结构良好问题的有效途径,非程序化决策对于处理结构不良的问题比较有效。

1)程序化决策

一位顾客在餐馆里吃饭时发现饭菜里有一只苍蝇,并投诉至餐馆的经理那里,经理该怎样处理呢? 这种情况比较常见,在大学食堂的饭菜里,学生常常抱怨说发现有苍蝇、有头发,甚至还有烟头。因此,一般的餐馆里会有一些处理这类问题的标准程序。例如,餐馆承诺换一盘菜,或免收这道菜的菜钱,或答应顾客的赔偿要求,甚至还要积极应对政府监管部门对餐馆的罚款。这就是一个程序化决策(Programmed decision),它是能够运用例行方法解决的重复性决策。

决策可以程序化到重复和例行的程度,并在某种程度上存在解决问题的确定方法,因为问题属于结构良好问题,管理者不必陷入困境,费尽心机去建立一个复杂的决策过程。因此,程序化决策中,决策过程的"制订方案"阶段可能不存在,或不起作用。在许多情况下,程序化决策变成了依据先例和以前的解决方法的决策,管理者仅需按别人在相同情况下所做的那样做,或者说,只需求助于一个系统化的程序、规则或政策就可以了。

程序(Procedure)是相互关联的一系列顺序的步骤,用以对结构化的问题作出反应。程序化决策中唯一真正的困难在于确定问题。一旦问题明确了,程序也就定了。例如,大学教学活动的安排,其决策过程仅仅是执行一系列简单的步骤。

规则(Rule)是一种清晰的陈述,告诉管理者能做什么和不能做什么。当管理者面对结构良好的问题时,常使用规则,因为它们易于遵循而且保证了一致性。例如,大学教学中,一些任课教师可能要去参加一个重要的学术活动而不能来上课,需要按照规则来调课,到哪里去调、如何调、调什么课、何时补课以及违规停课如何惩罚等,都有程序和一系列规则。

政策(Policy)提供了引导管理者沿着特定方向思考的指南。与规则相比较,政策为决策者设立了基本参数,而不是具体说明应做什么,不应做什么。例如,计划生育政策、"一国两制"等。政策一般包含一些模糊的术语,留待决策者解释。例如,这些话都是一项政策陈述:"应始终使顾客感到满意""我们公司员工的薪水应在同行业中具有竞争力",注意,"满意""竞争力"等,都是需要决策者加以解释的术语。

2)非程序化决策

大到中国政府倡议的"一带一路"("丝绸之路经济带"和"21世纪海上丝绸之路"),小到如何兼并收购其他公司以扩大公司规模,如何重组公司组织框架以提高效率,都是非程序化决策(Non-programmed decisions)的例子。这些决策通常是独一无二的,是不重复发生的。当管理者面临结构不良问题或新出现的问题时,是没有事先准备好的解决方法可循的。非程序化决策常常用于处理结构不良的问题,但更频繁地发生在高层管理者上。

> 例如,发生在 2003 年的"非典事件"(重症急性呼吸综合征,SARS)是 2002 年在中国广东顺德首发,并扩散至东南亚乃至全球,直至 2003 年中期疫情才被逐渐消灭的一次全球性传染病疫潮。该疫情的一个严重现象是大量医务人员被感染,众多医疗机构毫无防备。究其原因,无外乎以下 4 点:
>
> ①SARS 是一种新型烈性传染病,发病急、传染面广,众多医院无接收这种新型烈性传染病患者的条件和经验,防护用品供应不及时;
>
> ②一些医院建筑结构不合理,极易造成大面积传染;
>
> ③业务流程仿照国外和以往处理、医治传染病的做法,病人太过于集中某一部门,无法将非典病人单独处理;
>
> ④接诊后的病人太多,医院无法容纳,隔离设施不足,又无法转出。
>
> 这些情况对于任何一家医疗机构来说,都是极为严峻的现实。但是,包括北京、广州、深圳、上海、香港众多三甲级医院在内的医疗机构,并非连基本的隔离条件都不能及时满足,也不是完全不具备有效减少感染人数、避免医务人员大面积交叉感染的条件。问题在于,面对突如其来的 SARS,多数民众和医疗机构不具有更好的心理准备和危机应对能力,民众甚至基层政府失去了平衡。医院遭遇 SARS 传染病是一种新颖的、不经常发生的、信息模糊的问题,医护人员习惯于根据既有条件,按部就班地处理病人,或将本院处理不了的病人转到其他专门的医疗机构。对于医疗机构管理层乃至卫生部官员来说,应急处置"非典事件"的决策属于典型的非程序化决策。

3)综合分析

满足程序化决策的条件非常苛刻,而非程序化决策也并非完全摸黑。因此,现实世界中很少有哪个管理决策是完全程序化的或完全非程序化的。图 5.1 描绘了问题类型、决策类型以及组织层次三者间的关系。结构良好问题是与程序化决策相对应的,结构不良问题需要非程序化决策。低层管理者主要处理熟悉的、重复发生的问题,因此,他们主要依靠像标准操作程序那样的程序化决策。而越往上层的管理者,他们所面临的问题越可能是结构不良问题。

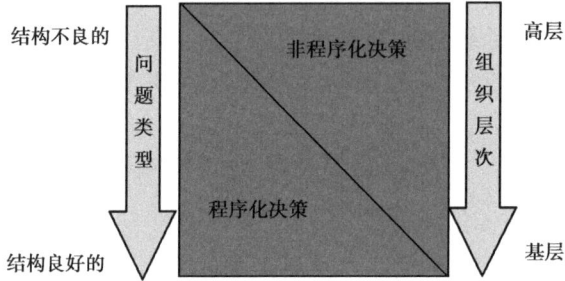

图 5.1　问题类型、决策类型和组织层次

完全程序化或完全非程序化是两个极端现象,两者并不是非此即彼的决策类型,现实中绝大多数决策介于两者之间,只是某一时期的决策是以程序化为主或以非程序化为主。不过,通常来说,采用程序化决策有利于提高组织效率,以至于中国很多大学对教师的教学科研考核竟然也采用程序化的考核模式。但显然,程序化决策对组织高层不太现实,因为高层管理所面临的许多问题不具有重复性,程序化决策对考核具有相当长一段滞后期的教学科研绩效也是不太合适的。但对高层管理而言,强烈的经济动机、教育GDP 增长的政绩需要,会促使他们制订标准作业程序、规则和政策。

5.3.3　决策制订条件

管理者在进行决策时,面临的更具挑战性的任务之一就是分析决策方案。管理者在分析决策方案时,根据其掌握决策信息的充分程度,通常会遭遇到 3 种约束其决策行为的自然状态:确定性、风险性和不确定性。进而,如图 5.2 所示,根据管理者对未来状态的把握程度,可将决策分为确定型决策、风险型决策、不确定型决策 3 类。对未来状态的把握程度实际上取决于决策者对决策信息的把握程度,也塑造了管理者对未来决策结果的把控程度。

1)确定型决策

确定型决策是指决策环境是完全确定的,作出选择的结果也是确定的。制订决策的理想状态是具有确定性(Certainty),即由于每一方案的结果是已知的,所以管理者能作出理想而精确的决策。

2)风险型决策

一个更接近实际情况的自然状态是充满着风险(Risk)。风险就是指那些决策者可

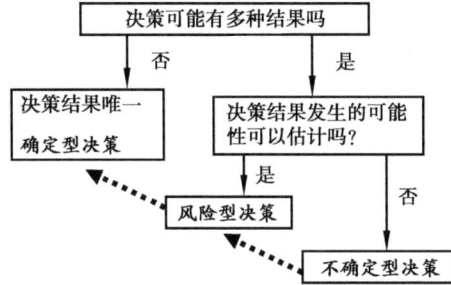

图 5.2　决策的条件

以估计某一结果或方案的概率的情形。这种估计结果的概率的能力,来自个人经验或是对第二手资料的分析。在风险情况下,管理者拥有估计不同状态出现的概率的历史数据。这其实也意味着,风险型决策虽然所面对的决策环境不是完全确定的,但对于每一种自然状态发生的概率是已知或能够预知的,又称随机决策。

3)不确定型决策

在不属于确定性情况同时也无法估计出自然状态出现的概率的情境称为不确定性(Uncertainty)状态。也就是说,在具有多个自然状态的决策问题中,如果决策者无法获得各种自然状态在未来发生的可能性信息,即状态未知,其概率也未知,那么,对这类问题的决策就属于不确定型决策。这时,管理者对决策方案的选择将受其心理导向的影响。乐观者会选择极大极大方案(最大化最大的可能收入,即大中取大);悲观者会追求极大极小方案(最大化最小的可能收入,即小中取大);而希望最小化其最大"遗憾"的管理者会选择极小极大方案,也称为最小后悔值法。本章 5.4 节将具体讨论不确定型决策的这4 种决策方法。

5.3.4　决策风格

所谓决策风格,是指管理者在长期的管理决策过程中形成的比较稳定的决策倾向。决策风格对决策效果具有重大的影响,表现为:不同决策风格的人对决策制订的方式与步骤有不同的偏好;不同决策风格的人对行动的迫切性有不同的反应;不同决策风格的人对待风险的态度与处理办法互有差异。此时,管理者在决策制订方法上的差异表现为两个不同的维度:思维方式及其对模糊的承受力。在思维方式上,不同决策者具有"理性的"与"直觉的"不同;在模糊承受力上,不同的决策者具有"一致性和某种顺序的需要"与"同时处理许多不同想法"的差异。显然,制订决策时,管理者会风格迥异。

如图 5.3 所示,根据管理者的模糊承受力和思维方式,可以区分出 4 种不同的决策风格:

1)命令型风格

命令型风格决策制订简洁、快速、有效率、有逻辑,关注短期效果,考虑少量信息和评估少量方案。

2)分析型风格

分析型风格以谨慎为特征,具有适应和处理某些特殊情况的能力。

3）概念型风格

概念型风格倾向于具有更广泛的看法和愿意考察更多的选择,关注长期效果,愿意寻求决策的创造性方案。

4）行为型风格

行为型风格的决策者关注周围人的成就并接受他人的建议,常以会议的方式进行沟通;最重要的是考虑自己的方案能被他人所接受。

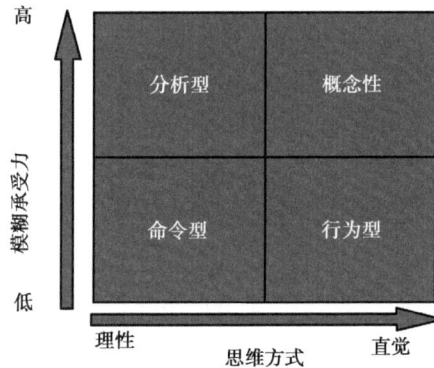

图 5.3　决策风格

5.3.5　决策制订的错误与偏见

彼得·德鲁克曾说:"管理决策中最常发生的错误是只强调找到正确的答案,而不重视提出正确的问题。"因此,在决策制订过程中,洞悉决策问题的本质,正确地提出问题至关重要,否则,管理决策就会冒"为错误的问题提供正确的解决方案"的风险。

此外,管理者也会经常使用经验法则。经验法则固然有时候会很有效,但管理者应注意他们作出决策的"方式",尽量避免决策偏见,包括经常性地评估经验法则的适当性,并通过周围的人来帮助自己改进。一些常见的决策偏见包括:

1）过分自信偏见

那些智力和人际能力最弱的人最有可能高估自己的绩效和能力。管理人员和雇员的知识越丰富,产生过度自信的可能性就越小。

2）锚定效应

锚定效应又称为沉锚效应(Anchoring Effect），是指我们的大脑给予了最初接收到的信息过分的关注,相对于后来的信息,初始印象、想法在决策中所占的权重过高。实践中,通常人们在对某人某事作出判断时,容易受第一印象、第一信息、先入为主的支配。

3）证实性偏见

证实性偏见又称为验证偏见(Confirmation Bias），即我们收集到的信息一般会偏重于支持我们已有的观点,而对于那些可能推翻我们原有观点的信息往往会忽视掉。

4）易获性偏见

为什么进行年度业绩评估时，管理者更容易重视员工最近的行为表现，而不是 6 个月或 9 个月前的行为表现？因为人们倾向于基于那些容易获得的信息作出判断，这就是易获性偏见（Availability bias）。

5）代表性偏见

代表性偏见（Representative bias）是指受过去的情况启发而出现过失。例如，如果从同一所大学毕业的 3 名学生都是业绩不良者，管理者会倾向于认为当前这位来自同一所大学的求职者也不会是一个好员工。

6）事后聪明偏差

"我早就知道会这样"，这是一种事后聪明偏差，即"马后炮"现象。事后聪明偏差会降低管理者从过去中学习的能力，误以为我们比实际的自己更善于作决策。

5.4　决策方法

对于决策的方法，大致可以分为两类，一类是定性的方法，又称为主观决策法，依赖决策者（个人或群体）的依赖知识、经验、能力，主观成分多，主要解决复杂的战略决策和其他重大问题；另一类是定量的方法，常用数学方法来定量计算，有严格的假定，有严密的计算、推理过程，下文中确定型决策的盈亏平衡分析法、线性规划方法等，风险型决策所运用到的期望值法、决策树法，以及不确定型决策中运用到的乐观法、悲观法、平均法、后悔值法，都属于定量决策方法。

5.4.1　主观决策方法

主观决策法是一种定性的决策理论与方法，是指在决策中运用社会科学的原理，主要依靠决策者或有关专家的智慧、经验、知识和判断能力来进行决策的方法，属于决策的"软技术"。常见的主观决策法有 4 种：头脑风暴法、德尔菲法、名义群体法及电子会议。主观决策方法灵便、通用性大，比较适合非常规、非程序化的决策。有时候，为了保证群体决策的创造性，避免群体思维削弱群体的批判精神、创造力和损害决策的质量，群体决策也会大量地使用主观决策法进行决策。但运用主观决策法的群体决策，缺点是当群体成员面对面交流或相互作用时，容易形成潜在的群体思维，他们会自我检讨并对其他成员造成压力。

1）头脑风暴法

头脑风暴法（Brainstorming）将解决某一问题有兴趣的人集合在一起，在完全不受约束的条件下，敞开思路，畅所欲言。头脑风暴法是为了克服阻碍产生创造性方案的遵从压力的一种相对简单的方法。它利用一种思想产生过程，鼓励提出任何种类的方案设计思想。运用头脑风暴法进行决策时应遵循以下 4 个基本原则：

①独立思考,开阔思路,不重复别人的意见;

②通常意见建议越多越好,不受限制;

③对别人的意见不作任何评价,严格禁止对各种方案的任何批评;

④可以补充和完善已有的意见。

在典型的头脑风暴会议中,一些人围桌而坐。群体领导者以一种明确的方式向所有参与者阐明问题,说明会议的规则,创造融洽轻松的讨论气氛。成员在一定的时间内"自由"地提出尽可能多的方案,不允许任何批评,并且所有的方案都当场记录下来,留待后面讨论和分析。

运用头脑风暴法进行专家决策时,专家小组应由下列4类人员组成:一为方法论学者,也就是专家会议的主持者;二为设想产生者,也就是专业领域的专家;三为分析者,也就是专业领域的高级专家;四为演绎者,也就是具有较高逻辑思维能力的专家。

头脑风暴法的所有参加者,都应具备较高的联想思维能力。在进行"头脑风暴"(即思维共振)时,应尽可能提供一个有助于把注意力高度集中于所讨论问题的环境。有时某个人提出的设想,可能正是其他准备发言的人已经思考过的设想。其中一些最有价值的设想,往往是在已提出设想的基础之上,经过"思维共振"的"头脑风暴",迅速发展起来的设想,以及对两个或多个设想的综合设想。因此,头脑风暴法产生的结果,应当认为是专家成员集体创造的成果,是专家组这个宏观智能结构互相感染的总体效应。

2) 德尔菲法

德尔菲法(Delphi technique),是请专家背靠背地对需要决策的问题提出意见,决策者将各专家意见经过多次信息交换,逐步取得一致意见,从而得出决策方案。德尔菲法复杂、耗时,它并不需要群体成员列席,从不允许群体成员面对面在一起开会。其基本过程是:

①确定问题。通过一系列仔细设计的问卷,要求成员提供可能的解决方案。

②每一个成员匿名、独立地完成第一组问卷。通常的做法是,邀请一群专家,以某一问题或问卷为主,请他们就问题提出自己的看法或意见,以不记名的方式进行判断。

③由调查人员整理专家的意见,即第一组问卷的结果集中在一起编辑、誊写和复制。

④将整理结果再次反馈给专家,再次征求专家意见。具体做法是,通常每个决策专家收到一本有关前一次问卷结果的复制件,再次请专家提出他们的方案。其中,第一轮的结果常常是激发出新的方案或改变某些人的原有观点。

⑤如此的反复多次,重复上述③、④两步直到取得大体上一致的意见。

德尔菲法无须参与者到场,隔绝了群体成员间的相互影响。但德尔菲法的缺点是太耗费时间。当需要进行一个快速决策时,这种方法通常行不通,且难以提出丰富的设想和方案。

3) 名义群体法

名义群体在决策制订过程中限制讨论,故称为名义群体法(Nominal group technique)。如参加传统委员会会议一样,群体成员必须出席,但独立思考。名义群体法遵循以下步骤:

①成员集合成一个群体,但在任何讨论之前,每个成员独立地写下对问题的看法。

②经过一段沉默后,每个成员将自己的想法提交给群体。然后一个接一个地向大家说明自己的想法,直到每个人的想法都表述完并记录下来为止(实践中是记在一张活动挂图或黑板上)。在所有的想法都记录下来之前不进行讨论。

③之后群体开始讨论,以便把每个想法搞清楚,并作出评价。

④每一个群体成员独立地把各种想法排出次序,最后的决策是综合排序最高的想法。

名义群体法的主要优点在于:使群体成员正式开会但不限制每个人的独立思考,而传统的会议方式往往做不到这一点。

4)电子会议

最新的群体决策方法是将名义群体法与尖端的计算机技术相结合的电子会议(Electronic meeting)。会议所需的技术今天已经非常成熟。多达50人围坐在一张马蹄形的桌子旁。这张桌子上除了一系列的计算机终端外别无他物。将问题显示给决策参与者,他们把自己的回答打在计算机屏幕上。个人评论和票数统计都投影在会议室内的屏幕上。

电子会议的主要优点是匿名、诚实和快速。决策参与者能不透露姓名地打出自己所要表达的任何信息,一敲键盘即显示在屏幕上,使所有人都能看到。它还使人们充分地表达他们的想法而不会受到惩罚,它消除了闲聊和讨论偏题,且不必担心打断别人的"讲话"。但电子会议也有缺点,那些打字快的人使得那些口才虽好但打字慢的人相形见绌,并且电子会议过程缺乏面对面的口头交流所传递的丰富信息。

5.4.2 定量决策法

1)确定型决策方法

确定型决策方法,比较常见的是线性规划方法和盈亏平衡分析法。

(1)线性规划方法

线性规划(Linear programming,LP)是运筹学中研究较早、发展较快、应用广泛、方法较成熟的一个重要分支。它是辅助人们研究线性约束条件下线性目标函数的极值问题、进行科学管理的一种数学理论和方法,实践中被广泛应用于军事作战、经济分析、经营管理和工程技术等方面,为合理地利用有限的人力、物力、财力等资源作出的最优决策,提供科学的依据。线性规划方法主要运用于解决两类问题:

①资源一定的条件下,力求完成更多的任务,取得好效益。

②任务一定的条件下,力求资源节省。

具体掌握线性规划方法,有待于深入地学习"运筹学"这门课程。

(2)盈亏平衡分析法

盈亏平衡分析(Break-even analysis)又称保本点分析或本量利分析法,是根据产品的业务量(产量或销量)、成本、利润之间的相互制约关系的综合分析,用来预测利润,控制成本,判断经营状况的一种数学分析方法。重点是通过盈亏平衡点(BEP)判断项目成本与收益的平衡关系。各种不确定因素(如投资、成本、销售量、产品价格、项目寿命期等)的变化会影响投资方案的经济效果,当这些因素的变化达到某一临界值时,就会影响方案的取舍。盈亏平衡分析的目的就是找出这个临界值,即盈亏平衡点(BEP),判断投资方案对不确定因素变化的承受能力,为决策提供依据。盈亏平衡点的计算方法是:

首先,确定盈亏平衡点产量:

$$Q_0 = \frac{F}{P - V}$$

其次,计算盈亏平衡点销售收入:

$$S_0 = P \cdot Q_0 = \frac{F}{1 - V/P}$$

这里,$S = P \cdot Q$,

S——收入,

P——单价,

Q——产量,

C——成本,

其中,

F——固定成本,V——单位变动成本,且 $C = F + V \cdot Q$。

2)风险型决策的方法

风险型决策是指每个备选方案都会遇到几种不同的可能情况,而且已知出现每一种情况的可能性有多大(即发生的概率),因此在依据不同概率所拟订的多个决策方案中,不论选择哪一种方案,都要承担一定的风险。常见的风险型决策法主要有期望值决策法、决策树法。

(1)期望值决策法

先介绍与期望值决策法有关的 3 个重要概念:

①先验概率。它根据过去经验或主观判断而形成的对各自然状态的风险程度的测算值。

②自然状态。它是指各种可行的备选方案可能遇到的客观情况和状态。

③损益矩阵。它一般由 3 部分组成:可行方案、自然状态及其发生的概率、各种行动方案的可能结果。把这 3 部分内容在一个表上表现出来,这个表就是损益矩阵表。(表5.2)

期望值决策法的步骤:计算各方案的期望值,据期望值比较,判断方案的优劣。其计算公式为:期望值 E = 效价 V × 概率 P。

举例:不同方案的销路及概率(成本 4 元/台)

表 5.2　损益矩阵例表

概率　　销量　方案	不同状态下的销量/万台			期望值/万台
	畅销(0.25)	一般(0.5)	差(0.25)	
高价(7 元)	30(90)	25(75)	20(60)	90×0.25+75×0.5+60×0.25=75

续表

概 率 销 量 方 案	不同状态下的销量/万台			期望值/万台
	畅销 (0.25)	一般 (0.5)	差 (0.25)	
平价 (6元)	48(96)	36(72)	28(56)	96×0.25+72×0.5+56×0.25=74
低价 (5元)	100(100)	60(60)	46(46)	100×0.25+60×0.5+46×0.25=66.5

在本例中,显然,根据期望收益值大小,"高价"销售方案是最优方案。

(2)决策树法

决策树法是运用概率与图论中的树对决策中的不同方案进行比较,从而获得最优方案的风险型决策方法。图论中的树是连通且无回路的有向图,入度为 0 的点称为树根,出度为 0 的点称为树叶,树叶以外的点称为内点。决策树由树根(决策节点)、其他内点(方案节点、状态节点)、树叶(终点)、树枝(方案枝、概率枝)、概率值、损益值组成。熟练地掌握决策树法,有待于深入学习"运筹学"这门课程。

决策树法是用树状图来描述各种方案在不同自然状态下的收益,据此计算每种方案的期望收益从而作出决策的方法。这种最简单情形下的决策树法本质上与期望值决策法一致。

如图 5.4 所示,今天能逃课吗? 具体的计算过程可以自己完成。

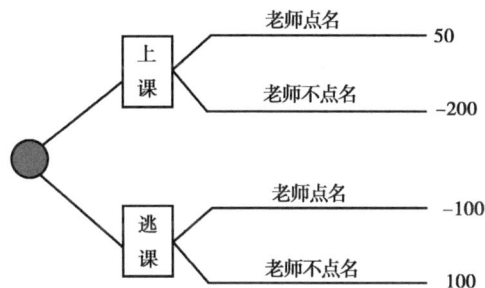

图 5.4 逃课/上课的决策树

3)不确定型决策方法

当决策者无法确定各种方案成功的可能性时,决策者知道将面对一些自然状态,并知道将采用的几种行动方案在各个不同的自然状态下所获得的相应收益值。但决策者不能预先估计或计算出各种自然状态出现的概率。这样的决策就是不确定型决策。

不确定型决策需要决策的问题存在较大的风险,故使用的决策方法在很大程度上取决于决策者对风险的态度。不同人的风险价值观差异很大,但大体上分为 3 类:保守型、进取型、稳妥型。依据这 3 种风险价值观,不确定型决策的管理者可采用的决策方法可以分为 4 类:

（1）乐观决策法

乐观决策法又称"大中取大法"，即找出每个方案在各种自然状态下的最大损益值，取其中最大者，所对应的方案即为合理方案。很显然，这一做法是比较冒险的，通常被一些冒进主义者所采用。

（2）悲观决策法

悲观决策法又称"小中取大法"，即找出每个方案在各种自然状态下最小损益值，取其中最大者，所对应的方案即为合理方案。这一做法显然是比较保守的，通常被一些悲观主义者所采用。

（3）最小后悔值法

最小后悔值法又称"大中取小法"，其计算原理是：首先，将每种自然状态的最高值（是指收益矩阵，若是损失矩阵应取最低值）定为该指标的理想目标；其次，将该状态中的其他值与最高值相减所得之差称为未达到理想的后悔值，并把后悔值排列成矩阵称为后悔矩阵，它可以从收益矩阵中导出来；再次，把每个行动方案的最大后悔值求出来；最后，再求出所有最大后悔值中最小的一个，所对应的方案作为决策方案。

（4）等概率法

还有一种情形就是，不确定型决策是事先无法估计出每种自然状态所出现的概率，但最简单的情形就是依据等可能性准则，假定每一种自然状态出现的概率相等，这样就将不确定型决策问题转换为风险型决策问题，可以运用期望值决策法加以决策。

等可能性准则的想法是这样的：决策人在决策过程中，不能肯定哪种状态容易或不容易出现时，便认为它们出现的可能性（概率）是相等的。如果有 n 个自然状态，那么可以认为每个自然状态出现的概率相等，都是 $1/n$；然后利用风险型的决策办法，求出各策略的收益期望值，并根据收益期望值的大小进行决策，这个决策准则是法国数学家拉普拉斯（Laplace）首先提出的，所以又叫拉普拉斯准则。

例如：假设有 A_1 至 A_5 5 种备选方案，存在 B_1 至 B_4 4 种无法把握的自然状态，矩阵中的数据分别为各备选方案在各种自然状态下的损益值。分别应用乐观决策法、悲观决策法、最小后悔值法和等概率法进行决策。

自然状态　　　单位：百万元

方案	B_1	B_2	B_3	B_4
A_1	5	6	4	5
A_2	8	5	3	6
A_3	4	7	2	4
A_4	2	3	9	6
A_5	4	2	3	3

①基于乐观准则的决策过程：

首先，把各个方案在各种自然状态的最大收益值求出来。

$a_1 : \max\{5,6,4,5\} = 6$

$a_2 : \max\{8,5,3,6\} = 8$

$$a_3: \max\{4,7,2,4\}=7$$

$$a_4: \max\{2,3,9,6\}=9$$

$$a_5: \max\{4,2,3,3\}=4$$

在矩阵中表示如下：

	B_1	B_2	B_3	B_4	max
A_1	5	$\underline{6}$	4	5	6
A_2	$\underline{8}$	5	3	6	8
A_3	4	$\underline{7}$	2	4	7
A_4	2	3	$\underline{9}$	6	9
A_5	$\underline{4}$	2	3	3	4

其次，求各最大收益值中的最大值。

$$\max\{6,8,7,9,4\}=9$$

最后，最大收益值9所对应的方案 A_4 即为乐观决策法下的最优方案。

②基于悲观准则的决策过程：

首先，把各个方案在各种自然状态的最小收益值求出来。

$$a_1: \min\{5,6,4,5\}=4$$

$$a_2: \min\{8,5,3,6\}=3$$

$$a_3: \min\{4,7,2,4\}=2$$

$$a_4: \min\{2,3,9,6\}=2$$

$$a_5: \min\{4,2,3,3\}=2$$

在矩阵中表示如下：

	B_1	B_2	B_3	B_4	min
A_1	5	6	$\underline{4}$	5	4
A_2	8	5	$\underline{3}$	6	3
A_3	4	7	$\underline{2}$	4	2
A_4	2	3	9	6	2
A_5	4	$\underline{2}$	3	3	2

其次，求各最小收益值中的最大值。

$$\max\{4,3,2,2,2\}=4$$

最后，最大收益值4所对应的方案 A_1 即为悲观决策法下的最优方案。

③基于"后悔值"决策准则的决策过程：

首先，把各种自然状态在各个方案下的最大收益值找出来。

$$b_1: \max\{5,8,4,2,4\}=8$$

$$b_2: \max\{6,5,7,3,2\}=7$$

$$b_3: \max\{4,3,2,9,3\}=9$$

$$b_4: \max\{5,6,4,6,3\}=6$$

在矩阵中表示如下：

	B_1	B_2	B_3	B_4
A_1	5	6	4	5
A_2	8	5	3	6
A_3	4	7	2	4
A_4	2	3	9	6
A_5	4	2	3	3

其次,将该状态中的最高值减去其他值,所得之差为未达到理想的后悔值,然后把后悔值排列成矩阵,称为后悔值矩阵,如下所示:

A_1	3	1	⑤	1
A_2	0	2	⑥	0
A_3	4	0	⑦	2
A_4	⑥	4	0	0
A_5	4	5	⑥	3

再次,在后悔值矩阵中找出每个行动方案的最大后悔值。

$$a_1 : \max\{3,1,5,1\} = 5$$
$$a_2 : \max\{0,2,6,0\} = 6$$
$$a_3 : \max\{4,0,7,2\} = 7$$
$$a_4 : \max\{6,4,0,0\} = 6$$
$$a_5 : \max\{4,5,6,3\} = 6$$

最后,再找出所有最大后悔值中最小的一个。

$$\min\{5,6,7,6,6\} = 5$$

最小的后悔值 5 所对应的方案 A_1,即为利用最小后悔值法得出的最优方案。

④基于等可能性准则的决策过程:

首先,假定 B_1 至 B_4 的 4 种自然状态出现的概率相等,即 $p_1 = p_2 = p_3 = p_4 = 0.25$。

其次,计算每种备选方案的期望收益值 E,如下所示。

	B_1	B_2	B_3	B_4	E
A_1	5	6	4	5	5
A_2	8	5	3	6	5.5
A_3	4	7	2	4	4.25
A_4	2	3	9	6	5
A_5	4	2	3	3	3

最后,期望收益最大值为 5.5,所对应的方案 A_2 即为等概率法决策的最优方案。

5.4.3 决策与风险偏好问题

就不确定型决策方案的选择而言,其实每种选择都不是完美的,都会有问题。此时,最关键是作决策的人的心态和风险偏好,也就是管理者对待风险的承受力。从这个角度

来讲,不存在哪种决策方法是好的、坏的。对于定量决策来说,需要把握以下4点:

①期望值和收益值不是一个概念。收益值是指你做某件事情给你带来的收益,如企业销售产品的利润,就是一种收益;你来读大学,肯定也有某种收益。期望值是指你的平均收益。比如,你用10元钱买股票,你花一半的钱去买A股,收益是10元,花另一半的钱买B股,收益是20元,那么期望收益就是0.5×10+0.5×20＝15元。

②乐观决策法、悲观决策法不存在好坏,而是指作决策的人,有些人比较乐观,爱冒风险,他就会倾向于往好的方向去作选择;而有些保守、不爱冒险的人,他作选择时倾向于谨慎、保守,类似于他对未来比较悲观。

③最小后悔值法,是指万一你选错了(这样你就会后悔当初的选择),最好选择将来给你带来的后悔值最小的那个决策方案。

④一般来说,高风险就有高收益,低风险伴随着低收益。那些风险偏好的人,万一失败了,他能承受住这种失败,可是万一决策正确了,他就能够得到很高的收益。相反,那些风险厌恶的人,万一失败了,他承受不了这种失败(内心脆弱),如此,还不如稳健出发、保守估计(风险要小些),虽然获益要少些,但也避免了将来失败了承受不了那种打击。

【本章小结】

1.决策制订是一个包括8个步骤的过程:识别问题、确定决策标准、给标准分配权重、拟订备选方案、分析备选方案、选择方案、实施方案、评价决策效果。

2.理性决策是假定:问题明确,无目标冲突,了解所有选择,偏好顺序明确,保持所有偏好的一贯性,不存在时间或成本约束,经济收益最大化。但该假设在许多情况下并不适用。

3.在有限理性决策过程中:所选择的问题是直观的,反映了管理者的利益和背景;确定数量有限的标准;建立一个简单的模型以评价标准;确定数量有限的相似的方案;一次只评价一个方案;选择过程直到得到一个满意方案为止;政治和权力影响决策的接受;按评价者个人利益评价决策成果。

4.管理者面对结构良好和结构不良的问题。结构良好的问题是那些直观的、熟悉的、易确定的,并可采用程序化决策来解决的问题;结构不良问题是新的、不同寻常的、包含模糊的不完整信息的问题,它们适用于非程序化决策方法。

5.在决策的理想情境下,管理者能制订出精确的决策,因为他知道每一方案的结果。而这种确定性很少遇到。一种更实际的情境是风险,在此情况下决策者可估计某一方案或结果发生的概率。如要不能作出确定性和合理的概率估计时,不确定性就产生了。这时,决策者的选择会受他的心理取向的影响。

6.决策方法可以分为定性决策法和定量决策法。头脑风暴法、德尔菲法是常见的定性决策法。定量决策法包括:确定型决策的线性规划方法、盈亏平衡分析法;风险型决策的期望值法、决策树法;不确定型决策里的悲观决策法、乐观决策法、最小后悔值法和等概率法。

【案例分析】

【案例 5.1】 欧洲迪斯尼乐园的选址决策

背景材料

迪斯尼乐园的早期故事大多源于欧洲的民间传说,因此,迪斯尼对于欧洲人来说一点也不陌生。在法国建造主题乐园的想法最早出现于 1976 年,但是直到 1982 年,在法国政府高层官员陪同迪斯尼公司的官员去法国北部和东部进行选址考察后才为人所知。不久之后,日本东京迪斯尼乐园开放,并在短时间内取得巨大成功,创造了新的参观人数纪录。因此,一个新的欧洲迪斯尼乐园,似乎成了让迈克尔·埃斯纳尔的传奇再一次得以延续的加油站,他批准了在 1976 年萌生的建造欧洲迪斯尼乐园的想法,对欧洲迪斯尼乐园的选址调查开始了。

决策过程

1.公司先后考虑了 200 个迪斯尼乐园选址方案,很快将范围缩小到西班牙和法国。法国因地处欧洲中心,与其他大多数欧洲国家都有四通八达的交通体系,更重要的是让人垂涎欲滴的利润,成为最后胜利者。他们认为这些因素足以抵消法国恶劣的气候带来的负面影响。

2.迪斯尼乐园公司的官员决定纠正他们在其他乐园项目中所犯的错误。美国奥兰多乐园的占地面积非常大,但是迪斯尼乐园官员低估了消费者对旅馆的需求,因而失去了在酒店业发财的机会。在东京,迪斯尼乐园公司由于未能取得乐园的所有权,因而也无法保护迪斯尼品牌形象的特许权。迪斯尼乐园的管理者决心一定要在欧洲避免这类重大错误再度发生。

3.欧洲迪斯尼乐园的建造初期对付诸实施的决策过于草率,预计成本比实际成本低了 19 万美元。

4.东京迪斯尼乐园的巨大成功让欧洲迪斯尼乐园的管理者对游客人数作了过于乐观的估计。

5.公司错误地认为,游客为了迪斯尼的产品不会过分计较价格的高低。因此,将票价定为成人每人 51 美元,儿童每人 34 美元,比奥兰多的票价分别高出 11 美元和 8 美元。另外,迪斯尼乐园公司官员签署了一个拥有 5 200 套房间的酒店建造合同,房间的价格定为每晚 97 美元到 395 美元不等。他们预计,76%的房间将被彻夜不归的游客所使用。对每位游客每天用于食品和商品的消费也高达 28 美元。

6.根据迪斯尼公司的"家庭价值观",迪斯尼乐园不提供含有酒精的饮料。由于法国的气候十分恶劣,为了保证全年游客人数的稳定,乐园的大部分将被建在室内。这些措施根本没有考虑到游客的愿望和价值观。

决策后果

1.在开业的第一年,迪斯尼乐园就亏损了 9.6 亿美元,尽管其中的 6 亿美元是由于一次性消耗的摊销造成的,但仍然让人感到难以接受。而营业收入损失还在以每天100万美元的速度增加,到了1994年底,亏损额已接近4亿美元。

2.虽然游客确实达到了原计划的1 100万人,但这是在票价大打折扣之后才实现的。旅馆使用率仅为37%,远低于预计的76%。因为欧洲迪斯尼乐园距离巴黎市区中心70英里,而这正是巴黎旅游胜地云集的地段,使得欧洲迪斯尼乐园成为游客游览其他景点的中转站,游客在这里逗留一天就到其他地方去了,很少有人需要或希望在这里过夜。与美国相比,法国优越的交通运输设施使人们可以轻松地进行当日往返的短途旅行,以避免花昂贵的旅馆住宿费。

3.由于迪斯尼公司没有充分考虑到欧洲和法国的特殊文化背景,禁止出售酒精饮料的决定完全与法国人和欧洲人的生活习惯相抵触。此外,欧洲人有自带食物到公园游玩的传统,而迪斯尼乐园却禁止野餐。

4.为了一顿环境优雅的丰盛大餐而花掉一大笔钱是公司过分乐观的估计,与顾客的期望完全不一致。

5.对欧洲人来说,迪斯尼乐园开业时的汇率形势也非常不利,到奥兰多的迪斯尼乐园旅游比去欧洲迪斯尼乐园更优惠,而且奥兰多的天气更适合游玩。比奥兰多乐园高出30%的门票定价决策完全没有考虑到欧洲正在经历经济衰退这一事实。

6.公司没有考虑到,一个美国式的公园可以让欧洲人更好地接触美国文化,但是原封不动地照搬到欧洲就会失去它内在的吸引力。

问题:

1.迪斯尼乐园开拓欧洲市场所作出的一系列决策是否是正确的?

2.为什么欧洲迪斯尼乐园会出现决策失误?

3.是否应该借鉴其他相似项目的成功经验与教训?

4.是否应该在任何情况下坚持自己企业的惯例与标准?

5.你了解上海迪斯尼乐园的决策过程吗? 该决策有哪些可圈可点的地方?

【思考与练习】

一、单项选择题

1.由于决策者在具体工作中不可能做到完全理性、合理,因此,决策者在选择方案时往往是遵循( )。

　　A.最优标准　　　　　B.满意标准　　　　　C.随意标准　　　　　D.最差标准

2.某公司生产某种产品的固定成本是30万元,除去固定成本外,该产品每单位成本为4元,市场售价为10元,若要达到6万元销售毛利的目标,该产品产销量应为多少? ( )

　　A.3万件　　　　　　B.4.5万件　　　　　　C.6万件　　　　　　D.7.5万件

3.决策者无法确知每一可行方案出现的结果是什么,也无法估算出概率的决策,称为

（　　　）。

　　A.确定型决策　　　　B.风险型决策　　　　C.不确定型决策　　　　D.程序型决策

4.某产品生产的固定成本为21万元,生产该产品的单位变动成本为3元,市场价格为8元。如果企业的目标是该产品每年盈利100万元,企业每年应该生产多少产品?（　　　）

　　A.60万　　　　　　　　B.70万　　　　　　　　C.62万　　　　　　　　D.72万

5.永明灯具厂生产的吊灯每只成本为2 500元,其中劳动力与原材料等直接成本为1 700元,由固定成本分摊的间接成本为800元,售价为2 800元。现有某客户提出要求,按每只2 200元的价格订购5只。对于这项生产该厂应持的态度是(　　　)。

　　A.订购价格低于生产成本,不能接受

　　B.订购价格远低于通常售价,不接受

　　C.订购价高于直接成本,尽管生产任务已很紧,也应接受订货

　　D.生产任务不足时,可考虑接受订货,否则应拒绝接受此订货

6.关于决策的描述中,哪一种说法是正确的?（　　　）

　　A.大多数管理人员都愿意冒险

　　B.大多数管理人员都讨厌冒险

　　C.对风险的态度因人而异

　　D.应用定量决策法可以排除决策中的人为因素

7.在管理决策中,许多管理人员认为只要选取满意的方案即可,而无须刻意追求最优的方案。对于这种观点,你认为以下哪种解释最有说服力?（　　　）

　　A.现实中不存在所谓的最优方案,所以选中的都只是满意方案

　　B.现实管理决策中常常由于时间太紧而来不及寻找最优方案

　　C.由于管理者对什么是最优决策无法达成共识,只有退而求其次

　　D.刻意追求最优方案,常常会由于代价太高而最终得不偿失

8.企业经营方案决策最终所选出的方案一般为(　　　)。

　　A.成本最低的方案　　　　　　　　　　B.较为满意的方案

　　C.各个目标都最佳的方案　　　　　　　D.实现利润最大的方案

9.某企业集团拟投资开发新产品,现有两个方案,假定其开发费用相同。开发甲产品,估计投产后,市场竞争不激烈时每年可获利150万元,市场竞争激烈时每年亏损50万元。开发乙产品,估计投产后无论市场竞争激烈与否,每年均可获利70万元。根据预测,这两种拟开发的产品投产后,出现市场竞争不激烈情况的概率为0.6,出现市场竞争激烈情况的概率为0.4。如果只能在这两个方案中选一个,你的评价是(　　　)。

　　A.开发甲产品比开发乙产品好

　　B.开发乙产品比开发甲产品好

　　C.开发甲产品与开发乙产品没什么差别

　　D.根据以上资料尚无法下结论

10.在下列决策方法中,属于确定型决策方法的是(　　　)。

A.盈亏平衡分析法   B.决策树法

C.极大极小损益值法   D.极小极大后悔值法

11.在管理中,决策是( )。

A.高层管理人员所承担的任务

B.高层和中层管理人员所承担的任务

C.高层主管和参谋人员所承担的任务

D.每一个管理人员都可能要从事的活动

12.某公司全年生产量为 8 000 件,预计可以全部售出,该产品单位变动成本为 8 元,固定成本总计为 45 000 元,若该公司希望获得 51 000 元的利润,则该产品的售价应为( )。

A.15 元   B.20 元   C.25 元   D.30 元

二、名词解释

决策 盈亏平衡点 有限理性

三、简答题

1.什么是满意决策?为什么决策按"满意原则"而不是"最优化原则"?

2.规则和政策的区别是什么?

3.为什么管理者倾向采用简化的决策模型?

四、应用分析题

1.组织文化可能会如何影响管理者决策的方式?

2.描述你和你的家人在你高考之后选择大学以及选择专业的决策过程,并说明:是理性决策,还是有限理性下的满意决策,还是直觉决策?你的专业选择,是你们家人群体决策的结果还是你个人决策的结果?

五、综合练习:犯罪严重性的决策

目的:比较个人决策和群体决策。

知识要求:

(1)决策过程的步骤。

(2)群体决策相对于个人决策的优点。

时间要求:约 45 分钟。

说明:

(1)组成 5~10 人的群体。

(2)每个成员对表 5.3 的第 1~15 种罪行按其严重性排序,最严重的为 1;其次为 2;最轻的为 15。当你排序时不能与他人交谈,你用 5 分钟完成这一步。

(3)个人排序结束后,群体通过一致的意见给出群体的排序结果(填入第 2 列)。这一步不要超过 20 分钟。

(4)老师将实际的排序填入第 3 列。

(5)用你个人或群体的评分减去实际的评分作为误差分数(不计负数),计算你个人和群体的误差分数。

（6）比较群体误差分数与个人误差分数。

总的看来,群体成绩提高了吗？然后群体成员应当回顾检查在群体决策过程中讨论的质量。哪些群体讨论质量方面的差异,降低了群体误差分数或增加了群体误差分数？

表 5.3　犯罪行为的群体决策和个体决策

犯罪行为	你的排序	群体排序	实际顺序	你的偏差	群体偏差
乱开车撞死人					
组织吸毒团伙					
父母徒手将孩子打死					
在公共建筑物中放炸弹炸死一个人					
妻子刺死丈夫					
暴力强奸妇女致死					
议员受贿 1 万美元支持贿赂他的公司					
诱使未成年者到车内作案					
经营妓女团伙					
丈夫刺死妻子					
走私大麻到国内销售					
抢劫中致命枪击受害者					
纵火造成 50 万美元的损失					
强行入户偷走 1 000 美元					
绑架					

第6章 计 划

【知识目标】

    1.定义计划。

    2.区分战略计划和作业计划。

    3.识别计划的4种权变因素。

    4.解释承诺的概念。

    5.描述典型的MBO计划。

【能力目标】

    1.说明计划的潜在利益。

    2.阐明什么情况下指导性计划比具体计划更可取。

    3.解释为什么一个组织宣称的目标,有可能与其实际目标不一致。

    4.说明MBO计划怎么利用目标作为激励因素。

【素质目标】

    1.对照计划的理论,理解和反思自己学习和生活中做计划的不足。

    2.描述你期待自己如何进行目标管理。

6.1　计划的概念及特征

对于一个组织来说,需要对资源做合理分配以实现未来的发展目标。如企业每年都需要制订生产计划、财务计划、销售计划、人力资源计划等来实现既定的利润目标。国家每年也需要制订财政预算和经济增长计划等,以确保实现既定的发展目标。下面这个关于创业计划的小故事,可以充分说明计划在管理中的重要性。

当小张大学毕业时,他在麦当劳的职务从兼职员工变为全职员工。凭借勤奋和努力,小张的职业生涯有了一个良好的开端,他从经理助理成长为一名经理,直至晋升为地区业务经理。

> 　　毕业几年后的一天,小张上班路上经过一幢贴有"出租"标志的房屋,这幢房屋坐落于车水马龙、商业繁荣的街道上,小张意识到这是一个开快餐店的最佳位置。
>
> 　　于是,小张辞去麦当劳地区业务经理的职务,开始创建自己的连锁店。在亲朋好友的支持下,小张很快开始实施自己的创业计划。然而,开设一家新的餐馆有大量的事务要做,餐馆的定位、室内布置、菜谱设计、寻找供应商、招募店员、制订服务规则和程序等。更重要的是,成功开设一家餐馆后,如何去进行管理,使之不断地成长,需要小张有长远、详细、周密的计划。(引自王毅敏:《管理学案例100》)

　　上述创业的过程,自然会引发这样的问题:什么是计划工作,计划的表现形式有哪些,一个快餐连锁店的创建需要制订哪些计划,如何制订呢,需要哪些步骤?

　　实际上,从内容来看,组织计划可以是多种多样的。从形式来看,组织计划工作可以是正式计划和非正式计划。正式计划是以书面文件的形式存在于组织中并为组织成员所共享,通常是一个组织的行动指南。非正式计划没有用书面形式来表达,计划的内容比较粗略且缺乏连续性。非正式计划一般在规模较小的组织中使用比较广泛,而且管理者很少与组织其他成员讨论目标的制订和执行情况。如果不作特别的说明,本书所指的计划均指正式计划。

6.1.1　计划工作及其构成要素

　　在中文语境里,计划有两重词性。动词的"计划"表示一系列特定的行为及相关联的活动或行动。名词的"计划"是计划活动的结果,包括各种明确的、书面的使命和目标说明以及战略、政策、预算书等。作为管理职能的计划是指动词性的计划,即计划工作(P1anning)。

　　计划工作包括定义组织目标,制订全局战略以实现目标,开发一个全面的分层计划体系以综合和协调各种活动,主要是事先决定做什么、如何去做的工作过程。也有学者认为,计划是根据组织内外部的实际情况,权衡客观需要和主观可能,通过科学预测,提出未来一定时期内组织所要达到的目标以及实现目标的方法,是对组织未来一段时间内一定目标和实现目标途径的策划与安排,具体涉及目标指标的确定、选择何种手段来实现目标以及进度进程的控制等。还有一种对计划的更复杂的定义是,根据组织环境以及资源占用情况,确定组织在一定时期内的奋斗目标,通过计划的编制、执行和检查,协调和合理安排组织中各方面的经营和管理活动,有效地利用组织的人力、物力和财力资源,以取得最佳的经济效益和社会效益。显然,不管如何给出定义,计划工作主要涉及"目标"(做什么)以及"达到目标的方法"(怎么做)两个要素,实际上是回答"5W1H"等6个问题:

　　做什么(What to do it),即明确组织未来一段时间的经营、活动内容及其要求,对于生产企业来说,计划通常包括拟定生产产品的品种/数量和生产进度、销售额增长率等。

　　为什么做(Why to do it),即明确计划工作的原因和目的,统一组织各层次的行动,使各个层次有明确的目的,从而提高组织的运行效率。

何时做(When to do it),即规定计划中各项工作的开始和完成时间,以便能够对组织资源进行合理的安排。

何地做(Where to do it),即在了解计划实施的环境和限制条件的基础上,规定计划实施的地点和场所,以便合理安排计划实施的空间。

谁去做(Who to do it),即明确各个部门的职责,规定每个阶段的工作由哪些部门完成,由哪些部门协助。

怎么做(How to do it),即通过制订相应的措施来对组织的资源进行合理的分配和使用,以便实现组织的目标。

基于计划工作的定义及内涵界定,可以确定构成计划工作的基本要素,如表6.1所示。

表 6.1 计划工作的要素

要 素	所回答的问题	内 容
前提	在何种情况下有效?	预测、假设、实施条件
目标	做什么?	最终结果、工作要求
目的	为什么做?	理由、意义、重要性
战略	如何做?	途径、基本方法、主要战术
责任	谁做?结果谁承担?	人选、奖惩措施
时间	何时做?	起止时间、进度安排
范围	涉及什么部门和地域?	组织层次和地理范围
预算	预计投入多少资源?	费用和代价
应变	实际情况和预计不符怎么办?	最坏情况的应变之道

6.1.2 计划工作的特征

计划是组织管理目标、战略、决策的具体化,是组织全体成员的行动纲领,计划具有以下6个特征:

1)目的性

任何组织制订计划都是为了有效地实现一定的目标。只有目标明确的计划工作,才能使组织的行动有明确纲领。根据期限不同,计划目标可分为短期目标、中期目标和长期目标。

2)先行性

在管理的计划、组织、领导、控制4个职能中,计划是首要的基本职能。只有确定计划目标后,组织才能确定组织结构、分权与集权以及怎样控制组织和个人的行为不偏离计划等。

3）普遍性

计划涉及组织的全体成员,组织内各层次人员都会以不同的方式不同程度地参与计划活动。高层领导负责制订组织的战略计划,人力资源部门负责制订有关组织人力资源培训的计划,生产部门需要制订组织的生产计划。虽然计划工作的特点和范围因管理层次和职权大小的不同而不同,但每个组织成员都要有参与计划工作的整体意识。

4）前瞻性

计划是直接面向组织未来、与未来有关。所以在制订组织计划时,必须充分考虑未来的机遇和挑战,指导组织的未来活动,实现组织未来的目标。

5）经济性

计划的编制和实施是要支付成本的,由此,计划工作必须考虑到经济性要求,尽可能以较少的成本实现较大的效益。

6）严肃性与灵活性

计划是组织对未来资源配置的一种安排。由于未来环境具有许多不确定因素,因此,在计划工作时,需要对环境有预见能力和应变能力,只有如此,才能制订出有效率的计划。在条件不变或变化不大的情况下,计划必须严格执行;条件变化较大时,又要适时调整计划。

6.2　为什么要制订计划

设立目标,制订战略以实现目标,开发一系列的计划整合和协调活动,这一切是相当复杂的工作。为什么管理者还要从事这些复杂工作呢? 计划对组织的绩效有怎样的影响?

6.2.1　计划的目的

在组织的管理工作中,计划发挥着非常重要的作用,为其他管理职能和所有管理行为奠定了基础。其实施目的主要体现在以下 4 个方面:

(1)计划通过协调,降低组织不确定性,为稳定发展提供保证

未来的不确定性和环境的变化使组织面临各种各样的风险,良好的计划可以明确组织目标,科学的计划体系使组织各部门的工作能够协调地、有条不紊地展开,从而使主管人员能超脱于日常事务,集中精力关注于对未来环境不确定性的把握,从而随机应变地制订相应的对策, 最终实现组织的稳定发展。

(2)计划为有效地筹集和合理配置资源提供了依据,降低了不确定性带来的风险

只有制订合适的计划,才能合理有效地利用人力、物力、财力,使组织的经营、活动顺利进行,从而取得较好的经济效益。同时,计划可以促使管理者更多地考虑未来环境变

化可能带来的冲击,从而制订适当的对策,减小不确定性,减小组织运行过程中可能存在的风险。

(3)计划减少活动的**重叠和浪费**

计划能够在实施之前的协调过程中发现可能的浪费和冗余,并在计划实施过程中有效地减少了组织的重叠性和资源浪费。

(4)计划设定的目标和标准可以用于控制

在计划中设立目标和标准,反映到控制职能中,管理者就可以把实际的工作进度与计划目标和标准进行对照,以便纠正重大偏差,从而进行必要的校正,以达到预期的目标。

6.2.2 计划与绩效

绩效从管理学的角度看,是组织期望的结果,是组织为实现其目标而展现在不同层面上的有效输出,它包括个人绩效和组织绩效两个方面。组织绩效实现应在个人绩效实现的基础上,但是个人绩效的实现并不一定保证组织是有绩效的。如果组织的绩效按一定的逻辑关系被层层分解到每一个工作岗位以及每一个人的时候,只要每一个人达成了组织的要求,组织的绩效就实现了。组织计划与绩效通常具有两方面的关系:

①通常而言,正式计划意味着组织更高的利润、更高的资产报酬率及其他积极的财务成果;高质量的计划过程和适当的实施过程比宽泛的计划更容易使组织产生较高的绩效。

②受环境因素的影响,正式计划不一定导致高绩效。从计划的制订和实施过程来看,计划的绩效依赖于环境的变化,当环境出现重大变化时,正式计划的绩效会受较大的影响。如近年来,许多国家正在运用反倾销法案来阻止我国家电和纺织品进入该国国内市场,致使我国的家电企业和纺织企业蒙受较大损失。另外,环境的意外震荡也会降低精心策划的计划的效果。最近几年我国股票市场的巨大波动,让绝大多数股票经纪人的正式计划变为泡影。

6.3 计划工作与目标管理

计划构成了所有其他职能的基础。没有计划,管理者就不知道如何组织、领导和控制,事实上,没有计划也就不会有组织、领导和控制。如何制订计划是本节学习的主要内容。

6.3.1 计划工作中的目标和计划

1)目标与计划

计划工作涉及两个最重要的元素:目标和计划。其中,目标(Goals)是个体、群体和整个组织期望的产出。目标提供了所有管理决策的方向,构成了衡量标准,参照这种标准就可以度量实际工作的完成情况,这就是人们将目标称为计划工作基础的原因。所以,在制订计划、达成目标之前,组织必须知道所期望的目标或结果是什么。名词形态的计划(Plans)是一种文件,它规定了怎么实现目标,通常描述了资源的分配、进度以及其他实现目标的必要行动。当管理者制订计划时,他们既要规定目标也要编制计划。

2) 目标的类型

任何组织似乎都有一个单一的目标。如工商企业是创造利润,非营利组织是提供高效率的服务。但更深入的分析表明,组织的目标都是多重的。工商企业除了追求利润,还追求增加市场份额和满足雇员福利。教堂提供了一条"通过忏悔进入天堂的道路",但它也帮助所在社区内的贫困阶层,并作为教会成员聚会的场所。没有一种单一的衡量尺度能够有效地评价一个组织是否成功地履行了它的使命。过分强调某一个目标,如利润,会忽视其他目标,而这些目标对实现长期利润目标是不可少的。不仅如此,采用单一的目标几乎肯定会导致令人不愉快的后果,因为管理者会为了追求单一目标而忽视其他重要事项。目标的分类如下:

(1) 财务目标和战略目标

大多数公司目标都能描述为财务目标或战略目标。其中,财务目标与组织的财务绩效相联系,如较快的收入增长,较高的红利,较高的投资回报率,大量的现金流,不断增长的股票价格,稳定的收益等。而战略目标与组织其他领域的绩效相联系,如较大的市场份额,靠前的产业排名,较高的产品质量,更有吸引力的产品线,良好的顾客声誉,公认的技术或产品创新领导者,不断增长的国际市场竞争能力等。

(2) 陈述目标和真实目标

陈述目标(Stated goals)是一个组织对其目标的官方陈述,是要使公众相信该组织打算做什么。但是,宣称目标(这些目标可以从组织的章程、年度报告、公共关系通告,或组织管理者的公开声明中找到)通常要受社会对组织应该做什么的舆论影响,导致一家公司分别向股东、消费者、雇员和公众宣布的目标陈述会不一样。所以,最高管理当局宣称的目标应被看成"某个组织为了向特定的听众说明、解释或宣传而特意杜撰的,而不是这个组织真实目的的有效的和可靠的体现"。目标的内容很大程度上取决于听众们想听什么。

这样,如果想要了解一个组织的真实目标(Real objectives)或者说一个组织真正追求的目标,只需细心地观察组织成员实际在做什么。行动是对目标的最好定义。认识到真实目标与宣称目标有可能背离是很重要的,这有助于理解为什么管理当局的行动缺乏一致性。

3) 计划的类型

划分计划类型的方法有:根据计划的宽度、时间框架、具体性以及计划的使用频率。这些分类方法所划分出的计划类型不是相互独立的。比如,短期和长期类型之间就存在紧密的关系,类似的还有战略和运营类型之间的关系。表6.2列出了按不同方法分类的计划类型。

表 6.2 计划的类型

分类标准	宽　度	时间框架	具体性	使用频率
类型	战略的	长期的	方向性的	一次性的
	运营的	短期的	具体的	持续性的

(1)战略计划与运营计划

根据计划对组织的影响综合性程度(涉及时间长短和涉及的范围广狭),计划可分为战略计划和运营计划。其中,应用于整体组织的,为组织设立总体目标和寻求组织在环境中的地位的计划,称为战略计划(Strategic plans)。具体规定如何实现全局目标的细节的计划称为运营计划(Operational plans),又称作业计划。

战略计划与运营计划在时间框架、范围上和在是否包含已知的一套组织目标方面是不同的。运营计划趋向于覆盖较短的时间间隔,如月度计划、周计划、日计划等;战略计划趋向于包含持久的时间间隔,通常为 5 年甚至更长,它们覆盖较宽的领域和不规定具体的细节。此外,战略计划的一个重要任务是设立目标;而运营计划或作业计划则假定目标已经存在,只是提供实现目标的方法。

(2)短期计划与长期计划

长期计划(Long-term plans)的时间跨度一般在 3 年以上,是组织长远重大战略决策的具体化。对于一个企业来说,长期计划具有以下内容:企业生产经营业务的发展规模,产品发展方向,技术发展趋势和水平,企业主要经济技术指标的发展水平,企业研发计划等。

短期计划(Short-term plans)的时间跨度通常在 1 年及 1 年以下,像季度和月度计划就是一种较为典型的短期计划。短期计划是依据中长期计划指出的目标和要求,结合计划期内的实际情况而制订的,是中长期计划的具体落实,具有较强的可操作性。从形式来看,用来指导组织日常运行的经营计划,以及为了应付未预料到的环境因素变化而做出的适应性计划,属于短期计划的范畴。

(3)具体计划与方向性计划

具体计划(Specific plans)具有明确规定的目标,不存在模棱两可,没有容易引起误解的问题。例如,一位经理打算使他的企业的销售额在未来的 12 个月中增长 20%,他或许要制订特定的程序、预算分配方案,以及实现目标的各项活动的进度表,这就是具体计划。当然,具体计划所要求的明确性和可预见性条件不一定都能够满足。

方向性计划(Directional plans)只规定一些一般方针,指出重点但不把管理者限定在具体目标或特定行动方案上。例如,一个增加利润的具体计划,可能规定在未来 6 个月中成本要降低 4%,销售额增加 6%;而指导性计划也许只提出未来 6 个月中利润增加 5%~10%。显然,指导性计划具有内在的灵活性,但这种优点必须与丧失具体计划的明确性进行权衡。

(4)一次性计划与持续性计划

管理者开发的计划有些是持续的,有些是一次性的。这时,根据其开发计划的不同,分为一次性计划与持续性计划。

一次性计划(Single-used plans)是指为满足特定情况需要而设计的一次性的计划。例如,当沃尔玛决定在中国快速增加其店面数量时,高层管理者制订了一个一次性计划作为指导。与此相对,持续性计划(Standing plans)提供了对重复进行的活动的持续指导。持续性计划包括政策、规则和程序等。

4)计划的表现形式

哈罗德·孔茨和海因·韦里克根据计划的形式,将其按照抽象到具体划分为:宗旨、目标、战略及战略规划、政策、程序、规则、预算以及工作日程表。

(1)宗旨

宗旨用于指明一定的组织机构在社会上应起的作用、所处的地位,它决定组织的性质,决定此组织区别于彼组织的标志。各种有组织的活动,如果要使它有意义的话,至少应该有自己的宗旨。如大学的宗旨是教书育人和科学研究,研究院所的宗旨是科学研究,医院的宗旨是治病救人,法院的宗旨是解释和执行法律,企业的目的是生产和分配商品和服务。

(2)目标

组织的目的或使命往往太抽象,太原则化,它需要进一步具体化组织一定时期的目标和各部门的目标。组织的使命支配着组织各个时期的目标和各个部门的目标。而且组织各个时期的目标和各部门的目标是围绕组织存在的使命所制订的,并为完成组织使命而努力的。虽然教书育人和科学研究是一所大学的使命,但一所大学在完成自己使命时会进一步具体化不同时期的目标和各院系的目标,比如最近三年培养多少人才,发表多少论文等。

(3)战略及战略规划

战略及战略规划是为了达到组织总目标而采取的行动和利用资源的总计划,是组织目标所选择的基本途径,是组织的指导思想和行动纲领,其目的是通过一系列的主要目标和政策去决定和传达一个组织期望自己成为什么样的组织。战略并不打算确切地概述组织怎样去完成它的目标,这是无数主要的和次要的支持性计划的任务。

(4)政策

政策是指导或沟通决策思想的全面的陈述书或理解书,但不是所有政策都是陈述书,政策也常常会从主管人员的行动中含蓄地反映出来。如主管人员处理某问题的习惯方式往往会被下属作为处理该类问题的模式,这也许是一种含蓄的、潜在的政策。政策能帮助事先决定问题处理方法,这一方面减少对某些例行问题时间上处理的成本;另一方面把其他计划统一起来了。政策支持了分权,同时也支持了上级主管对该项分权的控制。政策允许对某些事情处理的自由,一方面我们切不可把政策当作规则;另一方面我们又必须把这种自由限制在一定的范围内。自由处理的权限大小一方面取决于政策本身;另一方面取决于主管人员的管理艺术。

(5)程序

程序是制订处理未来活动的一种必需方法的计划。它详细列出必须完成某类活动的切实方式,并按时间顺序对必要的活动进行排列。它与战略不同,它是行动的指南,而非思想指南。它与政策不同,它没有给行动者自由处理的权力。处于理论研究的考虑,我们可以把政策与程序区分开来,但在实践工作中,程序往往表现为组织的政策。比如,一家制造企业的处理订单程序、财务部门批准给客户信用的程序、会计部门记载往来业务的程序等,都表现为企业的政策。组织中每个部门都有程序,并且在基层,程序更加具体化、数量更多。

(6)规则

规则没有酌情处理的余地。它详细、明确地阐明必须行动或无须行动,其本质是一种管理决策。规则通常是最简单形式的计划。规则不同于程序。其一,规则指导行动但不说明时间顺序;其二,可以把程序看成一系列的规则,但是一条规则可能是也可能不是程序的组成部分。如"禁止吸烟"是一条规则,但和程序没有任何联系;而一个规定为顾客服务的程序可能表现为一些规则,如在接到顾客需要服务的信息后30分钟内必须给予答复。

规则也不等于政策。政策的目的是指导行动,并给执行人员留有酌情处理的余地;而规则虽然也起指导作用,但是在运用规则时,执行人员没有自行处理之权。

必须注意的是,就其性质而言,规则和程序均旨在约束思想;因此只有在不需要组织成员使用自行处理权时,才使用规则和程序。

(7)预算

预算是一份用数字表示预期结果的报表。预算通常是为规划服务的,其本身可能也是一项规划。

(8)工作日程表

按时间顺序将一定时间内完成的工作依续排列的作业计划。

6.3.2 设立目标

目标的传统作用是组织的最高管理当局施加控制的一种方式。制造企业的总裁可能告诉生产副总裁,他希望下一年度制造成本水平应当是多高,这位总裁还可能告诉市场营销副总裁,下一年度销售额应达到什么水平;市长可能告诉公安局局长,下一年度公安部门的预算应是多少等。然后,在将来某些时点上会对完成的结果加以评价,以检视目标是否达到。

1)传统的目标设立

传统的目标设立过程(Traditional objective setting)的中心议题是,首先设立组织的最高目标,然后将其层层分解为每一个组织层次(事业部管理者→职能部门管理者→单个员工)的子目标,形成一种单向的目标分解过程:由上级给下级规定目标,以指导和在某种程度上约束每个雇员的工作行为。这种传统方式假定最高管理者最了解应当设立什么目标、最清楚什么是最佳的目标与方式,因为只有他能够综观组织全貌。接着,这些目标会被传递至下一个组织层次,并被记录下来以表明这个层次的工作职责,然后再传递至下一个层次等。经过一段时间,公司审视、评估工作的绩效。

一旦组织各个层次的目标被清晰地定义,它就构成了一个一体化的目标网络,或者成为手段—目的链(Means-ends chain)。手段—目的链意味着上一层的目标或目的与下一层的目标相联系,后者称为实现上一层目标的手段。换言之,低层目标是实现上一层目标的手段,而上一层目标又是实现更上一层目标的手段,以此类推,直到组织的顶层。这就是传统的目标设立方法的工作原理。

不过,传统的目标设立存在两个方面的问题:其一,把公司目标分解为部门目标、团队目标直至个人目标,在具体操作上是有困难的而且成本很高;其二,如果最高层管理者规定的目标过于宽泛,如"获取足够的利润"或"取得市场领导地位",这些模糊性目标在转化为具体目标的过程中,会由于组织的层层过滤而丧失其清晰性和一致性,因为每一级管理者都会用他自己的理解甚至是偏见来对目标进行解释。

2)现代的目标设立

目标并不都是设计为同样好的,有些目标会比其他的目标设计得更合理。表 6.3 概括了设计良好的目标的特征。基于这些良好目标的特征,提出管理者的目标设立过程的5 个步骤,如表 6.4 所示。

表 6.3　设计良好的目标的特征

序　号	结果上的特征	序　号	形式上的特征
1	是以结果而不是以行为表述的	4	具有清晰的时间框架的
2	是可度量和定量化的	5	是书面的
3	具有挑战性但却是可以达到的	6	是与组织有关成员沟通过的

表 6.4　目标设立过程的 5 个步骤

序　号	步　骤	描　述
1	审视组织的使命也即组织的目的	目标应该反映一个组织的使命。使命是对组织目的的一种广泛的陈述,它成为组织成员如何思考问题的一个重要指南
2	评估可获得的资源	管理者不应该超越可获得资源设定不可能实现的目标。目标应该具有挑战性,但必须具有现实性;没有相应的资源,不可能实现目标
3	考虑相关因素	目标要反映希望的结果,同时应该与组织的使命和其他领域的目标相协调;目标还应该是可度量的、具体的、包含完成期限的
4	写下目标	以书面形式陈述目标,并且与相关的人员充分沟通
5	评估结果	判断目标是否达到,如果目标没有达成,要对目标作出适当调整

6.3.3　目标管理

1)目标管理的概念

目标管理(Management by objectives,MBO)是 1954 年著名管理学家彼得·德鲁克在

他的《管理实践》一书中提出的管理思想。目标管理是一个组织成员共同确定组织目标并依据这些目标的达成与否来评估员工绩效的过程。

在目标管理体系下,雇员与他的管理者共同确定具体的绩效目标,然后定期地评审实现目标方面的进展情况。奖励是基于在实现目标方面的进展,目标管理方法不是将目标仅仅作为一种控制方法,而是要确保雇员做他们应该做的事情,同时把它们作为激励雇员的方法。

2) 目标管理的步骤

目标管理包括 4 个要素:确定目标、参与决策、明确期限和绩效反馈。表 6.5、图 6.1 分别列举了典型目标管理的程序步骤及目标管理的体系。

表 6.5 典型的目标管理程序步骤

1	制订组织的全局目标和战略
2	在事业部与功能部门之间分解目标
3	部门管理者与其下属单位的管理者共同制订他们的具体目标
4	单位管理者与该单位全体成员共同设定每个人的具体目标
5	在管理者与雇员之间就如何实现目标的具体行动计划达成协议
6	实施行动计划
7	定期检查实现目标的进展情况,并提供反馈
8	目标的成功实现得到基于绩效的奖励的强化

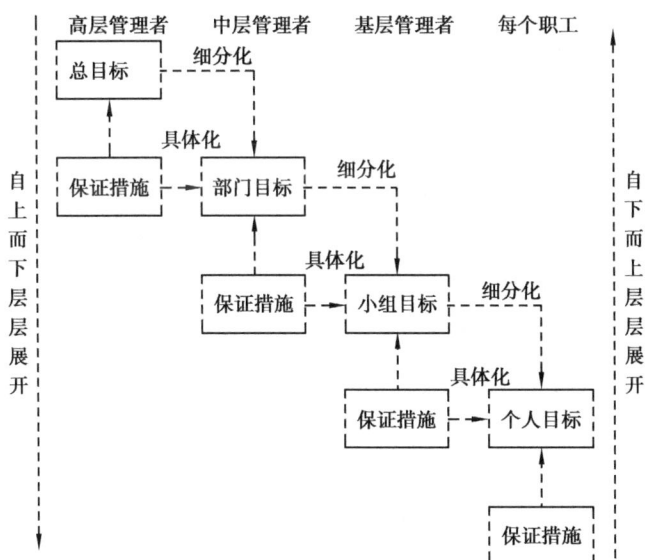

图 6.1 目标管理体系示意图

3) 目标管理的优缺点

(1) 优点

目标管理能调动员工的积极性和创造性,有助于提高雇员的绩效和组织的生产率,也有利于各级领导对下属的管理。当然,这些优点的发挥取决于高层管理者对目标管理的支持;且当目标比较确定、具体且量化程度高时,或员工素质高时,目标管理效果越好。

(2) 缺点

①容易导致短期行为。大部分组织的目标管理所确定的目标是短期的,如一年或更短的时间。片面追求短期目标,可能会损害组织的长期目标。因此,在目标管理实施过程中,管理人员必须不断地协调各部门的关系,平衡短期目标和长期目标之间的关系。

②设置目标的困难。一方面,过高的目标会给组织成员造成过大的压力,可能会使组织成员使用不合乎道德规范的手段去实现目标;另一方面,过低的目标会使下级失去奋发向上的动力。因此,管理人员需要花大量时间进行调查研究,制订合适的目标。

③容易僵化,不够灵活,存在不能随时因环境变迁而变化的风险,在动态变化的环境条件下甚至可能失去作用。目标是上下级经过仔细研究和协商确定的,所以,在计划期内一般是不易改变的。如果组织的环境在目标实现期间发生了变化,员工为一个与环境不适应的目标而努力,这种做法与新的目标相违背,对于组织和员工的损耗会比较大。

④下级或员工可能会过分关注自己的目标而不考虑组织目标。

⑤可能被简单地看成一项年度的例行工作,只是填写一些例行表格。

⑥容易造成最高领导人的偷懒。

⑦过分强调数量指标而忽视了定性指标和组织长远发展。

⑧有的目标可考核性差或有的目标考核成本较高,因而可能可操作性差。

6.3.4 计划工作的权变因素

计划工作是组织为实现未来特定发展目标而对资源所作的一种安排。因此,计划要根据组织自身特点及环境状况来制订。在有些情况下,长期计划可能更重要,而在其他情况下可能正相反。类似地,在有些情况下指导性计划比具体计划更有效,而换一种情况就未必如此。组织自身特点及环境状况特点不同,计划工作的重点也有所不同,那么决定不同类型计划有效性的都是些什么情况呢? 接下来,介绍几种识别影响计划有效性的权变因素。

1) 组织的层次

图 6.2 说明了管理者在组织中所处的层次与计划类型之间的一般关系。在大多数情况下,较低层次的管理者主要是制订运营计划,随着组织层次的升高,计划工作就越带有战略导向。对于大型组织的最高管理者,其计划任务基本上都是战略性的。当然,在小企业中,所有者兼管理者的计划角色兼有这两方面的性质。

2) 组织的生命周期

组织都要经历一个生命周期(Life cycle),开始于形成阶段,然后是成长、成熟,最后

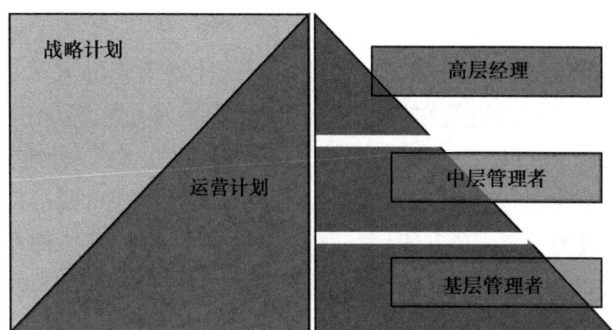

图6.2 计划工作与组织层次

是衰退。在组织生命周期的各个阶段上,计划的类型并非都具有相同的性质,正如图6.3所描绘的,计划的时间长度和明确性应在不同的阶段上作相应调整。

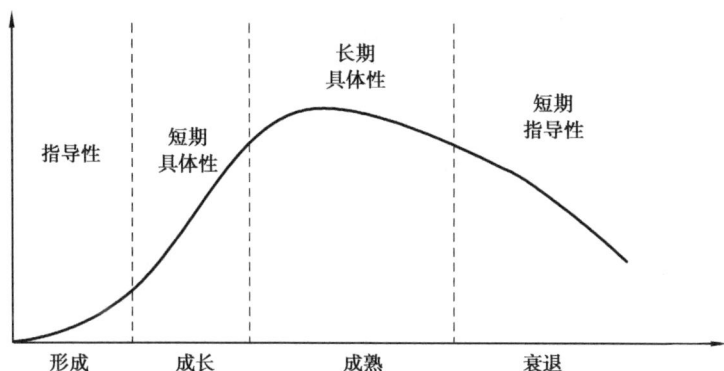

图6.3 组织的生命周期

具体地,如果所有的事情都保持不变,管理无疑会从采用具体计划中获益,这不仅是因为具体计划指出了一个明确的方向,而且是由于它建立了非常详细的基准,可用以衡量实际的绩效。但问题是,事情并非总是一样的。当组织进入成熟期,可预见性最大,从而也最适用于具体计划。而在组织的形成期,管理者应更多地依赖指导性计划,因为处于这一阶段要求组织具有很高的灵活性。在这个阶段上,目标是尝试性的,资源的获取具有很大的不确定性,辨认谁是顾客很难,而指导性计划使管理者可以随时按需要进行调整。在成长阶段,随着目标更确定,资源更容易获取和顾客的忠诚度的提高,计划也更具有明确性。当组织从成熟期进入衰退期,计划从具体性转入指导性,这时目标要重新考虑,资源要重新分配。计划的期限也应当与组织的生命周期联系在一起。短期计划具有最大的灵活性,故应更多地用于组织的形成期和衰退期;成熟期是一个相对稳定的时期,因此更适合制订长期计划。

3) 环境的不确定性

环境的不确定性越大,计划更应当是指导性的,计划期限也应更短。如果正在发生着迅速的和重要的技术、社会、经济、法律或其他变化,精确规定的计划实施路线,反而会成为组织取得绩效的障碍。变化越大,计划就越不需要精确,管理就越应具有灵活性。

4）未来承诺的期限

这个因素涉及与计划的时间框架。管理者不是计划未来的决策,而是计划当前决策对未来的影响。当组织发展更新它们的承诺,且无论是好是坏都承担所有的后果。承诺概念(Commitment concept)是指计划期限应当延长到足够远,以便在此期限中能够实现当前的许诺。当前的计划越是影响对未来的承诺,计划的时间期限应当越长;但经济上的考虑影响计划期限的选择,因为计划工作和它所依据的预测工作是很费财力的,如果在经济上不合算,就不应当把计划期限定得太长。显然,计划对太长的期限和太短的期限都是无效的。

6.3.5 计划工作的程序

1）认识机会

认识机会先于实际的计划工作开始以前,它不是计划的一个组成部分,但却是计划工作的一个真正起点。因为它预测到了未来可能出现的变化,清晰而完整地认识到组织发展的机会,搞清了组织的优势、弱点及所处的地位,认识到组织利用机会的能力,意识到不确定因素对组织可能发生的影响程度等。

2）确定目标

在认识机会的基础上,为整个组织及其所属的下级单位确定目标,目标是指期望达到的成果,它为组织整体、各部门和各成员指明了方向,描绘了组织未来的状况,并且作为标准可用来衡量实际的绩效。计划的主要任务,就是将组织目标进行层层分解,以便落实到各个部门、各个活动环节,形成组织的目标结构,包括目标的时间结构和空间结构。

3）确定前提条件

确定前提条件即计划工作的假设条件。简言之,即计划实施时的预期环境,分为外部前提条件和内部前提条件,或不可控的、部分可控的和可控 3 种前提条件。负责计划工作的人员对计划前提了解得越细越透彻,并能始终如一地运用它,那么计划工作也将做得越协调。

4）拟订备选方案

接下去是寻求、拟订、选择可行的行动方案。实现某一目标的方案途径是多条的,方案创新性是非常重要的。此外,方案也不是越多越好,而是集中精力分析少数最有希望的方案。

5）评价备选方案

根据前提条件和目标,权衡备选方案的轻重优劣,对可供选择的方案进行评估。评估可供选择的方案,注意:第一,认真考察每一个计划的制约因素和隐患;第二,要用总体的效益观点来衡量计划;第三,既要考虑每一个计划的有形的可以用数量表示出来的因素,又要考虑无形的、不能用数量表示出来的因素;第四,要动态地考察计划的效果,不仅要考虑计划执行所带来的利益,还要考虑计划执行所带来的损失,注意那些潜在的、间接的损失。

6）选择方案

必须确定出首先采取哪个方案,而将其他方案也进行细化和完善,以作为后备方案。

7）制订派生计划

基本计划还需要派生计划的支持。例如,一家公司年初的销售计划,与生产计划、促销计划、培训计划、筹集资金计划、广告计划等相连。

8）编制预算

计划转变成预算,就是使计划数字化。编制预算,一方面是为了计划的指标体系更加明确;另一方面是使企业更易于对计划执行进行控制,定量的计划具有较硬的约束。

6.4　计划工作面临的问题

6.4.1　对计划工作的批评

对于任何一个组织,确定方向的工作总是必要的。但是,持批评意见的人对计划工作隐含的一些基本假设提出了疑问。下面列举对正式计划的一些主要批评意见。

①计划可能会造成刚性。正式的计划工作可能将组织锁定在特定的目标和具体的时间表上。这些目标一旦确立,其隐含的假设是环境在实施计划期间是不变的,如果这种假设是错误的,遵循计划的管理者可能会遇到麻烦,因为被要求继续实现原定目标的管理者可能无法对变化的环境作出响应。环境变化时遵循原来的行动路线可能导致灾难。

②动态的环境是难以计划的。大多数组织面对的是动态环境,存在着随机性和不可预见性,如果制订计划时假定环境是不会变化的,那么这种假设显然是错误的。在错误的假设下,不可能制订出正确的计划。动态环境中需要灵活性,不能被约束在正式的计划上。

③正式计划不能代替直觉和创造性。正式的计划工作通常包含对组织的能力和机遇的彻底调查。机械式分析的做法将愿景变成某种类型的计划程序,可能会给组织带来灾难。

④计划工作可能将管理者的注意力集中在今天的竞争而不是明天的生存上。正式的计划工作有一种充分利用企业当前机会的趋势,它通常不会使管理者考虑创新和重新塑造所在的产业,结果正式的计划可能铸成大错,以致被竞争对手超越。

⑤正式的计划会强化成功,但也会因此导致失败。成功事实上在不确定的环境下可能是失败之母。由于改变和放弃原来的成功计划是困难的,这需要放弃舒适而承受未知领域的焦虑,所以成功的计划可能会带来错误的安全感,会增加对正式计划工作的盲目信任。

⑥仅有计划是不够的。对于管理者而言,仅仅计划是不够的,他们必须采取行动。仅仅计划做某事并不能完成这件事情。管理者需要计划,但是他们应当监督计划的实施过程。

6.4.2 动态环境下有效的计划工作

①开发既具体又灵活的计划。在不确定的环境下管理者应当开发的计划是既具体又灵活的,虽然看上去是相互冲突的。

②认识到计划工作是一个持续的过程。为了使计划有用,计划必须是具体的,但是计划不应是被刻在石头上的。管理者必须认识到,计划工作是一个持续的过程,计划作为一种路线图,即使在目的地随动态市场环境不断变化的情况下也是不可少的。

③如果环境发生变化改变前进方向。管理者应当准备在环境发生变化时改变前进的方向,保持计划在实施阶段的灵活性。但即使环境存在很大的不确定性,计划工作仍然是重要的。如果你希望组织取得绩效的话,只有坚持计划工作才可能使组织绩效获得重大的改进。

④对环境变化保持警惕。在动态环境中开展计划工作意味着需要将组织结构扁平化,因为从上往下传递公司的目标会花费很多时间,所以低层次的管理者就要承担起设立目标和开发计划的职责。管理者必须在设立目标和制订计划方面对雇员进行培训并信任他们。

【本章小结】

1.计划是一个确定目标和评估实现目标最佳方式的过程。

2.计划指出方向,减少变化的冲击,尽可能减少浪费和冗余,并设立标准以利于控制。

3.战略计划覆盖较长的期间,涉及的问题广泛;作业计划覆盖较短的期间,集中于具体问题,并假定目标是已知的。

4.计划过程存在4种权变因素,包括管理者所处的组织层次、组织的生命周期、环境的不确定性、未来的时间长度。其中,当环境的不确定性很高,以及当组织处于生命周期的形成阶段或衰退阶段时,指导性计划比具体计划更可取。

5.管理者的计划应当预见到足够远的未来,以符合当前的许诺的要求。

6.一个组织宣称的目标也许并非其真正的目标,因为管理当局可能想告诉人们他们想听的事情,也因为宣布一套已知的、容易理解的目标比解释实际的多重目标要简单得多。

7.MBO 将目标作为一种激励因素,让人们确切了解对雇员的期望,使其参与自身目标的设定过程,将雇员实现目标的进展情况不断地反馈给他们,根据实现目标的情况加以奖励。

【案例分析】

【案例 6.1】　王熙凤代管宁国府(节选)

至次日,卯正二刻凤姐便过来了。那宁国府中婆娘媳妇闻得到齐,只见凤姐正与来升媳妇分派,众人不敢擅入,只在窗外听觑。只听凤姐与来升媳妇道:"既托了我,我就说不得要讨你们嫌了。我可比不得你们奶奶好性儿,由着你们去。再不要说你们'这府里原是这样'的话,如今可要依着我行,错我半点儿,管不得谁是有脸的,谁是没脸的,一例现清白处治。"说着,便吩咐彩明念花名册,按名一个一个地唤进来看视。

一时看完,便又吩咐道:"这二十个分作两班,一班十个,每日在里头单管人客来往、倒茶,别的事也不用他们管。这二十个也分作两班,每日单管本家亲戚茶饭,别的事也不用他们管。这四十个人也分作两班,单在灵前上香添油,挂幔守灵,供饭供茶,随起举哀,别的事也不与他们相干。这四个人单在内茶房收管杯碟茶器,若少一件,便叫他四个赔。这四个人单管酒饭器皿,少一件,也是他四个赔。这八个单管监收祭礼。这八个单管各处灯油、蜡烛、纸札,我总支了来,交与你八个,然后按我的定数再往各处去分派。这三十个每日轮流各处上夜,照管门户,监察火烛,打扫地方。这下剩的按着房屋分开,某人守某处,某处所有桌椅古董起,至于痰盒、掸帚,一草一苗,或丢或坏,就和守这处的人算账赔钱。来升家的每日揽总查看,或有偷懒的、赌钱吃酒的、打架拌嘴的,立刻来回我,你有徇情,经我查出,三四辈子的老脸就顾不成了。如今都有定规,以后哪一行乱了,只和哪一行说话。素日跟我的人,随身自有钟表,不论大小事,我是皆有一定的时辰。横竖你们上房里也有时辰钟。卯正二刻我来点卯,巳正吃早饭,凡有领牌回事的,只在午初刻。戌初烧过黄昏纸,我亲到各处查一遍,回来上夜的交明钥匙。第二日仍是卯正二刻过来。说不得咱们大家辛苦这几日,事完了,你们家大爷自然赏你们。"

说罢,又吩咐按数发与茶叶、油烛、鸡毛掸子、笤帚等物。一面又搬取家伙:桌围、椅搭、坐褥、毡席、痰盒、脚踏之类。一面交发,一面提笔登记,某人管某处,某人领某物,开得十分清楚。众人领了去,也都有了投奔,不似先时只拣便宜的做,剩下的苦差没个招揽。各房中也不能趁乱失迷东西。便是人来客往,也都安静了,不比先前一个正摆茶,又去端饭,正陪举哀,又顾接客。如这些无头绪、荒乱、推托、偷闲、窃取等弊,次日一概都免了。

那凤姐不畏勤劳,天天于卯正二刻就过来点卯理事,独在屋内起坐,不与众妯娌合群,便有堂客来往,也不迎会。

问题:

1.王熙凤的做法属于哪一类计划? 有什么作用?

2.王熙凤的人员分配计划处于计划程序的哪一个步骤? 制订这类计划对于管理者和环境有什么要求?

3.王熙凤的处理方法对于你而言有什么管理启示?

【思考与练习】

一、单项选择题

1.计划职能的主要任务就是要确定( )。

A.组织结构的蓝图　　　　　　　　　B.组织的领导方式

C.组织中的工作设计　　　　　　　　D.组织的目标和实现目标的途径

2.相对而言,目标管理更适用于( )。

A.高科技企业　　　　　　　　　　　B.巨型跨国公司

C.市场竞争激烈的环境　　　　　　　D.相对稳定的环境

3.为了使公司目标管理计划切实有效,比较而言,对目标的下列哪项要求最重要?
( )

A.目标必须具备可考核性　　　　　　B.目标必须尽可能先进

C.目标的表述必须清晰易懂　　　　　D.目标应考虑平衡水平,不宜太高

4.下列关于目标管理的说法中哪一条是有问题的说法?( )

A.目标管理是行为科学理论在管理实践中的运用

B.目标管理是这样一种管理方式,通过指挥系统由上而下逐级指示下级应达到的
目标

C.目标管理包含管理控制的意义在内

D.目标管理和例外管理的观念是相互配合的

5.下述句子是从一家宾馆的员工手册中摘录下来的,其中哪一条不应视为规则?
( )

A.宾馆合同工参照实际出勤天数计发工资

B.员工不准到客房洗头、洗澡、洗衣服、睡觉、看电视

C.工作时间不准办私事、打私人电话,不准会客

D.员工上下班必须走员工通道,乘员工电梯

6.规章制度的制订属于管理的( )。

A.计划职能　　　　B.组织职能　　　　C.领导职能　　　　D.控制职能

7.下列陈述中,哪一项不属于政策?( )

A.仓库重地,严禁吸烟

B.只要有可能,我们从内部提升员工

C.原则上只聘用受过大学教育的工程师

D.应该始终使顾客感到满意

二、名词解释

计划工作　目标管理

三、简答题

1.最高管理者的计划工作与第一线监工的计划工作有何区别？

2.环境的不确定性怎么影响计划？

3.哪些因素影响目标管理的效果？

四、应用分析题

1.对于你来说,怎样才能制订一份有效的学习计划？

2.结合你已经实现的目标来谈谈目标的作用。

3.工商企业只有创造利润这一个真正的目标吗？利润目标对工商企业的宣称目标有什么影响？

4.你怎么识别一个组织的宣称目标和它的真实目标？

第7章 组 织

【知识目标】

1.定义组织结构、组织设计。

2.描述组织结构的 6 个关键要素。

3.区分机械式的和有机式的组织设计。

4.识别影响组织设计的 4 个权变因素。

5.描述几个重要的组织结构。

【能力目标】

1.解释结构与设计为什么对一个组织如此重要。

2.解释基于团队的结构是什么,并说明组织为什么要采用这种结构。

3.阐释:矩阵型结构、项目结构、内部自治单位以及无边界组织的适应性。

【素质目标】

1.理解学习型组织的概念,把握它对你生活中面临的组织设计的影响。

2.根据你的生活经历阐释你对管理跨度、授权、统一指挥等组织理论的认识。

7.1 组织结构的定义

7.1.1 与组织相关的几个概念

组织工作(Organizing work)是对工作任务进行安排以达成组织目标的过程,是涉及组织目标、业务活动的分类组合、管理层次、部门和组织架构、人员配置、管理职权等问题的一项重要管理职能。以下关于中国战区调整划设的相关信息可以用来揭示组织工作的基本元素。

> 综合中华人民共和国国防部和新华社关于"详解五大战区划分和职能使命"的报道:为实现强军梦、全面实施改革强军战略、构建中国人民解放军联合作战体系,中国军队重新调整划设战区,组建战区联合作战指挥机构。具体是以原沈阳军区、北京军区、

兰州军区、济南军区、南京军区、广州军区、成都军区等机关相关职能和机构为基础,充实军种指挥和保障要素,调整划设东部战区、南部战区、西部战区、北部战区、中部战区5个正大军区级的战区机关,归中央军委建制领导,原7个军区番号撤销。五大战区作为本战略方向的唯一最高联合作战指挥机构,履行联合作战指挥职能,担负应对本战略方向安全威胁、维护和平、遏制战争、打赢战争的使命。战区的建设目标是在军委管总、战区主战、军种主建的总原则下,建设绝对忠诚、善谋打仗、指挥高效、敢打必胜的联合作战指挥机构。同时,战区调整组建了战区陆军、海军、空军等军种机关,并按照联合作战、联合指挥的要求,对军委联合指挥、各军种、战区联合指挥和战区军种的作战指挥职能进行了调整规范,以更好地适应打赢信息化战争、有效履行使命任务的要求。此外,根据改革的实际,中央军委决策成立了相关善后的工作机构,以做好老干部服务、干部分流、伤病残人员安置,加强经费物资、装备器材、营房设施等管理,确保新旧体制平稳过渡,确保部队安全稳定。

1)关于组织的3个含义

①作为组织工作对象的"组织"。这主要是指人的集合体,包括企业、学校、政府等不同的组织。

②作为组织工作或管理职能的"组织"。这主要是指管理者所开展的组织行为、组织活动过程,即动词性的组织。

③作为组织工作结果的"组织结构"。管理者在组织中开展组织工作的结果就形成了一种体现分工和协作关系的框架,即按照一定目的和程序组成的一种权责结构。组织工作的实质是建立分工与合作的关系结构。

2)组织工作

组织工作是一个组织结构的创设过程,其内容包括:设计组织结构、明确部门和岗位的职责及任务、确定上下左右的关系、适时地调整组织结构。管理者在组织设计中,需要找出能支持和促进员工有效地完成组织任务的结构设计方案——既要取得高效率,又能保持灵活性。该过程非常重要,而且服务于多重目的,如表7.1所示。对于管理者的挑战是,如何设计出一个组织结构,使员工能卓有成效地开展工作。

表7.1 组织工作的主要目的

◇ 将任务划分为可由各种职位和部门完成的工作
◇ 将工作职责分派给各个职位
◇ 协调组织的多项任务
◇ 将若干职位组合为部门
◇ 设定个人、群体及部门之间的关系
◇ 建立起正式的职权线
◇ 分配及调度组织的资源

3）组织结构

组织结构（Organization structure）是组织中正式确定的使工作任务得以分解、组合和协调的框架体系，是组织内部对工作的正式安排，是描述组织的框架体系。就像人类由骨骼确定体型一样，组织也是由结构来决定其形状的。在管理上有一个很有名的定律叫"帕金森定律"，它阐述了一种糟糕的组织结构。

> 一个不称职的官员，可能有3条出路：第一是申请退职，把位子让给能干的人；第二是让能干的人前来协助自己工作；第三是选用两个水平比自己低的人当助手。
>
> 第一条路他肯定不愿意走，因为那样会丧失许多权力；第二条他也不愿意走，因为那个能干的人会成为他的对手甚至上司；看来只有第三条路最适宜。
>
> 于是，两个平庸的助手分担他的工作，他则高高在上发号施令。两个助手不会对他的权力构成威胁，他们既然无能，就上行下效，再为自己找两个更加无能的助手。以此类推，就形成一个机构臃肿、人浮于事、互相扯皮、效率低下的领导体系。

4）组织设计

当管理者在设立或变革一个组织的结构时，他们就是进行组织设计（Organization design）的工作。因此，组织设计是发展和改变一个组织结构的过程。

5）非正式组织

本书第1章1.1节所描述的营利性组织或非营利性组织都属于正式组织。但还有一类非正式组织，它是其成员在共同工作的过程中，由于抱有共同的社会感情而形成的非正式团体。成员由于工作性质相近、社会地位相当或对某些问题的看法一致、在性格、爱好及情感相投的基础上，产生一些被大家所接受并遵守的行为准则，逐渐形成为趋向固定的非正式组织，具有自发性、内聚性、不稳定性（成员不稳定，经常变动）、领袖人物作用较大等特征。

非正式组织的积极作用表现在以下2个方面：

①心理方面的满足——在正式组织中不能得到的心理需要的满足。

②促进组织的稳定——非正式组织内聚力较强，人际关系更和谐、融洽，具有合作精神，成员之间工作上相互帮助，自觉维护正常的活动秩序，最终改变正式组织的工作情况。

但非正式组织也有消极的作用，主要表现在以下3个方面：

①阻碍组织目标的实现。当非正式组织的目标与正式组织的目标发生冲突时，就会阻碍正式组织目标的实现。

②束缚组织成员的个人发展。这是因为非正式组织要求成员保持某种一致性。

③造成组织的惰性。由于非正式组织的压力还会阻碍正式组织的变革。

基于上述非正式组织的积极与消极作用，管理者对待非正式组织既不是简单的取缔，也不是无原则的扶持，而是一方面要正视非正式组织的客观存在；另一方面要通过建立组织文化，影响、改变非正式组织的行为规范，从而更好地引导非正式组织作出积极的贡献。

7.1.2 组织设计的要素

组织设计是一个涉及6个方面关键要素的过程。这些要素是:工作专门化、部门化、指挥链、管理跨度、集权与分权、正规化。下面就这6个方面进行详细阐述。

1)工作专门化

工作专门化(Work specialization)是指组织中的任务被划分为各项专门工作的程度。其实质是,不是将整项任务交由某个人承担,而是将之细分为若干步骤,每一步骤由一个单独的个人来完成。各个员工都仅专门从事某一部分的活动而不是全部活动。例如,富士康公司在重庆的工厂中,工人们为小米公司的小米手机进行组装。根据一年的时间安排,工厂要组装生产3 000万部手机。为了达到每日的产出目标,工人在诸如屏幕模组、主板、外壳等各种组件通过一道道工序组合成完整的手机,在所有工作任务中实行了专门化的操作。

工作专门化有其局限性,并在当代企业经营管理中暴露出人员非经济性等诸多问题,在厌倦、疲劳、压力、劣质品、常旷工、高离职流动率等缺陷方面超过了专门化的经济优势。

从今天的观点来看,工作专门化虽然是一个重要的组织方式,但并非是一个能无止境地提高生产率的方法。组织的管理者们应当意识到,工作专门化能为某些类型的工作带来经济性,但另一些类型的过度专门化也会导致问题的产生,影响着组织的效率。

2)部门化

部门化(Departmentalization)是指将若干职位组合在一起的依据和方式。每个组织都可以有划分和组合工作活动的独特方式。传统的学者们主张,组织的活动应经过专业化分工而组合到部门中。劳动分工创造了专家,对协调提出了要求。而将专家们归并到一个部门中,在一个管理者指导下工作,可以促进这种协调。部门的建立通常可依据:所开展工作的职能、所提供的产品或服务、所设定的目标顾客或客户、所覆盖的地理区域、将投入转换为产出所使用的过程等。图7.1至图7.5显示了5种常见的部门化方式。

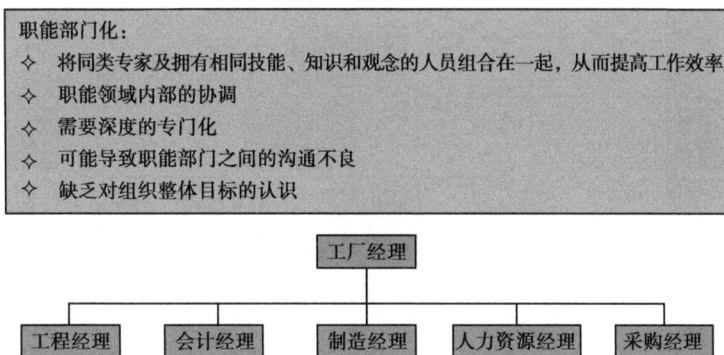

图7.1 职能部门化示例

（1）职能部门化

职能部门化（Functional departmentalization）是依据所履行的职能来组合工作。如图7.1所示，尽管具体的职能会有不同，各组织的目标和要开展的工作活动有差异，但这种部门化方式可以在各种组织类型中得到应用。

（2）地区部门化

地区部门化（Geographical departmentalization）是根据诸如南部、中西部或西北部地区或东南亚、欧洲、北美地区等进行工作的组合，如图7.2所示。

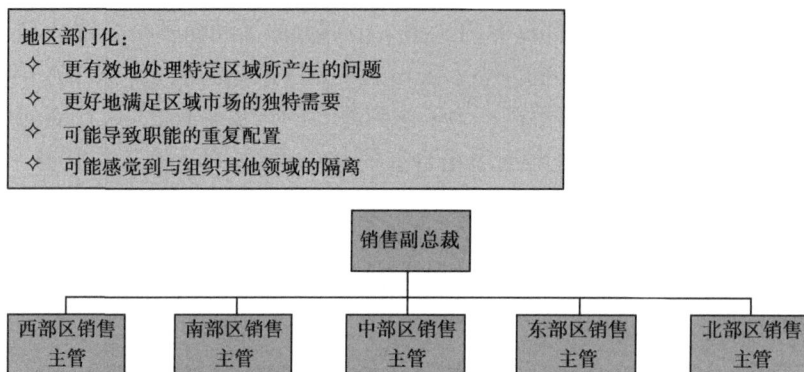

地区部门化：
◇ 更有效地处理特定区域所产生的问题
◇ 更好地满足区域市场的独特需要
◇ 可能导致职能的重复配置
◇ 可能感觉到与组织其他领域的隔离

销售副总裁

| 西部区销售主管 | 南部区销售主管 | 中部区销售主管 | 东部区销售主管 | 北部区销售主管 |

图7.2　地区部门化示例

（3）产品部门化

产品部门化（Product departmentalization）是依据产品线来组合工作，如图7.3所示。又如，雅芳有3条主要的生产线：美容（包括化妆品、香料和皮肤护理）；时尚用品（包括时尚珠宝、手表、服装和配饰）；其他（包括家居用品、礼品盒装饰用品）。

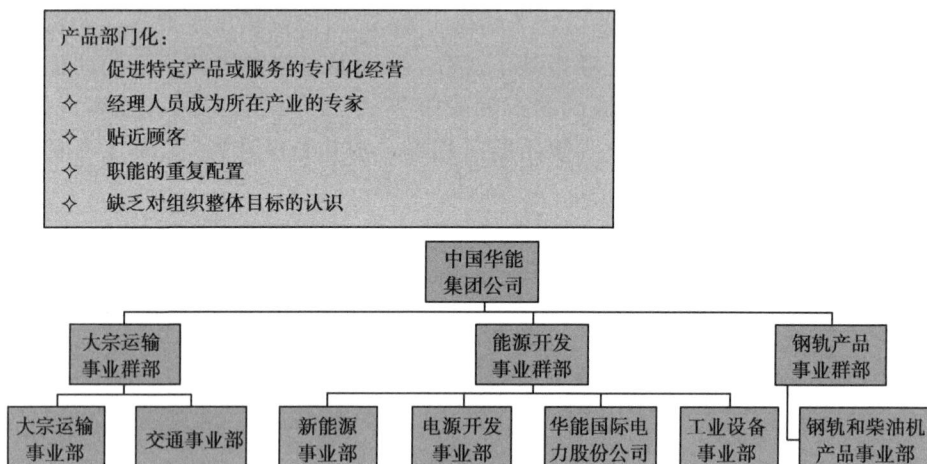

产品部门化：
◇ 促进特定产品或服务的专门化经营
◇ 经理人员成为所在产业的专家
◇ 贴近顾客
◇ 职能的重复配置
◇ 缺乏对组织整体目标的认识

中国华能集团公司

大宗运输事业群部　　能源开发事业群部　　钢轨产品事业群部

| 大宗运输事业部 | 交通事业部 | 新能源事业部 | 电源开发事业部 | 华能国际电力股份公司 | 工业设备事业部 | 钢轨和柴油机产品事业部 |

图7.3　产品部门化示例

（4）过程部门化

过程部门化（Process departmentalization）是依据产品或顾客流来组合工作，使各项工作活动沿着处理产品或为顾客提供服务的工作的顺序来组织，如图7.4所示。

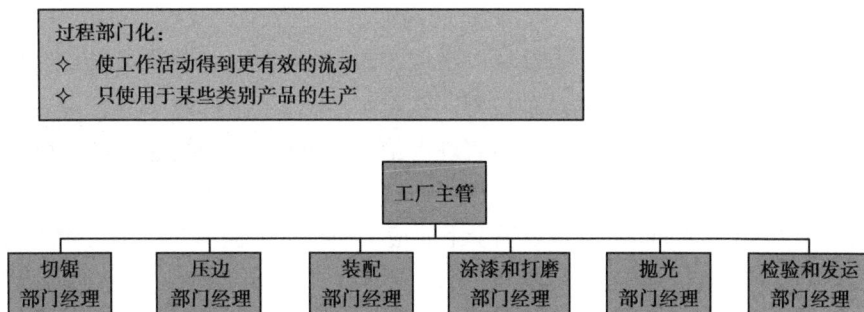

图 7.4 过程部门化示例

(5) 顾客部门化

顾客部门化(Customer departmentalization)是依据共同的顾客来组合工作,这组顾客具有某类相同的需要或问题,要由相应的专家才能更好地予以满足,如图 7.5 所示。

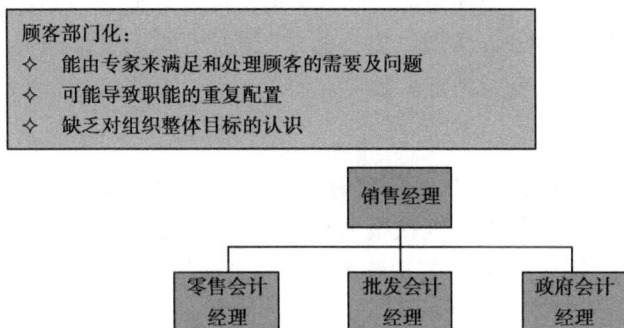

图 7.5 顾客部门化示例

一般来说,大型组织通常需要将上述大部分或全部的部门化方式结合起来使用。例如,上海有家大型电子企业组建了事业部结构,其各事业部内部是按照职能进行组织的,制造单位则按过程来组织,销售系统分设为 7 个地区部,而地区部下面又进一步分设 4 个顾客组。

今天,部门化的两个流行趋势是顾客部门化和跨职能团队的日益使用。顾客部门化帮助管理者更好地监控顾客的需求并针对需求的变化快速作出反应。此外,管理者正在运用跨职能团队(Cross-functional teams)开展工作,这是由具有不同职能特长的个人组成的工作团队。例如,在福特的原料计划和物流部,由来自公司财务、采购、工程和质量控制领域的员工和来自公司外部物流供应商的代表共同组成了一个跨职能团队,思考并提出改进工作方法。

3) 指挥链

指挥链(Chain of command)是指从组织高层延伸到基层的这样一条职权线,它界定了谁向谁报告工作,帮助员工回答"我遇到问题时向谁请示",或者"我对谁负责"这类问题。长期以来,指挥链概念一直是组织设计的基石。但这一概念在当今时代已显得不那么重要了。不过,管理者在决定他们如何能更好地架构组织时,仍然需要考虑这一概念隐含的意义。

指挥链有 3 个维度：职权、职责和统一指挥。职权(Authority)是指管理职位所固有的发布命令和希望命令得到执行的一种权力。在组织中，处于指挥链中的管理者被赋予一定的权力来协调和监督他人的工作。当管理者给员工分配工作时，这些员工就承担了履行指定任务的责任和义务。这种对完成任务的期待或义务就是职责(Responsibility)。此外，统一指挥(Unity of command)是指每个下属应当而且只能向一个上级主管直接报告工作，使组织能保持一条持续的职权线。否则，让多个上级发出有冲突的命令，会造成许多问题。

早期的管理理论家(法约尔、韦伯、泰勒等)特别推崇指挥链、职权、职责、统一指挥思想。但时过境迁，组织设计的许多基本原则都发生了变化。例如，由于信息技术等因素，指挥链、职权等概念在今天就显得没那么重要了，遍布整个组织的员工可以在几秒钟内取得原来只有高层管理者才能获得的信息。另外，利用计算机，员工可以不通过正式的渠道(也就是指挥链)而与组织中其他任何部门的人员进行沟通。而且，随着越来越多的组织使用自我管理团队和跨职能团队、随着"多头领导"等新型组织设计的实施，指挥链也就没那么重要了。

4)管理跨度

传统的观点是，管理者不能也不应当直接监督五六个以上的下属，这是有关管理跨度(Span of control)的重要问题。管理跨度在很大程度上决定了组织中管理层次的数目及管理人员的数量。假定其他条件不变，管理跨度越宽或者说越大，则组织就越有效率。

假设有两个组织，它们的作业人员约有 4 100 人。如图 7.6 所示，如果一个组织的管理跨度各层次均为 4，而另一个组织的跨度为 8，那么，跨度大的组织就可以减少 2 个管理层次，大约精简 800 名管理人员。如果管理人员的平均年薪为 4.2 万元，那么，加宽管理跨度后将使组织在管理人员工资上每年节省 3 300 万元。从成本角度看，宽跨度很明显是更有效率的。但管理跨度遵循明显的边际效应递减规律，即管理跨度超过了某一点，宽跨度会导致管理效果降低。也就是说，当跨度变得过大时，下属或员工的绩效会因为管理者没有足够的时间提供必要的指导和支持而受到影响。

不过，有关管理跨度的一些现代观点认为，有许多因素影响着一个管理者能既有效率又有效果地管理下属人员的合适数量。这些因素包括管理者和下属人员的技能和能力，以及所要完成的工作的特性。比如，员工的训练程度越高，经验越丰富，他们所需要的直接监督就越少。所以，领导这些训练有素、经验丰富的员工的管理者就可以保持较宽的管理跨度。其他决定合适跨度的权变因素有：下属工作任务的相似性、复杂性，下属工作地点的相近性，使用标准程序的程度，组织管理信息系统的先进程度，组织文化的凝聚力以及管理者偏好的管理风格等。

管理近几年的趋势是朝着加宽管理跨度的方向演进。加宽管理跨度，这与管理者力图降低成本、加快决策、增强组织灵活性、更接近顾客以及向员工授权等的努力是一致的。但为了确保绩效不因跨度加大而受到影响，这些组织都在员工培训方面投入了巨资。管理者认识到，要是员工能掌握好自己的工作，知道与其他工作的关联，或者遇到难

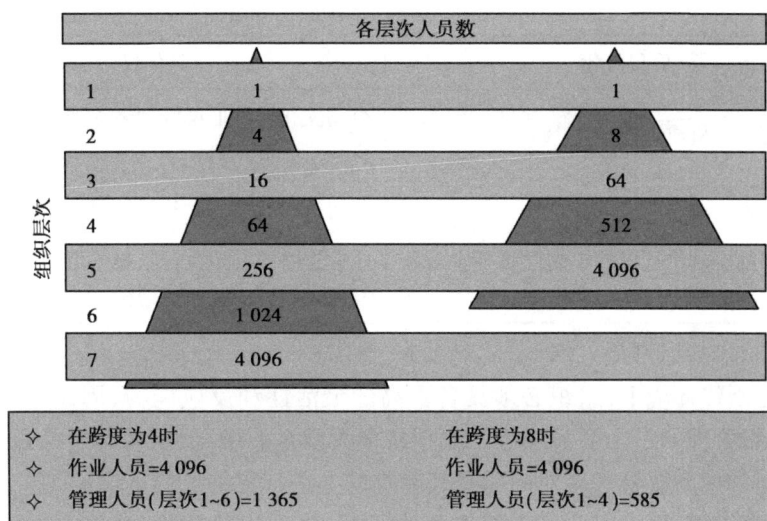

图 7.6　管理跨度的对比

题时能求助于同事,那么,宽管理跨度就不会有问题。

5) 集权与分权

在实际工作中,一些组织是由高层管理者作出所有的决策,低层管理人员一般只是负责执行上级的指令,而另一些组织中,决策则尽可能地被授权给采取行动的那一层管理人员。显然,前一类型的组织是高度集权的,后一类型的组织则是高度分权的。

集权化(Centralization)反映了决策集中于组织中某一点的程度。如果高层管理者在作出组织的关键决策时,从不或很少地从低层管理人员那里取得决策的意见或建议,这样的组织集权化程度较高。与此相反,要是低层人员提供了更多的决策意见或实际上可以作出决策,那么,这样组织的分权化(Decentralization)程度较高。

集权或分权只是一个相对的概念。也就是说,组织不可能是绝对集权的,也不会是彻底分权的。很少有组织能够在所有决策都集中于特定的高层管理者时仍能有效地运行;同样,将所有决策都授予最低层员工的组织,也不会是最有效的。那么,怎样判定一个组织是更为集权或分权的呢? 表 7.2 列出了被确认为对组织的集权与分权程度有重要影响的因素。

表 7.2　影响集权与分权程度的因素

更集权化	更分权化
环境稳定	环境复杂且不确定
低层管理者不具有高层管理者那样作出决策的能力或经验	低层管理者拥有作出决策的能力和经验
低层管理者不愿意介入决策	低层管理者要参加决策
决策的影响大	决策的影响相对小

续表

更集权化	更分权化
组织正面临危机或失败	公司文化容许低层管理者对所发生的事有发言权
企业规模大	公司各部在地域上相当分散
企业战略的有效执行依赖于高层管理者对所发生的事拥有发言权	企业战略的有效执行依赖于低层管理者的参与以及制订决策的灵活性

不过,在现代环境下,组织必须具备更高的灵活性和反应能力,因此,下放决策权成为了当前组织管理的一个明显趋势。尤其是在大型企业中,低层管理者是最接近采取行动的地方,通常比高层管理者对问题及其解决的办法有更细致的认识。

如在军事组织,军人以服从上级命令为天职,表现出非常集权,但在作战时,军人却可能要"将在外,君令有所不受"而采取比较分权的管理模式,此间的差异就是因为环境的不确定所致。组织的技术越复杂,越须分权。例如,大学运作技术的复杂程度远超过中小学,因此,大学的管理就必须分权。Skype、Google、IBM 等都处在技术日趋复杂、环境日益不确定的竞争环境,因此,这些著名企业通常采取分权制度。又如,重庆中联信息产业有限责任公司也是一个以民主分权管理而闻名的企业。该公司的部门经理职位、软件开发项目等重要决策,都是通过企业内部市场机制运作而定,他们容许"在公司范围内,任何人在任何时候,可以做任何事",但是,该公司也强调任何行为要检验最后的效果。因此,中联信息公司可以在分权民主的管理架构下,不至于陷入"无政府"状态。

在现代企业管理中,分权的另一种说法是员工授权(Employee empowerment),即给予雇员更多的制订决策的权力。本书第 10 章 10.4 节关于领导理论的讨论中将会论及授权问题。

6) 正规化

所谓正规化(Formalization),是指组织中各项工作的标准化程度及员工行为受规则和程序约束的程度。如果一项工作是高度正规化的,则承担这项工作的人员就对做什么、何时做以及如何做等没有什么自主权,员工的工作中允许有最小限度的判断力。因为员工被要求以完全相同的方式处理同样的投入,因而能产生一致的、统一的产出。高度正规化的组织有明确的职位说明和许多的规则条例,对工作过程制订明确的程序。反过来,如果组织正规化程度比较低,工作行为就相对非结构化,员工对如何做他们的工作拥有较大的自主权。

在不同组织中,正规化程度有很大的差别。即便在统一组织内,正规化程度也可能不同。例如,在一家报社,新闻记者通常有较大的工作自主权,他们可以选定报道的主题,发现自己的线索,以他们喜欢的方式撰写新闻稿,一般只受最少限度的指令限定。而编辑就没有记者这样的自由,他们在时空两方面所受到的约束使他们该如何工作实现标准化。

　　不过,尽管对于保持一致性和施加控制而言,一定程度的正规化是重要的,而且是必要的。但是,在指导和规范员工行为方面,今天的许多组织对严格规定和标准的依赖程度降低了,许多组织允许员工在一定程度上拥有自主权,因此,员工可以制订他们认为在当时情况下最好地处理问题的决策。如绝大多数大学课堂的教学方式和科研不应过度地严格规定和标准化,因为这种过度的正规化意味着对创新思维和创造力的束缚。

　　当然,降低对组织严格规定和标准的依赖程度并不意味着拒不接受所有的组织规定,仍然还要有员工应遵守的重要规定。组织应对这些规定进行解释,使员工理解为什么遵守这些规定是重要的。

7.2　组织设计决策

　　无论是现在还是将来,组织都不会设计完全相同的组织结构。只有 30 名员工的企业,其组织结构不会与拥有 3 万名员工的企业相同。而且,即便规模相同的组织,也未必采取类似的结构。在一个组织中有效的,不见得对另一个组织也有效。那么,管理者如何决定要采用什么样的组织设计方案呢? 这取决于一些权变因素。在本节中,笔者先对组织设计的两种一般模式作考察,然后再分析各自适用的权变因素情况。

7.2.1　机械式组织与有机式组织

　　表 7.3 描述了"机械式组织"和"有机式组织"这两类一般组织形式的对比。接下来分别就两种不同形式的组织形式加以介绍。

表 7.3　机械式组织与有机式组织

组织形式	机械式组织	有机式组织
特征比较	高度的专门化	跨职能团队
	僵化的部门划分	跨层级团队
	指挥链明确	信息自由流动
	窄管理跨度	宽管理跨度
	集权化	分权化
	高度正规化	低度正规化
	有限的信息沟通 (且大多是下行沟通)	
	基层员工很少参与决策	

1）机械式组织

机械式组织（Mechanistic organization）也称官僚行政组织，是综合使用传统设计原则的产物。机械式组织坚持统一指挥原则，有正式的职权层级链，每个人只受一个上级的控制和监督；保持窄的管理跨度，并随着组织层次的提高缩小管理跨度，形成了一种高耸的、非人格化的结构。当组织的高层与低层距离日益扩大时，由于他们难以对低层次的活动通过直接监督来进行控制并确保标准作业行为得到贯彻，因而高层管理会增加使用规则条例。

古典学者对高度劳动分工的信任导致了工作变得简单、常规化和标准化，他们主张高度复杂化、高度正规化和高度集权化的结构，并以重叠的管理层次来协调专业化部门的需要。

可以看出，机械式的组织结构犹如高效率的机器，以规则条例、工作的标准化和同一模式的控制作为润滑剂，这种组织设计试图将个性差异、人的判断及由此产生的模糊和不确定减少到最低限度。人性特征被认为是非效率的，只会带来不一致；而标准化会导致稳定和可预见性，所以，混乱和模糊性应尽量避免。

2）有机式组织

有机式组织（Organic organization）与僵硬、稳定的机械式组织形成鲜明对比，是一种灵活的、具有高度适应性的结构。因为不具有标准化的工作和规则条例，所以有机式组织很灵活，能根据需要迅速地作出调整。

有机式组织也进行劳动分工，但人们所做的工作并不是标准化的。员工一般会经过良好的训练，并被授权开展多种多样的工作活动，因此，有机式组织经常使用员工团队。员工高水平的技能和训练，以及来自其他团队成员的支持，使得他们并不需要多少正式的规则，直接监督以及正规化和严密的管理控制。

7.2.2 组织设计的权变因素

何时选用机械式组织更好，何时选用有机式组织更为合适，到底机械式组织更好还是有机式组织更灵活呢？这要看这一选择的权变因素了。

1）战略与结构

组织结构应该促进组织目标的实现。因为目标是由组织的战略决定的，所以，必须使战略与结构紧密配合，尤其是结构应当服从战略。换言之，如果管理者对组织的战略作了重大调整，那么就需要修改结构，以适应和支持这一调整。

艾尔弗雷德·钱德勒（Alfred Chandler）在研究了美国若干大公司长达 50 多年的发展史后，得出了"公司战略的变化导致了组织结构的变化"的结论。钱德勒发现，这些组织通常起始于单一的产品或产品线，只要求一种简单、松散的结构形式。然而，当组织成长以后，其战略变得更加雄心勃勃，也更加复杂了。为支持公司战略，组织结构就需要变革。

绝大多数现有的战略分析框架倾向于集中考察 3 个维度：

①创新,反映组织对有意义的、独到的创新的追求。

②成本最低,反映组织对严格控制成本的追求。

③模仿,反映组织通过仿效市场上的领先者,力求风险最小化而盈利机会最大化。

问题是,什么样的结构设计能与各种战略进行最佳匹配呢? 一般地,创新者需要有机式结构提供灵活性和自由流动的信息;成本最低者则努力通过机械式结构取得高效率、稳定性和严密的控制;而模仿者同时使用这两种结构,既通过机械式结构保持紧密的控制和低成本,又借助有机式结构寻求新的发展方向。

2)规模与结构

有足够的证据表明,组织的规模明显地影响着结构。例如,大型组织倾向于比小型组织具有更高程度的专门化、部门化和集权化,规则条例也更多。但是,这种关系并非线性的,规模对结构的影响强度在逐渐减弱。也就是说,随着组织的扩大,规模对结构的影响越来越小。为什么会这样? 例如,一个拥有 2 000 名员工的组织已经是相当机械式的了,再增加 500 名员工不会对它产生多大的影响;但相比之下,只有 300 个成员的组织,如果再增加 500 名员工,就很可能使它的组织结构变得更机械式了。

3)技术与结构

任何组织都需要采取某种技术,将投入转换为产出。可以按照生产批量的规模将市场上的企业区分为 3 种类型,不同的类型反映了不同的技术。第一类是单件生产,代表的是单件或小批量的生产;第二类是大批量生产;第三类是连续生产,反映技术最复杂的连续流程。组织应根据技术情况调整其结构。

一个组织将投入转换为产出的过程或方法,会在常规化程度上表现出差异。一般地,技术越是常规化的,结构就越显示出标准化的机械式特征;相反,组织越是采用非常规化的技术,就越可能实行有机式的组织结构。

4)环境不确定性与结构

环境不确定性是管理决策的一个限定因素。一些组织面临相对稳定和简单的环境,而另一些组织面临动态和复杂的环境。由于不确定性会威胁着组织的绩效,因此管理者都试图减少环境的不确定性。组织结构的调试,就是减少环境不确定性的一种措施。环境不确定程度越大,越需要有机式设计所提供的灵活性;在稳定、简单的环境中,机械式设计更有效。

当今,全球竞争加剧,技术创新及产品再造日新月异,顾客对高品质和快速交货的要求越来越高,都是环境因素动态性的表现,但机械式组织更难以对环境的快速变化作出反应。

7.2.3　组织结构设计与民族文化

组织结构也反映了文化价值观。"组织结构必须与其环境相适应"这一权变因素,实际上还包含了组织所在国家的民族文化这一内涵。研究证实,组织在相当程度上与其所在国家的文化价值观保持一致。在一个权力差距很大的国家中,人们喜欢决策权限集中化。相似地,躲避不确定性的倾向,则与正规化相关。高度的躲避不确定性倾向会导致高度的正规化。

基于上述认识,法国和意大利的管理者偏向于设计严格的官僚行政机构,组织在集权化和正规化方面都很高;而德国人则偏好正规化和分权化的组织。像日本这样的国家广泛使用工作团队,这也可以从民族文化的角度进行解释:日本具有高度集体主义的文化背景,员工喜欢围绕工作团队构筑成更为有机的组织。与之对比,在印度这样一个权力差距观念盛行的国家,员工以团队方式工作可能绩效很差,因此,印度的管理者偏好于高集权化和低正规化的组织,员工们在机械的、权力统治的结构中工作,会感觉更舒服。

中国的管理者对组织结构形式的选择也与其文化相适应。如中国管理者提倡组织中的高度参与,允许员工参与制订计划;中国人有一种表面上一团和气、避免冲突和"给面子"的倾向,这培植了具有清晰职权线路和明确标准作业程序的机械式组织;此外,中国的管理者还有抑制内部竞争和个人冒险行为的倾向,这些都与中国传统集体责任感的文化一致。

7.3 常见的组织设计类型

读者可能会问,诸如沃尔玛、福特、阿里巴巴等著名企业采用什么样的组织设计? 其实,在作出组织设计决策时,有一些通用的结构设计方案,可供管理者选择。本节先介绍几种传统的组织设计,然后再考察一些更现代的组织设计。

7.3.1 传统的组织设计

更为传统的组织设计包括简单结构、职能型结构和事业部型结构,它们倾向于更为机械式的组织结构。

1)简单结构

大多数企业始于新创的事业,因而采取由所有者和员工组成的简单结构(Simple structure)。简单结构就是一种低度部门化、宽管理跨度,职权集中于一个人手中,且正规化程度低的组织设计。这种结构在所有者与经营者合一的小企业中得到较广泛的应用。

许多组织并没有长期保持简单结构,因为组织在不断发展和员工在不断增加。当组织成长以后,一般会达到一个转折点,这时它不得不增加人员以应对这一规模经营所增加的工作任务和要求。而随着员工的增多,结构通常会变成更具专门化和正规化的特征。不仅订立了规则条例,也增设了部门和管理层次,这样组织就逐渐变为官僚行政机构。

2)职能型结构

职能型结构(Functional structure)是一种将相似或相关职业的专家们组合在一起的

组织设计。很多公司会按照生产、经营、财务、人力资源和产品研究开发这些职能来组织的。

3）事业部型结构

事业部型结构（Divisional structure）是一种由相对独立的单位或事业部组成的组织结构。在这种结构设计下，每个单位或事业部拥有较大的自主权，事业部经理对本单位的绩效负责，同时拥有战略和运营决策的权力。不过，在事业部型结构中，公司总部通常扮演业务外部监管者的角色，协调和控制各事业部的活动，同时也提供诸如财务和法律方面的支援服务。以沃尔玛公司为例，其下属的事业部有沃尔玛不动产部、国际部、专卖店以及沃尔玛配送中心。

表7.4 对比了以上3种传统的组织结构形式及其优缺点。

表7.4 几种传统的组织结构

结构形式	优点、缺点
简单结构	优点：快速、灵活、维持成本低、责任明确 缺点：对成长后的组织不适用，且过于依赖个人是有风险的
职能型结构	优点：专门化带来成本节约的好处（规模经济、减少人员和资源的重复配置）；员工会喜欢与其他完成相似任务的人在一起 缺点：追求职能目标会导致管理者看不到组织整体的最佳利益；职能专家相互隔离，不了解其他单位的工作
事业部型结构	优点：强调结果——事业部经理对特定产品或服务的经营负责 缺点：活动和资源重复配置导致成本上升、效率降低

7.3.2 现代的组织设计

在现代组织中，管理者们已发现，传统的层级制结构设计常常不能适应他们所面临的动态化和复杂化的环境，他们正在寻找各种创造性的办法来构建和安排组织中的工作，力图使组织能对顾客、员工及其他利益相关者的要求作出更好的反应。这些组织结构包括：

1）团队结构

Google 的共同创建者拉里·佩奇（Larry Page）和谢尔盖·布林（Sergey Brin）设计了一种采取高度集中的小型团队处理大多数大型项目的公司结构。在团队结构（Team structure）中，整个组织由执行各项任务的工作小组或团队组成。在团队结构中，对员工的授权非常关键，即这种组织已经不存在从高层至基层的管理控制链；相反，员工团队可以自由地以他们认为最好的方式来安排工作。团队也对其所负责领域的所有工作活动及结果负责。

在一些大型组织中，团队结构是与通常的职能型结构或事业部结构的结合，这促使组织在获得行政式机构的效率性的同时，还拥有团队结构的灵活性。

2）矩阵型和项目型结构

矩阵型结构和项目型结构是现代流行的两种组织设计。矩阵型结构（Matrix structure）是从各职能部门中抽调有关专家，分派他们在一个或多个由项目经理领导的项目小组中工作。每一个项目由一位经理人员领导，他将为其负责的项目从各职能部门中抽调有关人员组成项目小组。这样，在横轴的传统职能部门基础上增加纵轴坐标的结果，就将职能部门化和产品部门化的因素交织在了一起，因此称之为矩阵。

还有一种组织结构，员工持续地变换工作的项目小组，称为项目型结构。与矩阵型结构不同，项目型结构不设正式的职能部门。矩阵型结构中完成了某一项目的员工可以回到所属的职能部门，而项目型结构中的员工则直接带着他们的技巧、能力和经验到另一项目工作。此外，项目型结构中的所有工作活动都是由员工团队承担的，因为他们拥有需要的工作技巧和能力，成为了项目团队的一员。

项目型结构通常是极富流动性和灵活性的一种组织设计，没有了职能部门的划分和刻板的组织层级，有效避免了决策和行动迟缓的问题。在这种结构下，管理者"服务"于项目团队，帮助取消或减弱组织壁垒，确保团队取得有效地完成工作所需的各种资源。

3）无边界组织

无边界组织（Boundaryless organization）是其横向的、纵向的或外部的边界不由某种预先设定的结构所限定或定义的一种组织设计。从绝大多数成功的组织中发现，组织要想最有效地运营，就必须保持灵活性和非结构化。理想的结构已不再是那种刻板的、预先设定的结构；相反，无边界组织力图取缔指挥链，保持合适的管理跨度，以授权的团队取代部门。

那么，"边界"是指什么呢？横向边界是由工作专门化和部门化形成的，纵向边界是将员工划归不同组织层级的结果，而外部边界则是将组织与其顾客、供应商及其他利益相关者分离开来的隔墙。通过运用诸如跨层级团队与参与式决策等结构性手段，可以取消组织的纵向垂直边界，从而使层级结构扁平化。管理者还可以通过跨职能团队以及围绕工作流程而不是职能部门组织相关工作活动等方式，取消组织的横向边界。另外，通过与供应商建立战略联盟，或通过体现价值链管理思想的顾客与企业联系手段来削弱或取消组织的外部边界。表7.5展示了团队结构、矩阵—项目结构和无边界组织等组织结构形式的优缺点。

表 7.5　几种现代的组织结构

结构形式	优点、缺点
团队结构	定义：整个组织由工作群体或团队组成的结构 优点：员工参与更多，并得到了授权 　　　减少了职能部门之间的障碍 缺点：指挥链不清晰 　　　团队工作有压力

结构形式	优点、缺点
矩阵—项目结构	定义:矩阵型结构是指,组织将不同职能部门的专家分派在项目小组中工作,项目完成后,专家再返回各自的部门 项目型结构是指,员工持续在项目小组中工作,一个项目完成之后,再进入另一个项目 优点:流动性和灵活性的设计使组织能应对环境变化 更快地制订决策 缺点:给项目分配员工的复杂性 任务和人格的冲突
无边界组织	定义:横向的、纵向的或外部的边界不受定义或限定的一种结构 优点:高度的灵活性和反应能力 能吸引任何地方的人才 缺点:缺乏控制 沟通困难

4)学习型组织

学习型组织是指由于所有组织成员都积极参与与工作有关问题的识别与解决中,从而使组织形成了持续适应和变革能力的一种组织。在学习型组织中,员工通过不断获取和共享新知识,参加到组织的知识管理中来,并有意愿将其知识用于制订决策或做好他们的工作。在完成工作任务过程中的学习以及应用所学知识的能力,是组织创建可持续竞争优势的唯一资源。一个学习型组织会是什么样的? 图 7.7 揭示了学习型组织的主要特征表现。

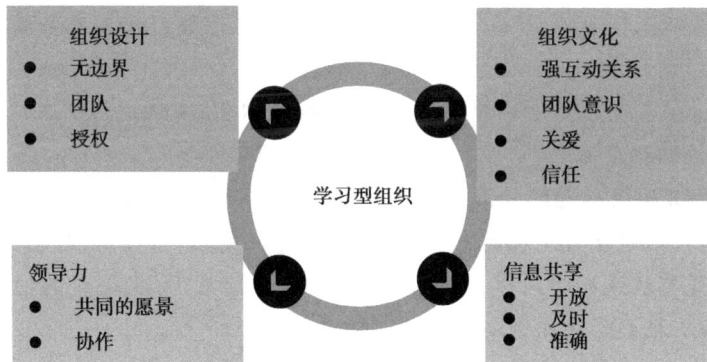

图 7.7 学习型组织的特征

对图 7.7 所总结的学习型组织特征具体阐述如下:

①在学习型组织中,成员要在整个组织范围内跨越不同职能专长和不同组织层级的信息共享和工作活动来协作,而这必须通过削弱或取消已有的结构及物理边界才能实现。此时,成员常常以团队的方式自由地一起工作,以最佳的方式合作完成组织的任务,

并互相学习。管理者扮演着推动者、支持者和倡导者的角色。

②组织中的所有成员须参与知识管理中,信息共享要公开、及时,并尽可能精确。学习型组织的环境对于开放式的沟通和广泛的信息共享具有建设性作用。

③学习型组织中的领导者最重要的一项职能就是促进组织形成一个有关组织未来的共同目标,并促使组织成员朝着这一目标奋进;同时,支持和鼓励组织建设一种有利于学习的协作氛围。缺乏这种强有力的、尽责的领导人,学习型组织难以形成。

④学习型组织的文化特征,是每个人都赞同某一共同的目标,每个人都认识到在组织活动中固有的内在联系,彼此都有很强的团体意识、团队精神,相互之间充满关爱和信任,员工们感觉到可以自由地敞开交流,大胆分享、试验和学习,而不用担心会受到批评或惩罚。

总之,组织结构是实现组织目标的手段。不论管理者为组织选择了何种结构设计,这一设计都应该能帮助组织成员以他们所能做到的最好方式、最有效率和效果地完成工作。结构设计要能帮助而不是阻碍组织的成员们有效地开展工作。

【本章小结】

1.组织结构是对组织的复杂性、正规化和集权化程度的一种量度。

2.劳动分工的好处体现在经济、效率上,它使不同员工拥有的多样技能得到有效的利用。但过度的劳动分工会造成员工的厌倦、疲劳、压力、低生产率、劣质品、常旷工和高离职率。

3.管理跨度意味着向一个管理者汇报工作的下属数目。

4.管理者可以依据职能、产品、顾客、地区或过程进行部门化。大多数大型组织同时使用这5种部门化方式。

5.机械式组织表现为高度的复杂性、正规化和集权化;有机式组织在这3方面结构因素上表现出很低的程度。

6.组织结构必须服从组织的战略。规模以一种减弱的趋势影响着结构。在其他条件相同的情况下,技术越是常规化的,组织也应当越是机械式的;相反,技术越是非常规的,结构就应当越是有机式的。同样,在其他条件相同的情况下,机械式的组织与稳定的环境更为匹配;而有机式的组织则与动态的环境更加适应。

【案例分析】

【案例 7.1】 杜邦公司的组织和管理工作(引自《MBA 情景案例》)

杜邦公司是由一批家庭所有制公司重新组合而成的。新公司的组织者是皮尔和科尔曼。

1.协调问题

杜邦公司面临着如何将以前的这些小公司作为一个单一的组织来进行管理和协调的问题,只有这样他们才能实现规模经济效益及生产和管理的高效率,体现联合公司的优点。当时,杜邦公司拥有 31 个工厂,生产甘油炸药、黑色炸药和无烟炸药这 3 种主要产品。这些极具差别的产品以及其市场和原材料的多种多样,都要求公司加倍努力进行协调。生产必须标准化,以保证产品的一致性,低效益的工厂一被关闭,重复的问题也得到了解决。这一点没有系统的大量信息资料是无法实现的。而以前的小公司,就是凭主要负责人对财务开支的独自掌管,在经营过程中几乎没有什么记录和相关机构的管理。在老的杜邦火药公司,公司函电都是由科尔曼·亨利·杜邦自己亲手书写。很显然,在新杜邦这样大的公司里,没有谁能够了解和掌握那么多的细节。以前,很少会有人重视诸如组织、生产效率、采购或市场营销之类的问题,工厂时常经营不善,销售代理们相互竞争或者工作重复。当时采用的是缺乏效率的陈旧生产工序。从公司贫乏的记录上几乎无法看出各种财产的价值,甚至现金及债券的数值。对制造某一指定产品或是经营某个工厂需要多少成本不闻不问。

2.产品部门和信息系统的创设

由于新公司所要生产的 3 种产品是不同的,公司第一步就是组织成立 3 个独立的产品部门,每个部门负责一条主要生产线。在每个产品部内,再设立职能机构。3 个产品部的负责人作为整个公司的管理委员会的成员,也要负责整个公司的经营管理。这种机构形式面临一种新的需要,它不仅要对 3 个分部的工作进行协调,同时也要领导整个公司的工作。这种工作完全不同于 3 个分部的日常工作。

改组杜邦公司时,较为关键的一步是将公司设计成为能对全公司各方面的活动提供综合性信息的体系。这就必须要评价其工作成绩,合理制订价格,以及更重要的是为如何在 3 条产品生产线中分配资源提供基本依据。没有标准化的信息,公司就不可能知道是应当继续还是停止销售某一种产品,是扩大生产还是减产。必须在整个公司范围内广泛收集信息,这些信息有可能是第一次在分析物资回收的基础上对 3 种不同的产品生产线作出比较,也是第一次通过对历史记录的统计,在保持集中管理的情况下,将责任交给产品经营部门。这样就使得高级管理机构集中精力处理例外事件以及考虑公司整体发展战略。

3.机构的差异

第一次世界大战以后,这种结构形式更加精练,随着公司长远管理和日常工作的进一步组合,杜邦公司又侧重于新产品和新市场的开发。由于反垄断运动阻止了进一步发展炸药生产,新的焦点就是必须将战争时期军用炸药的丰厚利润进行重新投资。高层管理者集中考虑两项基本任务:一是如何在不同生产线相互竞争工作之间分配投资;二是为发展新项目提供资本。评价的标准是以前后一致的精确财务信息为其基础的投资回收。

杜邦公司的组织设计包括产品线结构(产品经营部门)、按职能划分部门(产品经营部门内)以及职能单位这3个方面。此外,高层管理者实行工作专业分工,包括委员会(不同于经营部门)、辅佐日常管理工作和长远问题处理的职能部门以及经营上的分级管理等。

问题:

1.杜邦公司的组织结构变革体现了哪些组织理论?

2.什么样的一体化机制会对杜邦公司的组织结构变革有所帮助?

【思考与练习】

一、单项选择题

1.下列组织结构中分权程度最高的是(   )。

A.直线制　　　　　　B.直线职能制　　　　　C.事业部制　　　　　D.矩阵制

2.某公司设总经理1人,副总经理2人,总工程师和总会计师各1人,下设12个科室和3个车间,分别由副总经理、总工程师和总会计师直接负责。由此可以看出,该公司总经理的管理跨度为(   )。

A.2人　　　　　　　B.3人　　　　　　　C.4人　　　　　　　D.15人

3.小陈是一合资企业的职员,在日常工作中,他经常接到来自上边主管的两个、有时甚至相互冲突的命令。导致这一现象的最本质的原因很可能是(   )。

A.该公司在组织设计上层次设计过多

B.该公司在组织设计上采取了职能型结构

C.该公司在组织运作中出现了越级指挥问题

D.该公司组织运行中有意或无意地违背了统一指挥原则

4.某公司的组织结构呈现金字塔状,越往上层(   )。

A.其管理难度与幅度都越小

B.其管理难度越小,而管理幅度则越大

C.其管理难度越大,而管理幅度则越小

D.其管理难度与幅度都越大

5.在其他条件大致相同的情况下,与处于相对稳定环境中的主管人员相比较,处于迅速变化环境中的主管人员的管理跨度要(   )。

A.宽一些　　　　　　B.窄一些　　　　　　C.没有区别　　　　D.不好说

6.某公司的组织结构是矩阵型,这可能带来的最大缺陷是什么?(   )

A.多头指挥　　　　　　　　　　　　B.各部门之间难以协调

C.高层管理者难以控制　　　　　　　　D.职权职责不清

7.管理者对非正式组织的态度应该是(   )。

A.设法消除　　　　　B.严加管制　　　　　C.善加管理　　　　　D.积极鼓励

8.适用于市场环境复杂多变或所处地理位置分散的大型企业公司组织形式是( )。

A.直线制　　　　　B.直线职能　　　　　C.事业部制　　　　　D.矩阵制

9.某公司设有:一名总经理,一名主管生产的副总经理,一名主管营销的副总经理和一名主管财务的副总经理。则该公司的组织结构是按( )。

A.区域划分部门　　B.职能划分部门　　C.顾客划分部门　　D.产品划分部门

10.在企业中,财务主管与财会人员之间的职能关系是( )。

A.直线职权关系　　B.参谋职权关系　　C.职能职权关系　　D.都不是

11.若较低一级管理层次作出决策的数目越多,下级作出的决策越重要,影响面也越大,则这样的组织是( )。

A.职权集中化程度越高　　　　　　　B.职权分散化程度越高

C.授权越明确　　　　　　　　　　　D.授权越具有弹性

12.具有"集中政策,分散经营"特点的组织结构是( )。

A.直线制　　　　　B. 直线职能制　　　C.事业部制　　　　　D.矩阵制

13.王洪是一家公司的总经理,最近他发现公司中存在很多小团体。他知道这个问题处理不好会影响员工的工作情绪和工作业绩,但他不知道如何去处理这个问题,如果你是他的一位顾问,你会为他出什么样的主意?( )

A.立即宣布这些小团体为非法,予以取缔

B.深入调查,找出小团体的领导人,向他们提出警告,不要再搞小团体

C.正视小团体的客观存在,允许乃至鼓励其存在,对其行为加以积极引导

D.只要小团体的存在不影响公司的正常运行,可以对其不闻不问,听之任之

14.一个将军说:"我们越是接近整个组织的最高司令,就越是应该按3人1组进行工作;我们越是接近整个组织的基层,就越是应按6人1组进行工作。"这句话反映了( )。

A.有效管理幅度的大小实际上是应当而且可以用1个数字来予以绝对规定的

B.组织高层的管理人员与基层管理人员相比,用于指挥和领导工作的时间要多一些

C.军事组织与其他类型的组织极不相同,其管理跨度是随着管理层次的升高而缩小的

D.高层管理者的有效管理跨度要小于基层管理者

15.一家产品单一的跨国公司在世界许多地区拥有客户和分支机构,该公司的组织结构应考虑按什么因素来划分部门?( )

A.职能　　　　　B.产品　　　　　C.地区　　　　　D.矩阵结构

16.以下4种做法,哪一种最能说明该组织所采取的是较为分权的做法?( )

A.通过培训提高下级人员的工作胜任能力

B.采取有效办法使领导集中精力于高层管理

C.将较为重要的决定交给下级人员去处理

D.采取积极措施减轻上级领导的工作负担

17.对待非正式组织的态度,以下哪一种看法不符合现代管理理论的认识?(　　)

A.非正式组织的存在是客观事实,应允许它的存在

B.非正式组织只有消极作用,没有积极作用,应坚决取缔

C.非正式组织既有积极作用也有消极作用,关键是引导

D.非正式组织对组织目标的实现有积极作用,应鼓励它的存在

18.对于管理者来说,进行授权的直接原因在于(　　)。

A.使更多的人参与管理工作　　　　　　B.充分发挥骨干员工的积极性

C.让管理者有时间做更重要的工作　　　D.减少管理者自己的工作负担

19.企业组织中管理干部的管理跨度,是指他(或她)(　　)。

A.直接管理的下属数量　　　　　　　　B.所管理的部门(机构、单位)数量

C.所管理的全部下属数量　　　　　　　D.选择 B 和 C 都对

20.刘教授到一个国有大型企业去咨询,该企业负责人张总在办公室热情接待了刘教授,并向刘教授介绍企业的总体情况。张总讲了不到 15 分钟,办公室的门就开了一条缝,有人在外面叫张总出去一下。于是张总就说:"对不起,我先出去一下。"10 分钟后张总回来继续介绍情况。不到 15 分钟,办公室的门又开了,又有人叫张总出去一下,这回张总又出去了 10 分钟。整个下午张总共出去了 10 次,使得企业情况介绍时断时续,刘教授显得很不耐烦。这说明(　　)。

A.张总不重视管理咨询

B.张总的公司可能这几天正好遇到紧急情况

C.张总可能过于集权

D.张总重视民主管理

21.为了实现有效的授权,下列哪一种方式是错误的?(　　)

A.要确定授权的工作范围

B.授权之后不可再加以控制,否则会影响受权人的积极性

C.授权必须完整,不可授予零星或琐碎的职权

D.授权要用书面的方式写出来

二、名词解释

职权与职责　管理跨度　学习型组织

三、简答题

1.专业化分工在未来是呈增强还是减少的趋势,为什么?

2.管理者可以采取哪些方式进行部门化?

3.在什么条件下,机械式组织最为有效?有机式组织又是在什么条件下最为有效?

4.管理人员的管理幅度是宽些还是窄些好,为什么?

5.参谋部门的管理者可以拥有直线职权吗？请解释。

6.职权与组织结构是如何关联起来的?

四、应用分析题

1.假定你准备策划成立一个面向全重庆市所有高校公共管理学科专业的学生社团——重庆市公共管理研究会。请对该社团进行组织设计,并给出一个完整的组织架构。

要求:组织设计必须体现 6 个关键要素:工作专门化、部门化、指挥链、管理跨度、集权与分权、正规化,并反映互联网信息技术条件下的组织变革要求。

2.论述组织变革的动因及其可能遇到的阻力。

3.你能调和以下这两种主张吗?

(1)组织应当保持尽可能少的层次以增进协调。

(2)组织应当保持窄小的管理跨度以促进控制。

第8章 沟 通

【知识目标】

1.定义沟通。

2.解释人际沟通过程。

3.解释人际间有效沟通的障碍及克服的措施。

4.对比组织中的各种沟通方式及网络。

【能力目标】

1.描述信息技术领域对管理沟通有重要影响的两个新发展。

2.讨论信息技术对组织的影响。

3.描述据以评价和选择沟通方法需要考虑的因素。

4.说明非言语沟通如何对管理者产生影响。

【素质目标】

1.描述你日常生活中沟通的障碍。

2.培养倾听的艺术。

3.理解信息技术对沟通带来的负面影响。

8.1 沟通的概念

沟通存在于人们的一切活动中。实际上,任何一个团队仅有良好的愿望和热情是不够的,它还必须拥有畅通的信息沟通及感情交流,在确定目标、执行工作计划等各个方面取得一致的意见,才能保证团队成员之间的角色清晰、分工合理,从而达成组织目标。此外,管理的决策、决策的执行、组织冲突的化解以及组织绩效的取得,也都需要沟通。一则《小公主的愿望》的童话故事,凸显了沟通的普遍意义和重要价值。

一个小公主病了,她娇憨地告诉国王,如果她能拥有月亮,病就会好。国王立刻召集全国的聪明智士,要他们想办法拿到月亮。

总理大臣说:"它远在三万五千里外,比公主的房间还大,由融化的铜做成。"国师说:"它有十五万里远,用绿奶酪做的,整整是皇宫的两倍大。"数学家说:"月亮远在三万里外,又圆又平像枚钱币,有半个王国大,还被黏在天上,不可能拿下它。"

国王又烦又气,只好叫宫廷小丑来弹琴给他解闷。小丑问明一切后,得到了一个结论:如果这些有学问的人说得都对,那么月亮的大小一定和每个人想的一样大一样远。所以,当务之急便是要弄清楚小公主心中的月亮到底有多大多远。于是,小丑到公主房里探望公主,并顺口问公主:"月亮有多大?"公主说:"大概比我拇指的指甲小一点吧! 因为我只要把拇指的指甲对着月亮就可以把它遮住了。"

"那么有多远呢?""不会比窗外的那棵树高! 因为有时候它会卡在树梢。""用什么做的呢?""当然是金子!"公主斩钉截铁地回答。

比拇指指甲还要小,比树还矮,用金子做的月亮当然容易拿到。小丑立刻找金匠打了个小月亮穿上金链子,给公主当项链,公主好高兴,第二天病就好了。

这则故事说明,人们较少关注客户的真实需求,完全是按照自己的意愿做事情,不论多么努力,效果总是不好;而沟通才是掌握客户的心理的最好办法。另外,选择好沟通的内容也十分重要,沟通内容选择好了,才能直入主题,简洁高效。

8.1.1　沟通的定义

沟通(Communication)是指意义的传递和理解;或者说:"沟通是信息通过一定的符号载体,在个人和群体间从发送者到接收者之间进行传递,并取得完全理解的过程。"

理解上述关于沟通的定义,需要把握两点:其一,沟通强调了意义的传递。换言之,如果信息或想法没有被传送到,则意味着沟通没有发生。说话者没有听众,写作者没有读者,这些都不能构成沟通。其二,沟通不仅需要意义的传递,还需要对意义的理解。完美的沟通,应该是准确理解信息的意义,也就是经过传递之后接收者感知到的信息与发送者发出的信息完全一致。管理者做的每一件事都包含沟通,无效的沟通是许多管理问题的基础。

需要注意的是,有效的沟通不等同于意见一致,不能把有效的沟通与意见一致混为一谈。但在现实中,良好的沟通常常被误解为沟通双方达成协议;也有很多人认为良好的沟通是使别人接受我们的观点。实际上,沟通的一方可以非常明白另一方的意思而不同意对方的看法。如一场争论持续了相当长的时间,这段时间中进行了大量的有效沟通,每个人都充分理解了对方的观点和见解,但不等于完全接受对方的观点和意见。

8.1.2　沟通的分类

大体上,我们可以将沟通区分为人际沟通(Interpersonal communication)和组织沟通(Organizational communication)两大方面。其中,人际沟通是存在于两人或多人之间的沟通,其对象是人而不是物体;而组织沟通是组织范围中的沟通,包括组织沟通的流程、沟通网络、管理信息系统的改进等。对于组织中的管理者来说,这两个沟通问题都是重要的。

8.1.3 沟通的功能

对管理者和组织而言,沟通具有 4 种功能:控制、激励、情绪表达和共享信息。要使群体运转良好,就要在一定程度上控制员工、激励员工,提供情绪表达的手段,并依据沟通得来的信息作出决策。可以说,每一次组织中的沟通机会都能实现这 4 种功能中的一种或几种。

1)控制

沟通可以通过不同的方式来控制员工的行为。在传统的组织中,员工们必须遵循组织中的权力等级和正式指导原则。例如,他们要与直接主管沟通工作方面的不满和抱怨——要按照工作说明书工作,要遵守公司的政策法规等。通过沟通可以实现这种控制功能。另外,即使是非正式沟通也控制着行为。例如,当群体中的某个人工作十分努力而使其他员工相形见绌时,周围的人会通过非正式沟通控制该员工的行为,如嘲笑、讥讽、揶揄。

2)激励

沟通通过一些途径来激励员工。如明确告诉员工应该做什么,如何来做,没有达到标准时应该如何改进工作等。对于管理者而言,他们在设置具体目标、努力工作以达成目标、获取对现实目标过程的反馈时,都需要进行沟通。

3)情绪表达

对许多管理者而言,工作群体是主要的社交场所。群体内部的沟通是组织的一种基本机制,成员们可以通过群体内部的沟通来表达自己的失落感和满足感。因此,沟通提供了一种释放情感的情绪表达机制,并满足了组织成员的社会需要。

4)共享信息

组织内,无论是管理者还是员工个体或群体都需要信息以完成组织的工作。而沟通可以为之提供决策所需要的信息。

8.1.4 沟通的构成要件

一个完整的沟通过程,需要涉及 4 个方面的沟通要件,分别是:信息内容、信息发送者、信息传递渠道以及信息接收者。

1)信息内容

沟通发生之前,必须存在一个意图,我们称之为要被传递的信息。它的内容很多,包括事实、情感、价值观、意见、个人观点等。它首先被转化为信号形式。

2)信息源

信息源是沟通信息的发送者,它是信息发送的主动方,代表了沟通的主体意图。

3）沟通渠道

沟通渠道也就是传递信息的媒介物,由信息源主动选择的。不同沟通渠道的沟通效果不同;不同的信息内容也应选择不同的沟通渠道。

4）信息接收者

信息接收者是接受信息的一方,在沟通中要对信号进行转译。在沟通过程中,信息接收者也在不断发出主动信息,传递给信息源,以实现双向交流,最终使理解达成一致。

8.1.5　沟通的普遍意义

沟通是普遍存在的,是每个人都必须要做的事情,是实现目标的重要手段,构成了人们日常生活的主要部分。不管是积极的还是消极的,沟通存在于人们生活和工作的各个领域。大多数人花费 50%~75% 的工作时间进行各种方式的沟通。沟通的这种普遍意义表现在以下 4 个方面:

①在信息化社会中,沟通是组织获得生存和发展所需要的资源和信息,使组织适应环境的主要工具。在市场经济社会中,企业如果不能与消费者进行积极、有效的沟通,了解社会需求,并让消费者了解企业的产品和经营理念,就很难在市场中立足。

②沟通是实施民主管理,保证科学决策的基础。所谓民主管理,其实就是通过良好的沟通,充分调动每位员工的积极性,充分挖掘员工对工作的建议和意见,在组织中形成合理化建议的风气,培养员工的主人翁意识和精神,使组织管理更具效率,决策更加科学。

③沟通可以改善人际关系,鼓舞士气,建立良好的工作环境。组织的工作效率与成员的士气、工作的积极性及人际关系状况有关。人际关系和谐的目标可以通过有效沟通来实现。

④沟通是组织创新的源泉。在人际有效沟通中,彼此之间信息的交流与讨论,会实现各自资源的互补,可以集思广益,发挥群体创造力,为组织创新打下基础。

8.2　人际沟通过程

8.2.1　沟通过程与噪声

沟通发生之前,必须存在一个意图,管理学中称之为被传递的信息(Message)。它在发送者(信息源)与接收者之间传送。信息首先被转化为信号形式(编码,Encoding),然后通过媒介(通道,Channel)传送至接收者,由接收者将收到的信号再转译过来(解码,Decoding)。这样,要传递的意义或信息就从一个人传给了另一个人。

图 8.1 描述了人际沟通的过程。它由 5 个要素组成:信息、编码、通道、解码、噪声。这里需要特别指出噪声问题。所谓噪声(Noise),就是指对信息的传送、接收或反馈造成

干扰的因素,所有对理解造成干扰的因素都是噪声。典型的噪声包括难以辨认的字迹,电话中的静电干扰,接收者的疏忽大意,以及生产现场来自设备或同事的背景噪声等。整个沟通过程中还会受到噪声的影响。

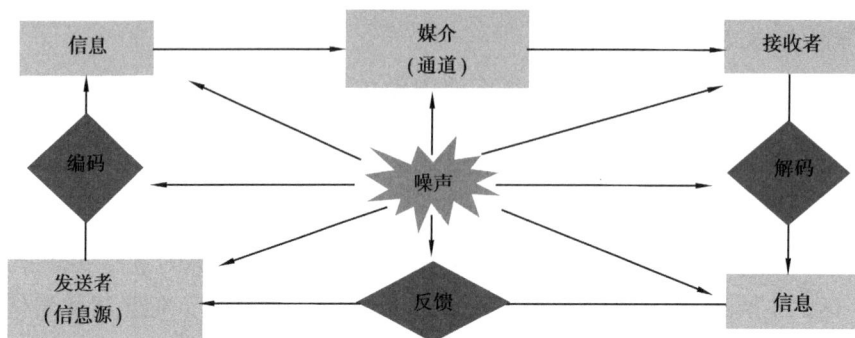

图 8.1　人际沟通过程

噪声可能在沟通过程的任何环节上造成信息的失真,主要表现在以下 5 个方面:

1) 发送者一方的噪声

发送者对头脑中的想法进行编码而生成了信息,被编码的信息的质量高低受到 4 方面条件的影响,即发送者的技能、态度、知识和社会文化系统。以本书为例,如果笔者缺乏应有技能,则很难用理想的方式把笔者本身的思想传递给读者。所以,笔者能够成功地与读者进行沟通,依赖于笔者的写作技能。另外,笔者对许多议题有自己预先定型的想法(态度),这也影响与读者的沟通。还有,笔者对某一主题所掌握的知识量限定了笔者所能传递的信息。笔者无法传递自己并不知道的东西;反过来,如果笔者编入本书的知识过于广博,则读者作为接收者又可能不理解笔者所写的内容。最后,笔者的信念、价值观等社会文化因素也会对笔者与读者之间的沟通内容、沟通形式等产生影响。

2) 与信息有关的噪声

信息本身也会使沟通过程失真。信息可以是一份文件、一个口头演讲,甚至是手势或面部表情。这些表达意思的符号(语言、图画、数字等)会影响信息内容,造成沟通障碍。

3) 与通道有关的噪声

被选用来沟通信息的通道也会受到噪声的影响。不论是面谈,还是发送电子邮件或全公司范围的备忘录,有失真的可能而且确实也会发生,因为特定的通道对传递某些信息是更有效的,一旦通道选择错误,信息失真就可能产生。如大厦着火,使用备忘录方式传递这一信息显然极不合适。而对于员工的绩效评估,最好能运用多种通道加以沟通,如在口头评估之后再提供一份总结报告,有助于减少信息失真的潜在可能性。

4) 接收者一方的噪声

接收者是信息指向的个体。在信息被接收之前,必须将其包含的符号翻译成接收者可以理解的形式,这就是对信息的解码。与发送者一样,接收者同样受到自身的技能、态度、知识和社会文化系统的限制。发送者擅长写或说,那么接收者应擅长读或听。一个人的知识水平也影响他的接受能力;接收者的态度及其社会文化背景也可能导致信息的失真。

5)与反馈有关的噪声

沟通过程的最后一环是反馈回路。反馈把信息返回给发送者,并对信息是否被理解进行核实。反馈信息可以沿着与原始信息类似的通道传送,因此也面临着类似的失真问题。

8.2.2　人际沟通方法

1)沟通方法的选择

在日常管理中,管理者需要根据不同信息,同员工们进行各种不同类型的沟通,且有多种沟通方法可供选择,包括:面对面沟通、电话沟通、小组会议、正式演讲、备忘录、传统信件、员工通信、告示板,公司其他出版物、录音和录像、热线、电子邮件、计算机会议、音频邮件、电话会议和可视会议等。这些沟通方法都可以用来传递口头或书面的信号,并各有在沟通上的优势与劣势。表 8.1 列举的 12 个评价指标有助于帮助管理者评价各种沟通方法。

表 8.1　沟通方法的评价指标

序　号	评价指标	指标解释
1	反馈潜能	接收者对所传递的信息能多快地作出反应
2	复杂性能力	这一沟通方法能有效地处理复杂性的信息吗
3	潜在宽度	使用这一通道能同时传递多少不同的信息
4	私密性	沟通者能确保其信息只传向那些他想沟通的人吗
5	编码容易度	发送者能方便而快捷地使用这一沟通方法吗
6	解码容易度	接收者能方便而快捷地对收到的信息加以解码吗
7	时空限制	发送者和接收者需要在同时及同地进行这一沟通吗
8	费用	使用这一沟通方法的费用多大
9	人情味	这一沟通方法能在多大程度上传递人与人之间的温情
10	正规度	这一沟通方法是否拥有所需的正规化程度
11	信息可得性	沟通方法能使接收者方便地获得所需、有用信息吗
12	信息消费点	发送者与接收者哪方对何时收到信息拥有更大的控制权

根据表 8.1 列举的 12 项标准,可以对各种沟通方法进行比较。管理者最终选用哪一种方法,是对发送者的需要、所沟通信息的特性、通道的性能以及接收者的需要各方面的综合反映。例如,你想向一个下属说明其工作有了变更,面对面地沟通会比备忘录更好,因为你希望能就她/他的疑问和问题作出当面解释。

2）非语言沟通

非语言沟通（Nonverbal communication）是指不经由言语表达的沟通。一些极有意义的沟通既非口头形式也非书面形式。含情脉脉、刺耳的警笛和十字路口的红灯，都不是通过文字告诉人们信息的。学生们开始收拾书本、文章和笔记时，他们传达了一个非常明确的信息：该下课了。一个人所用的办公室及办公桌的大小，一个人的穿着打扮，都向别人传递着某种信息。这些都是非语言形式的沟通。非语言沟通中为人熟知的，就是体态语言和语调。

（1）体态语言

体态语言（Body language）包括手势、面部表情和其他身体动作。比如一副咆哮的面孔所表示的信息显然与微笑不同。手部动作、面部表情及其他姿态能够传达诸如攻击、恐惧、腼腆、傲慢、愤怒、愉快、喜爱等情绪或性情。了解他人身体动作所表示的意思，学习如何更好地展示你的形体语言，都能对你和你的工作有所帮助。

（2）语调

语调（Verbal intonation）是指个体对传达意义的某些词汇或短语的强调。假设学生问教师一个问题，教师反问道："你这是什么意思？"反问的声调不同，学生的反应也不同。轻柔、平稳的声调与刺耳、尖厉、重音放在最后一词所产生的意义完全不同。大多数人会觉得第一种语调表明某人在寻求更清楚的解释；而第二种语调则表明了此人的攻击性或防卫性。

任何口头沟通都包含有非言语信息，这一事实应引起极大的重视。因为非言语要素有可能造成极大的影响。有研究者发现，在口头交流中，信息的55%来自于面部表情和身体姿态；38%来自于语调；而仅有7%来自于真正的词汇。动物是对我们怎样说作出反应的，而不是对我们所说的内容作出反应，人类与此并无太大差异。

8.2.3　人际沟通的障碍

前述关于信息失真的讨论，实际上反映了人际间沟通上的障碍。除了信息失真外，还有哪些因素障碍或干扰了人们之间的有效沟通呢？

1）过滤

过滤（Filtering）指故意操纵信息，反映信息不完整或不客观，使信息显得对接收者更为有利。比如，管理者传递给上司的信息都是上司想听到的东西，这位管理者就是在过滤信息。有时为了自身利益，沟通过程中甚至会断章取义。

信息过滤的程度与组织结构的层级和组织文化两个因素有关。在组织层级中，纵向层次越多，过滤的可能性越大。组织文化则通过奖励系统或鼓励或抑制这类过滤行为。奖励越注重形式和外表，管理者便越有意识按照对方的品位调整和改变信息。

2）选择性知觉

在沟通过程中，人们所见所闻受自己的态度、背景和经验的影响，导致接收者会根据自己的需要、动机、经验、背景及其他个人特点有选择地去看或去听信息。解码的时候，接收者还会把自己的期望带进信息之中。

3）情绪

在接收信息时,接收者的情绪也会影响他对信息的理解。不同的情绪会使个体对同一信息的理解截然不同。极端的情绪体验,如狂喜或抑郁,都可能阻碍有效的沟通,因为这种状态常常使我们无法进行客观而理性的思维活动,进而代之以情绪性的判断。一般认为,最好避免在极端情绪下作决策,因为极端情绪下无法清楚地思考问题。

4）信息超载

信息超载（Information overload）是指一个人面对的信息超过了自身的处理能力。有统计数据表明,在上午活动中,电子邮件使用者平均每天使用电子邮件的时间是 107 分钟,大约 1/4 个工作日。而其他统计数据表明,员工平均每天要发送和接收约 204 封电子邮件。伴随着接收电子邮件、电话、传真以及参加会议和阅读专业资料的需要,形成了如此巨大的数据,以致人们无力处理和传送这些信息。当管理者所得到的信息超过了自己能整理和使用的容量时,其更倾向于筛选、轻视、忽略或遗忘某些信息,或者干脆放弃进一步处理的努力,直到超载问题得以解决,导致信息缺失和沟通效果受到影响。

5）防卫

当人们感到自己正受到威胁时,他们通常会以一种防卫的方式作出反应,表现为对对方的语言进行攻击、讽刺挖苦、品头论足以及怀疑对方的动机等行为上。防卫心理阻碍了相互理解。当一方将另一方的意思理解为具有威胁性时,他就会以有碍有效沟通的方式作出反应。

6）语言

同样的词汇在不同的人看来含义是不一样的。年龄、教育和文化背景等因素影响着一个人的语言风格及他对语言的界定。在一个组织中,员工常常具有不同的背景;同时,横向的分化使得专业人员发展了各自的行话和技术用语,纵向的差异造成了语言问题。如刺激、定额等词汇,对不同管理层有着不同的含义。但组织中的成员往往不知道他所接触的人与自己的语言风格不同,他们自认为自己使用的词汇或术语能够让其他人恰当地理解。

7）民族文化

沟通差异不仅产生于个人沟通中所用的语言不同,也可能产生于民族文化差异。在美国,沟通类型倾向于以个人为中心,而且语义明确。

美国的管理者喜欢用备忘录、通报、职务报告及其他正式的沟通手段来阐明他对某一问题的看法。美国企业主管人员可能会隐瞒某些信息,为的是让自己看起来比别人懂得更多,而且将之作为说服员工接受其决策和计划的一种工具。低层员工也会如法炮制。但在强调集体主义的国家,人际间有更多的互动关系,人们之间的接触更倾向于非正式的。如中国的管理者在有关问题上更多是先以口头协商方式与下属们沟通,然后再起草一份正式的文件说明以达成的共识。中国管理者比较看重协商一致的决策,更多采用面对面沟通,开放式的沟通是其工作环境氛围的一个内在构成要素。

显然,文化差异会影响管理者对沟通方式的选择。如果未能很好地认识和认真地考虑这些差异,则有可能成为有效沟通的障碍。

总结起来,导致上述有效沟通障碍的因素,可以归纳为4个方面:

①个人因素。个体差异导致沟通方式的选择性差异和沟通技巧上的差异。

②人际因素。即判断这些因素是接近的还是异己的。

③结构因素。诸如地位差别、传递链差别、团队规模、空间约束等,属于阻碍人际间有效沟通的社会结构因素。

④技术因素。语言、非语言暗示、媒介的有效性和信息量多少(可能过量)。如语言的不可译(外语)、形体语言、手机效果不佳、信太长等,都是技术性阻碍沟通的因素。

8.2.4 克服人际沟通的障碍

对于沟通障碍,管理者应该如何克服呢? 或者说,如何使沟通更为有效呢? 下面5个方面的举措有助于改善人与人之间的有效沟通,促进实现管理的效率和效果。

1)运用反馈

很多沟通问题是直接由于误解或信息传递不准确造成的。如果管理者在沟通过程中使用反馈,及时交流,则会减少沟通障碍。这里的反馈可以是言语的,也可以是非言语的。

当信息发送者问接收者:"明白了吗?"他所得到的答复代表着反馈。当然,反馈不仅仅包括是或否的回答。为了核实信息是否被完整地接收,管理者可以就有关该信息进行询问,例如直接提问、对信息进行概括、让接收者用自己的话复述信息等。此外,综合评论可以使管理者了解接收者对信息的反应;绩效评估、薪金核查、职务晋升等都是反馈的重要形式。

当然,反馈不必一定以言语的方式表达。有时候,行动胜于语言。如主管要求下属上交上月的业绩报告,当有人未能按期上交报告时,管理者就得到了反馈,主管对自己的指令应该阐述得更清楚、更有权威。同样,课堂上,如果教师观察到学生的眼睛总是在盯着自己的智能手机看,或有一部分学生总是在窃窃私语,则意味着他们未曾接收教师的信息。

2)简化用语

有效的沟通不但需要信息被接收,而且需要信息被理解。管理者应该组织语言和信息,使信息清晰、明确,易被接收者理解。此时,管理者不仅需要简化语言,也要考虑到信息的受众,使所用的语言适合于接收者。简化语言并使用与受众一致的言语方式可增强沟通效果。

3)积极倾听

"倾听"与"单纯地听别人说话"并不完全一致。倾听是对信息进行积极主动地搜寻,而单纯地听则是被动的。在倾听时,接收者和发送者双方都在思考。

做到倾听这一点很困难,且只有当个体有主动性时才会更有效。事实上,积极倾听(Active listening)比说话更容易引起疲劳,因为它要求脑力的投入,要求集中全部注意力。多数人不习惯认真、积极地倾听别人陈述的全部内容,通常只对其中的部分内容感兴趣。

如何提高积极倾听的效果呢？这要保持耐心,倾听完整的信息,制止过早的判断或解释,并发展对信息发送者的共情。不同的信息发送者在态度、兴趣、需求和期望等方面各不相同,共情容易使接收者更易于准备理解某一信息的真正内涵。一个共情的听者,并不急于对信息作出自己的判断,而是先认真聆听他人所说的话,避免过早的、不成熟的判断而使接收到的信息失真,并有助于提高自身获得所沟通信息完整意义的能力。

除了共情外,还有其他一些积极倾听的行为,如图8.2所示。

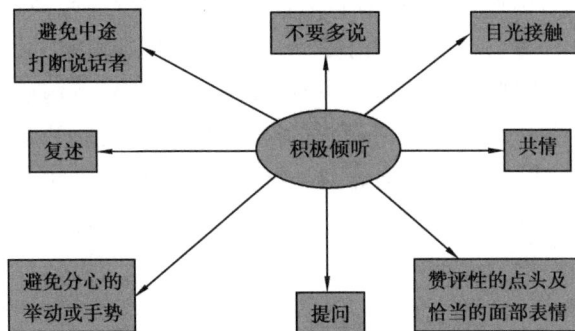

图 8.2　积极倾听的行为

下面这则《猫的智慧》的管理故事表明,积极倾听,其实不单是要尊重对方,准确理解对方的信息、消除沟通障碍的重要途径,也是获取知识、提升自己能力的重要渠道。

> 有一天,猫妈妈把小猫叫来,说:"你已经长大了,3天之后就不能再喝妈妈的奶,要自己去找东西吃了。"小猫惶恐地问妈妈:"妈妈,那我应该吃什么东西呢?"
>
> 猫妈妈说:"你要吃什么食物,妈妈一时也说不清楚,就用我们祖先留下的方法让你知道吧! 这几天夜里,你躲在屋顶上、梁柱间、陶罐边,仔细倾听人们的谈话,他们自然会教你的。"
>
> 第一天晚上,小猫躲在梁柱间,听到一个大人对孩子说:"小宝,把鱼和牛奶放在冰箱里,小猫最爱吃鱼和牛奶了。"
>
> 第二天晚上,小猫躲在陶罐边,听见一个女人对男人说:"老公,帮个忙,把香肠、腊肉挂在梁上,小鸡关好,别让小猫偷吃了。"
>
> 第三天晚上,小猫躲在屋顶上,从窗户看到一个妇人教训自己的孩子:"奶酪、肉松、鱼干吃剩了,也不会收好。小猫的鼻子很灵,明天你就没得吃了。"
>
> 就这样,小猫每天都很开心,它回家告诉妈妈:"妈妈,果然像您说的一样,只要我保持倾听,人们每天都会教我该吃些什么。"
>
> 靠着听别人谈话,学习生活的技能,小猫终于成长为身手敏捷、肌肉强健的大猫。它后来有了孩子,也是这样教导它们:"仔细倾听人们的谈话,他们自然会教你的。"
>
> 倾听不仅是一种态度,也是一种技能。(引自中央电大网上管理故事)

4）控制情绪

通常,管理者难以做到以完全理性化的方式进行沟通。管理者的态度、情绪能使信息的传递受到严重影响。例如,管理者在失望、愤怒时,很可能会误解所接收的信息,进而难以清晰、准确地表述其他信息。此时,管理者需要暂停进一步的沟通,等到恢复平静后再进行。沟通有效的基础是沟通双方要注意控制自己的情绪,端正对要沟通事物的态度。

5）注意非言语提示

善用行动等非语言沟通,确保行为和语言相匹配,使行为起到强化语言的作用。优秀的管理沟通者非常注意自己的非言语提示,以保证他们准确地传达所要传达的信息。

此外,有效沟通的实现,还有其他一些要求,包括:正确对待沟通,没有正确地对待沟通,人们就会对小道消息感兴趣;创造信任的环境,没有信任就没有一致的立场;缩短信息传递链,拓宽沟通渠道;加强定期沟通,实现沟通的制度化;强化专事沟通,必要的时候可以成立特别委员会或非正式工作组来进行沟通;加强平行沟通。

8.3　组织中的沟通

8.3.1　正式沟通和非正式沟通

从组织系统的角度加以区分,可以将组织沟通分为正式沟通和非正式沟通。信息通过组织明文规定的渠道进行的传递和交流是正式沟通（Formal communication）。组织内部的文件传达、通知发布、工作布置、工作汇报、各种会议以及组织与其他组织之间的公函往来都属于正式沟通。正式沟通的优点是信息通路规范,准确度较高,沟通效果好,且比较严肃,约束力强,易于保密,权威性大。但缺点是需要遵照既定的程序,靠组织系统层层传递,因此沟通成本相对较高,沟通速度较慢。因此,除了正式沟通外,还需要非正式沟通的补充。

非正式沟通（Informal communication）源自非正式组织成员之间感情和动机上的需要,其沟通途径超越了部门、单位和层级的组织内各种非正式社会关系,包括单线式、流言式、随机式、集群式的沟通,如员工间的私人交谈、"流言"等都是非正式沟通。非正式沟通具有沟通形式灵活、信息传播速度快等优点,但也具有随意性、不可靠等致命弱点。

不过,由于非正式沟通不但会表露或反映人们的真实动机,也常常提供组织没有预料的内外信息。因此,管理者都很重视非正式沟通,常利用私人会餐及非正式团体的娱乐等活动,多与员工接触并从中获取各种资料,以此作为改善管理或拟定政策的参考。

8.3.2　沟通信息的流向

根据信息流动的方向,可以将沟通分为上行沟通、下行沟通、横向沟通和斜向沟通4种。

1）上行沟通

上行沟通（Upward communication）是指由下级向上级传递信息，如员工向上级报告工作情况，提出自己的建议和意见，表述自己的态度等。虽然组织应该保证上行沟通的畅通无阻，因为只有这样上级才能及时掌握各种情况，作出符合实际的决策。但也有研究表明，上行沟通并不容易，甚至在逐层上报过程中内容会被逐层压缩，细节被一一删去，造成严重失真，有时候基层自下而上的信息即便到达了高层，通常也不会被重视或未被注意到。

2）下行沟通

下行沟通（Downward communication）是上级向下级传递信息，如组织的上级领导向下级发布通知、命令、指示以及协调、评估下属等。实际上，任何一种从管理者流向下属人员的信息沟通，都可称为下行沟通。如管理者向员工阐明组织目标、将工作任务分派给员工，传达工作指示，向员工们颁发职务说明书，通告组织的政策和程序，提醒注意事项，评估并反馈员工业绩，都是运用了下行沟通。

下行沟通能够协调组织内各层级之间的关系，增强各层级之间的联系，对下级具有督导、指挥、协调和帮助等作用。但是，下行沟通易于形成一种"权力气氛"而影响士气，并且由于曲解、误解或搁置等因素，所传递的信息会逐步减少或被歪曲。

3）横向沟通

横向沟通（Lateral communication）是指同级之间传递信息，如员工之间的交流、同一层级不同部门的沟通等。横向沟通一般具有业务协调性质，有助于相互了解，增进团结，强化协调，减少矛盾，改善人际关系。通常，组织内各部门之间发生冲突，互不"通气"是重要原因之一。显然，畅通平行组织之间的沟通，是减少部门冲突的重要措施。

4）斜向沟通

斜向沟通（Diagonal communication）是发生在跨工作部门和跨组织层次的员工之间的沟通。如情报部门主管就其掌握的产品市场、竞争对手和消费者问题直接与地区销售主管沟通时，就是斜向沟通的情形。沟通的两个人既不在同一部门，也不属于同一组织层级。在现代电子通信和互联网条件下，一个员工可以通过电子邮件、微信群、QQ 群等渠道与任何其他的员工进行沟通，不论他们的工作部门和组织层次是否相同。

8.3.3　组织沟通的网络

组织沟通信息的纵向和横向流动集合而成的各种形态，称作沟通网络（Communication networks）。链式、轮式和全通道式网络是 3 种常见的沟通网络类型。其中，在链式网络中，沟通信息是按照正式的指挥链流动的，当然可以是上行的，也可以是下行的。轮式网络是在明确认定的强有力的领导者与工作小组或团队其他成员之间的沟通；该领导者位于所有沟通信息通道的中心。而在全通道式网络，沟通的信息会在工作团队所有成员中自由地流动。

管理者如何选择沟通网络取决于其沟通目标,没有一个沟通网络在任何情况下都是最好的。管理者选择沟通网络,所依据的标准通常有 4 个,分别是:速度、准确性、领导者的产生和成员满意度。其中,如果管理者更关注成员满意度,则全通道式最佳;如果关注领导者的产生,那轮式网络可能会更好;而如果关注信息沟通的准确性,则链式和轮式更好。

8.3.4 小道消息

小道消息(Grapevine)是通过非正式网络传播信息的一个重要信息来源,在管理沟通中很常见。一项调查发现,63%的员工最初是通过谣言和闲言碎语的传播而得知重要消息的。

小道消息似乎总是与谣言相伴,但小道消息并非总是负面、消极的,它也有积极、正面的意义。小道消息有助于管理者识别员工普遍关注但感到疑惑的问题及由此产生的焦虑,既是信息的过滤器,也是一个信息反馈手段。

小道消息不可能在组织中杜绝。因此,管理者应当将之作为一个重要的信息网络加以"管理"。从管理者的立场看,对小道消息网络传播的信息,管理者是能够作出分析的,如正在传播什么消息,按什么样的方式传播,谁是其中的关键人物等。通过掌握小道消息网络的信息流动及传播方式,管理者就能掌握员工们的关注点,并利用小道消息网络传播一些重要的消息。

通过小道消息传播的谣言也不可能完全清除。管理者应做的是,通过限定其传播的范围和影响力度,尽量减少谣言的负面作用。这里面,与员工进行开放、全面、坦诚或开诚布公的沟通非常必要,特别是在所提议的或正在实施的决策或行动不受员工欢迎的情况下。

8.4 信息技术与沟通

今天,技术比以往任何时候更加迅速、全面地改变着组织以及人的生活与工作方式,也给管理沟通带来了巨大而深刻的影响。如信息技术几乎影响企业活动的每一个方面,管理者既要使他们的组织稳定地运行下去,同时又要持续地改进组织的运营活动,并保证组织即便在其自身和环境发生急剧变化时仍能保持应有的竞争力,这无疑是一个巨大的挑战。

不过,虽然技术的变化会造成环境的不确定性,但技术的进步也对管理者协调员工的工作活动产生促进作用,并使工作效率有所提高。

8.4.1 信息技术如何影响管理沟通

技术(尤其是信息技术)从根本上改变了组织成员的沟通方式。一方面,信息技术和大数据技术,极大地提高了管理者控制员工和团队绩效的能力,使员工获得作出快速决策所需要的更完整的信息,并为员工提供了更多的加强合作和共享信息的机会。另一方面,信息技术还使组织成员更方便地随时联系,不论对方在什么地方、在做什么。

对管理沟通有着重要影响的信息技术领域是计算机网络系统和无线通信技术。

1)计算机网络系统

在计算机网络系统中,组织把组织内的计算机连接在一起,形成组织范围的计算机网络,如电子邮件、即时信息、音频邮件、传真、电子数据交换、电话会议等。这样,组织成员不论是在会议厅,还是在横跨全球的旅行中,都能进行相互沟通,得到相关信息。

(1)电子邮件

电子邮件(E-mail)是通过联网的计算机发送书面信息的一种邮件瞬时传递方式。信息能够存储于接收者的计算机中,一般在方便时阅读。电子邮件传递信息快速、便利,而且能同时向多人发送同一信息。对组织成员来说,它是一种快捷、便利的实现信息共享和沟通的渠道。

(2)即时信息

即时信息(Instant messaging,IM)是一种能够在计算机网络使用者之间实现互动的实时沟通,QQ、Skype 是常见的即时信息沟通方式。这种沟通方式最初在儿童和青少年中流行,因为他们要与朋友进行在线的沟通。今天,即时信息沟通方式已进入工作场所。在即时信息沟通中,无论什么信息,都能在瞬间得到传递。

(3)博客和维基

博客(Blog)是管理者和员工使用的另外一种网络沟通媒介。它是一种网络杂志,通常是围绕某一特定话题展开。一些公司员工会在网上发表于工作有关的官方或半官方的博客。另一种网络沟通媒介是维基(Wiki),它允许任何人登录,并可以增加、删除或用其他方式编辑其中的内容。作为一种沟通媒介,维基便于员工进行合作以从事报告、联合攻关或其他创造性的工作。

(4)微博和微信

微博是一个社交化媒体平台(Social Media Platform);微信是社会化沟通平台(Social Communication Platform)。微博和微信核心的区别在于媒体 Media 和社交 Social 的侧重——微博本质是一个媒体工具,同时有社交的功能;微信的本质是社交工具,同时有一些媒体的功能。据此,企业基因的观点认为,新浪的基因就是网络媒体,而腾讯的基因就是社交和聊天工具。

微博作为一个媒体工具,关系主要建立在兴趣上,关系质量较弱,多为单向传播,注重的是传播的速度和内容公开,信息的传播速度和广度在微博上是可以非常快的。微信作为一个社交工具,关系建立在社交之上,关系质量较强,多为双向关系,注重的是私人内容的交流和互动,信息的传播速度不快,但受众信息消化率很高。如读者可能经历过同样的内容,发在微信上得到的评论和回复远远高于微博,可见微信将人们生活中很多的强关系都转到了网络上(家人、同学、通信录上的好友),而微博上的关系还是更松散和单向一些,人们看到并接受了信息,并不愿意花时间去评论和反馈,因为微博上相互之间是一种单向的关系。此外,在情感沟通上,微博和微信还可以通过下面这段话加以区别。

> 微博是一群陌路人天各一方却互相关注,渐成熟人。
>
> 微信是一群熟人聚在一起,渐成陌路。
>
> 微博是虚拟世界,上面的人原本不相识,唯有看文字,渐渐发觉志趣相投之处。
>
> 微信是现实世界,上面的人似乎都认识,也是通过看文字,才发觉有些人其实压根儿就不认识,或者说不完全认识。

(5)音频邮件

音频邮件(Voice-mail)系统是对声音的数字化处理,使之能通过网络传递,并储存在计算机中,以方便接收者需要时使用。音频邮件使声音信息可以在接收者不在场的情况下得到传递。接收者还可以将信息储存起来以便将来使用,也可选择删除或转发。

(6)传真

传真(Fax)是通过传真机使包含文字和图表信息的文件得以通过普通的电话线传递。发送信息的传真机能够扫描有关资料并把它们数字化。接收信息的传真机能够读取这些经由扫描发过来的信息,并把它们复制出来。传真机打印出来的信息,能够方便而迅速地在有关组织成员中传阅。

(7)电子数据交换

电子数据交换(Electronic data interchange,EDI)是通过直接的计算机对计算机网络,使组织之间得以交换标准化的商务交易文件,如发票、订货单等。许多组织常常使用电子数据交换方式与供应商和客户沟通,节约时间、节约费用。

(8)电话会议

电话会议(Teleconferencing)可以将过去必须聚集在同一场所开会的成员能够通过电话或电子群件通信软件在同一时间开会。如果会议参加者能够通过电视屏幕看到对方,就称作可视会议(Videoconferencing)。工作小组,无论规模大小,成员分布地域多广,都可运用这些通信网络工具实现工作的协同和信息的共享。

2)无线通信技术

无线通信通过空气或太空传播信号,不需要借助微波信号、通信卫星、无线电波、无线电线或红外线等。甚至还可以通过"WiFi"(即信号覆盖区域,可以上网)进入无线网络。由于这些技术的使用,智能手机、笔记本电脑和其他小型通信设备就成了管理者之间保持联系的一种全新方式。移动通信技术使用者的数量也在持续增加,今天已经实现了一部手机就可以发布信息、购物、订餐、支付、预订火车票、汽车票、船票和机票。员工不必使用办公桌上的计算机,就可以与组织的其他成员沟通。信息领域的技术还处在进一步的发展中,未来将看到越来越多的组织成员运用无线通信技术实现合作工作和信息共享。

3)对信息技术的警惕

信息技术的发展深刻地改变了人们的生活及交流、沟通。但是,在信息技术条件下进行沟通的潜在隐患、危害或负面效应已经到了急需治理的地步。小到骚扰诈骗电话,大到环境污染问题,都可以被视为一种技术的负面产品。很多好莱坞科幻电影中,诸如人类成为智能机器人的俘虏之类的镜头,都是对技术进化速度远远超出大自然进化速度的一种警觉。

8.4.2 信息技术如何影响组织

员工,无论是以个人还是团队的方式工作,都需要信息,以便作出决策或做好工作。现代信息技术已经极大地影响了组织成员沟通、共享信息,深刻地改变了人们的生活与开展工作的方式。这种对沟通方式的改变也深刻地影响了组织的变革。

组织成员间的沟通和信息交换,已经不再受制于空间和时间。在地理分布广泛的员工个人或团队之间协同工作的努力,整个组织范围的信息共享和工作及决策的整合,这些都会随着信息技术的运用而获得明显改进,由此提高组织的效率和效果。

不过,我们还要意识到,信息技术在方便地改变我们的生活和工作的同时,也似乎在支配、控制着我们的生活与工作,使得人类似乎正在逐渐被信息技术所奴役。一方面,信息技术所产生的经济效益是显著的;但另一方面,管理者不要忽视它所潜存的心理方面的缺陷。例如,不断有人联络的员工要付出多大的心理代价?在下班的时间还要上网,接受工作指派,随时被追踪,这是否增大了员工的压力?将工作和生活区分开,对组织的员工来说,有多大意义?这些问题并没有简单的答案,但又是管理者未来不得不面对的课题。

【本章小结】

1.沟通是意义的传递与理解。其重要性在于管理者所做的每一件工作(决策、计划、组织、领导、激励、控制及其他所有管理活动)都需要信息的沟通。

2.沟通过程始于有信息需要传递的沟通息源(发送者),然后信息被转化为信号形式(编码)并经过通道传递给接收者,接收者再将信息解码。为了保证信息的准确性,接收者应向发送者提供反馈以检查自己是否理解了所接收的信息。

3.克服沟通阻碍的技术包括:反馈,简化语言,积极倾听,克制情绪,观察非言语提示。

4.与积极倾听有关的行为有:使用目光接触,展现赞许性的点头和恰当的面部表情,避免分心的举动或手势、提问、复述、避免中途打断说话者,不要过多说话,使说者与听者的角色顺利转换。

5.有效沟通的实现,要求管理者:正确对待沟通;培养听的艺术;创造信任的环境;缩短信息传递链,拓宽沟通渠道;制度化沟通;专事沟通;加强平行沟通。

【案例分析】

【案例8.1】 我与总经理的一次错误交流

2006年12月,作为分管公司生产经营副总经理的我,得知一较大工程项目即将进行招标,由于采取电话形式向总经理简单汇报未能得到明确答复,使我误以为被默认而在情急之下便组织业务小组投入相关时间和经费跟踪该项目,最终因准备不充分而成为泡影。事后,在总经理办公会上陈述有关情况时,总经理认为我"汇报不详,擅自决策,组织资源运用不当",并当着部门员工面给予我严厉批评,我反驳认为是"已经汇报、领导重视不够、故意刁难,是由于责任逃避所致"。由于双方信息传递、角色定位、有效沟通、团队配合、认知角度等存在意见分歧,致使企业内部人际关系紧张,工作被动,恶性循环,公司业务难以稳定发展。

基于沟通的有效性,试分析:

1.你认为我和总经理的错误交流责任在谁? 请说明理由。

2.你认为应该如何改进我和总经理之间的交流?

3.以上面案例来说,"信息发送者决定沟通质量"这句话是否正确? 为什么?

【案例8.2】 小明的裤子

小明明天就要参加小学毕业典礼了,怎么也得精神点,把这一美好时光留在记忆中。于是他高高兴兴上街买了条裤子,可惜裤子长了两寸。吃晚饭的时候,趁奶奶、妈妈和嫂子都在场,小明把裤子长两寸的问题说了一下,饭桌上大家都没有反应。饭后大家都去忙自己的事情,这件事情就没有再被提起。妈妈睡得比较晚,临睡前想起儿子明天要穿的裤子还长两寸,于是就悄悄地一个人把裤子剪好、叠好放回原处。半夜里,狂风大作,窗户"咣"的一声关上把嫂子惊醒,猛然想起小叔子裤子长两寸,自己辈分最小,怎么也是自己去做了,于是披衣起床将裤子处理好才又安然入睡。奶奶年纪大了,每天都起得很早,给小孙子做早饭,水未开的时候她突然想起孙子的裤子长了两寸,马上快刀斩乱麻,又剪了两寸。最后小明只好穿着短了4寸的裤子去参加毕业典礼了。(引自《管理学故事会》)

问题:

1.是什么造成了小明裤子短了4寸这样的结果?

2.应从哪里入手解决上面的问题?

【思考与练习】

一、单项选择题

1.组织成员的满足程度最高的信息沟通方式是(　　)。

A.链式沟通　　　　　B.环式沟通　　　　　C.轮式沟通　　　　　D.全通道式沟通

2.如果发现一个组织中小道消息很多,而正式渠道的消息较少,这意味着该组织(　　)。

A.非正式沟通渠道中信息传递很通畅,运作良好

B.正式沟通渠道中信息传递存在问题,需要调整

C.其中有部分人特别喜欢在背后乱发议论,传播小道消息

D.充分运用了非正式沟通渠道的作用,促进了信息的传递

3.人际沟通中会受到各种"噪声干扰"的影响,这里所指的"噪声干扰"可能来自于(　　)。

A.沟通的全过程　　　B.信息传递过程　　　C.信息解码过程　　　D.信息编码过程

4.在哪一种领导方式下,组织沟通通常是以下行沟通为主?(　　)

A.独裁式　　　　　　　　　　　　B.民主式

C.放任式　　　　　　　　　　　　D.组织沟通方式实际上与领导方式无关

5.下述关于信息沟通的认识,其中哪一条是错误的?(　　)

A.信息传递过程中所经过的层次越多,信息的失真度就越大

B.信息量越多,就越有利于进行有效的沟通

C.善于倾听能够有效改善沟通效果

D.信息的发送者和接收者在地位上的差异也是一种沟通障碍

6.在组织运作中,纵向层次设置越多,信息沟通的障碍就越大。这种障碍来源于(　　)。

A.信息选择中的过滤现象　　　　　B.信息传递的速度过慢

C.信息接收者的理解现象偏误　　　D.以上各种情况都存在

7.随着互联网技术的发展,许多组织采用了 QQ 群、微信群等方式发布信息,进行内部沟通。这种沟通方式发生沟通障碍的最大可能性是在沟通过程的哪一环节?(　　)

A.编码环节　　　B.信息传递环节　　　C.接收环节　　　D.环式沟通网络

二、名词解释

沟通　噪声　小道消息

三、简答题

1.为什么有效的沟通并不是达成一致意见的同义词?

2.正确表述与积极倾听,哪个对管理者更重要,为什么?

3.如何使用积极倾听的技能提高人际交往能力?

4."低效的沟通是由信息的发送者造成的。"你同意这种说法吗？为什么？

5.管理者如何使小道消息传播方式为己用？

6.信息技术会使管理者变得更为有效吗？请解释你的观点。

四、应用分析题

1.在你与同学或朋友的沟通中,你能有效控制自己的非语言方式吗？

2.结合自己与同寝室同学交往的实际生活,解释如何消除有效沟通的障碍？

3.在大学军训过程中,哪些沟通方法是你们最常使用的？检讨大家在沟通中的冲突。

4.结合沟通理论,谈谈自己是否是一个好听众？如何培养自己较好的人际交往技能？

5.有人说,在组织结构的建设中,矩阵式组织结构能够比较好地解决沟通不畅问题。请阐述你对这个认识的看法。

第9章 激 励

【知识目标】

    1.说明激励的过程。

    2.解释需要层次理论。

    3.区分 X 理论和 Y 理论。

    4.解释激励—保健理论中激励因素的含义。

    5.叙述公平理论中激励的含义。

【能力目标】

    1.识别高成就需要者寻求工作的特点。

    2.说明目标如何激励员工。

    3.指出强化理论与目标设置理论之间的差异。

    4.解释期望理论中的 3 种主要联系。

【素质目标】

    1.在管理实践中哪些具体措施能够更有效地激励员工。

    2.描述你期待自己如何被激励。

9.1 动机与激励

在有本书里描述了这样一则故事。

一所医院的儿科大楼内,游戏康复治疗课程正出现了难题。因为孩子总是用颜料和泥胶弄脏地板,惹怒了工友。一天,护士长看着年迈的工友弯着腰,吃力地刷着地板时,忽然发觉自己明白这个刷了多年地板的老工友的感受,但她同时晓得他也该把某些思想刷进心里。她细心地向这个老工友解释,这些游戏其实不是孩子无聊的游戏,而是一些能帮助他们复原的活动。之后,当这个工友每天把掉到地板上的颜料和泥胶刷去时,他便感到很自豪,因为他也有份参与游戏治疗的课程,为协助孩子们康复出了一份力。

上述这则故事是一个涉及激励概念的有趣问题。掌握激励理论,需要把握"动机"这个密切相关的概念。动机(Motivation)是用来说明人采取行为的原因,也即,所谓动机,是个体通过高水平的努力而实现组织目标的愿望,而这种努力又能满足个体的某些需要。

在动机的定义中有3个关键要素:努力、组织目标和需要。努力是强度或内驱力指标。当某人被激励时,他会更勤奋地工作。但是,如果这种努力与组织的方向不一致,则高努力水平并不一定就会产生令人满意的工作绩效。因此,考虑努力强度的同时,还要考虑努力质量,与组织目标保持一致的努力才是可取的。此外,动机可以看成需要获得满足的过程。具体地,这种需要(Need)是指一种内部状态,它使某种结果具有吸引力;当需要未被满足时就会产生紧张感,进而激发了个体的内驱力,这种内驱力将导致某种寻求特定目标的行为。如果最终目标实现,则需要得以满足,紧张得以解释;如果目标未实现,需要未被满足,则既可能会自我调适,也可能会导致紧张加剧。

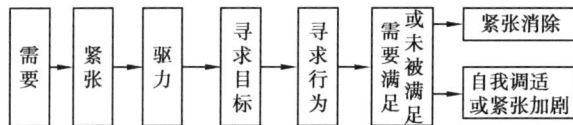

需要 → 紧张 → 驱力 → 寻求目标 → 寻求行为 → 需要满足或未被满足 → 紧张消除 / 自我调适或紧张加剧

图9.1 动机的过程

如图9.1所示,被激励的员工处于紧张状态之中,为了缓解这种紧张,他们朝组织的目标努力去工作,紧张程度越大,努力程度越高。如果这种努力能够成功地导致个体需要的满足,它将解除紧张状态。特别地,在动机的定义中包括了个体的需要必须与组织目标相一致的含义,如果不一致,个体产生与组织利益背道而驰的努力行为,这对组织来说无价值可言。

此外,动机是个人与环境相互作用的结果。因为有一些欲望和需求可以是环境刺激或引发的,比如攀比心理,就是环境刺激引发的一种可能本来不必要的需求,进而触发动机的过程。当然,人和人之间在动机上差异很大。但动机通常是随环境条件的变化而变化的。这样,动机水平不仅因人而异,而且对于同一个人来说还因时而异。基于动机内涵的这些描述,可以总结关于动机的几个关键知识:

①动机的来源是人的内在需要,需要是人对某种目标的渴求、欲望,当人的需求未得到满足时,他会有采取行动的动机。

②动机的形成是人与环境互动的结果,因此动机水平不仅因人而异,而且因时而异,可以用一条"需求→意向→愿望+诱因=动机→行为"的线索来表示。

③动机具有内隐性、个性化(高度不同)、目标性(需求的满足)等特点。

④动机的功能是唤起、维持、强化人的行为。

基于对上述动机的认识,学术界发展出了大量的激励理论,这些激励理论可以划分为3个方面:内容型激励理论,包括需要层次理论、双因素理论、激励需求理论、阿尔德弗的需要理论等;过程型激励理论,包括目标设置理论、期望理论、公平理论等;行为改造型理论,如强化理论、归因论等理论。需要指出的是,尽管我们可以对各个激励理论进行区分,但不能孤立地看待这些理论,因为许多激励理论的观点都是相互补充的,只有将各种理论融会贯通,才会更好地激励个体。

9.2　内容型激励理论

20 世纪 50 年代是激励理论发展的黄金时代,在这一时期出现了 3 种重要的理论观点:需要层次理论;X、Y 理论;激励—保健理论。尽管这些理论受到了诸多批评,其有效性至今仍受质疑,但它们是后来理论发展的基础,至今依然是激励员工方面最广为流传的解释。

9.2.1　需要层次理论

有一首名为《解人颐》的诗,嘲讽人的贪得无厌,比较契合需要层次理论的情境:

> 终日奔波只为饥,方才一饱便思衣。
> 衣食两般皆具足,又想娇容美貌妻。
> 娶得美妻生下子,恨无田地少根基。
> 买到田园多广阔,出入无船少马骑。
> 槽头扣了骡和马,叹无官职被人欺。
> 县丞主簿还嫌小,又要朝中挂紫衣。
> (作了皇帝求仙术,更想登天跨鹤飞。)
> 若要世人心里足,除是南柯一梦西。

这篇描述人类欲望无止境的七言韵文白话诗,以俚语俗谚的方式把人性或人的欲望、需求及其层次刻画得淋漓尽致,可以说是道尽了人类欲望无穷,欲壑难填的心理状态,也能够较为形象地对接下文所要探讨的需要层次理论。

早期的激励理论中,最著名的当属亚伯拉罕·马斯洛(Abraham Harold Maslow)的需要层次理论(Hierarchy of needs theory)。马斯洛假设每个人都有 5 个层次的需要,分别是:

①生理需要(Physiological needs)。如食物、水、穿衣、住所、性满足、睡眠以及其他方面的生理需要。

②安全需要(Safety needs)。保护自己免受身体和情感伤害的需要,同时能保证生理需要能够得到持续满足的需求,包括健康、安全感、社会保障等。

③社会需要(Social needs)。这是一种社交需求,包括友谊、爱情、归属、家庭及被接纳等方面的需要,是爱与被爱的情感归属需求。

④尊重需要(Esteem needs)。这种被尊重的需求,包括自尊、自主和成就感等在内的内部尊重因素,以及地位、认可和关注等外部尊重因素。

⑤自我实现需要(Self-actualization needs)。包括成长与发展、发挥自身潜能,实现理想的需要。这是一种追求个人能力极限的内驱力。

其中,生理需要与安全需要称为较低级的需要,而社会需要、尊重需要与自我实现需要属于较高级的需要;高级需要是从内部使人得到满足,而低级需要则主要是从外部使人得到满足。并且,马斯洛认为,每个低层次的需要得到满足后,才会激活另一种更高层次的需要;一旦某个层次的需要得到实质的满足,它就不再具有激励作用了。如图9.2所示,个体的需要是逐级上升的。从激励的角度来看,没有一种需要会得到完全满足,但只要其得到部分地满足,个体就会转向追求其他方面的需要了。按照马斯洛的观点,如果希望激励某人,就必须了解此人目前所处的需要层次,然后着重满足这一层次或在此层次之上的需要。

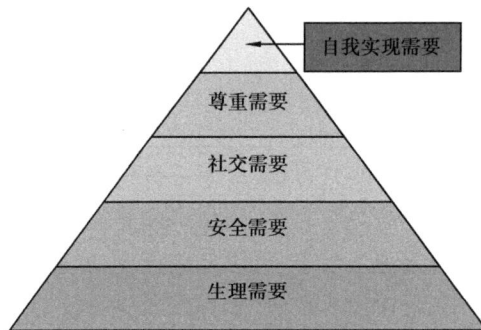

自我实现需要
尊重需要
社交需要
安全需要
生理需要

图 9.2　需要层次模型

应该说,马斯洛的理论得到了普遍认可,这主要归功于该理论内在的、简单明了和易于理解的逻辑性。但是,马斯洛的理论并没有更多的验证性支持,缺乏实证基础,许多学者也对需要层次理论提出了质疑,如在较高层次需要的迫切程度是因人而异的。

9.2.2　X理论、Y理论和超Y理论

1)X理论和Y理论

道格拉斯·麦格雷戈(Douglas McGregor)提出了有关人性的两种截然不同的观点:一种是基本上消极的X理论(Theory X);另一种是基本上积极的Y理论(Theory Y)。麦格雷戈发现,管理者关于人性的观点建立在一些假设基础上,管理者是根据这些假设来塑造他们自己对下属的行为方式。

其中,X理论有4种假设基础:

①员工天生好逸恶劳,并尽可能地逃避工作;

②由于员工厌恶劳动,因此必须采取强制或惩戒措施迫使员工努力工作,实现组织的目标;

③员工比较安于现状,尽可能地逃避责任;

④大多数员工没什么雄心壮志。

与消极的人性观点相反的是,Y理论的基本假设是:

①员工视工作如休息,娱乐般自然;

②如果员工对某项工作作出承诺,就会自我指导和自我控制,以完成任务;

③一般而言,每个人不仅能够承担责任,而且会主动寻求责任;

④不仅是管理者,其他绝大多数人也都具备作出正确决策的能力。

对照马斯洛的需要层次理论,X 理论相当于假设较低层次的需要支配着个人的行为,而 Y 理论相当于假设较高层次的需要支配着个人的行为。麦格雷戈认为,Y 理论的假设相比 X 理论更具有现实性,因此他建议让员工参与决策,为员工提供富有挑战性和责任感的工作,建立良好的群体关系,以调动员工的工作积极性。不过,并无充分的证据证实某一种假设更为有效,也无充分的证据证明基于 Y 理论假设的管理行为更有效地调动了员工的积极性。现实生活中,确实也有不少采用 X 理论而卓有成效的管理者案例。

2)超 Y 理论

除了麦格雷戈的 X 理论和 Y 理论外,学术界还发展了一种超 Y 理论。超 Y 理论实际上是权变理论的代表,1970 年由美国管理心理学家约翰·莫尔斯(John J. Morse)和杰伊·洛希(Jay W. Lorscn)根据"复杂人"的假定,提出的一种新的管理理论。它主要见于1970 年《哈佛商业评论》杂志上发表的《超 Y 理论》一文和 1974 年出版的《组织及其他成员:权变法》一书中。该理论认为,没有什么一成不变的、普遍适用的最佳的管理方式,必须根据组织内外环境自变量和管理思想及管理技术等因变量之间的函数关系,灵活地采取相应的管理措施,管理方式要适合于工作性质、成员素质等。

超 Y 理论在对 X 理论和 Y 理论进行实验分析比较后,提出一种既结合 X 理论和 Y 理论,又不同于 X 理论和 Y 理论,是一种主张权宜应变的管理理论。实质上是要求将工作、组织、个人、环境等因素作最佳的配合。其基本观点是:

①人们带着许多不同的需要和动机加入组织,但最主要的是实现其胜任感;

②由于人们的胜任感有不同的满足方法,所以对管理要求也不同,有人适用 X 理论管理方式,有人适用 Y 理论管理方式;

③组织结构、管理层次、职工培训、工作分配、工资报酬和控制水平等都要随着工作性质、工作目标及人员素质等因素而定,才能提高绩效;

④一个目标达成时,就会产生新的更高目标,然后进行新的组合,以提高工作效率。

超 Y 理论很受西方一些管理学者的推崇,评价很高。但该理论含有辩证法的因素,强调特殊性而忽视普遍性规律,难以形成一种可"证伪"的科学理论。

9.2.3 激励—保健理论

美国心理学家弗雷德里克·赫茨伯格(Frederick Herzberg)提出的激励—保健理论(Motivation-hygiene theory)(又称双因素理论)认为,个人与工作的关系是一个最基本的方面,而个人对工作的态度在很大程度上决定着任务的成功与失败。双因素理论是建立在赫茨伯格对"人们希望从工作中得到什么?"的员工调查基础上,该调查要求被调查者在具体情境下详细描述他们认为工作中特别好或特别差的方面。赫茨伯格发现,对工作感到满意的员工和对工作感到不满意的员工的回答十分不同。一些内在因素(如成就、承认、责任)与工作满意相关。当对工作感到满意时,员工倾向于将这些特点归因于他们本身;而当他们感到不满意时,则常常抱怨外部因素,如公司的政策、管理和监督、人际关系、工作条件等。

基于调查结果,赫茨伯格指出,满意的对立面并不是不满意,因为消除了工作中的不满意因素并不一定能使工作结果令人满意。与传统的观点不同,赫茨伯格提出:满意的对立面是没有满意,而非不满意;同样,不满意的对立面是没有不满意,而非满意。

按照赫茨伯格的观点,导致工作满意的因素与导致工作不满意的因素是有区别的。一方面,管理者消除了工作中的不满意因素只能安抚员工,而不能激励员工。赫茨伯格称这些导致工作不满意感的因素为保健因素,如组织政策、监督方式、工作条件、人际关系、报酬、地位、职业稳定、个人生活需要等。当这些保健因素得到充分改善时,员工就没有了不满意感,但也并不意味着就感到满意。换言之,保健因素的改善只能消除工作中不满情绪,而不能激发员工的工作热情、不能从根本上激励员工。另一方面,赫茨伯格认为,要激励员工努力工作,必须注意激励因素(Motivators),这些因素的改善才会增加员工的工作满意感,常见的有成就、赏识(认可)、艰巨的工作任务、晋升、成长、责任感等。换言之,管理者只有改善这些因素,才能调动员工的工作积极性,激发其工作热情,进而从根本上激励员工。

总而言之,实际工作中存在保健因素和激励因素这两类不同的因素,它们对激发员工的工作热情,提高劳动效率起着不同的作用。不过,激励—保健理论在学术界同样存在着争议,包括:其一,人们容易把满意的原因归因于他们自己,而把不满意的原因归因于外部因素,并且,调查中评估者需要进行解释,这难免使调查结果掺杂偏见;其二,缺乏普遍适用的满意度评价标准,因为一个人可能不喜欢工作的一部分,但他整体上可能认可这份工作;其三,该理论忽视了情境变量;其四,该理论只考察了满意度,而没有涉及生产率,但满意度与生产率之间关系密切。

9.2.4 激励需求理论

激励需求理论,又称为3种需要理论(Three needs theory)或后天需要理论,是由美国哈佛大学社会心理学家大卫·麦克莱兰(David McClelland)等人提出来的,他们认为个体在工作情境中有3种主要的动机或需要,分别是:

①成就需要(Need for achievement),即达到标准、追求卓越、争取成功的需要。

②权力需要(Need for power),即影响或控制他人且不受他人控制的欲望。

③归属需要(Need for affiliation),即建立友好亲密的人际关系的愿望。

首先,成就需要是指一些人要将事情做得更完美,使工作更有效率,以获得更大的成功的强烈内驱力,但其追求的是个人成就感而不是成功之后的奖励。成就需求可以通过后天培养、训练而获得,因此后天的经历对成就需求的人很重要。一般地,主管人员的成就需要比较强烈;一个组织的成败,取决于其拥有的高成就需求的人数。

高成就需要者喜欢能独立负责、可以获得信息反馈和中度冒险的工作环境,喜欢设立具有适度挑战性的目标。在这种环境下,他们可以被高度激励。但是,高成就需要者并非赌徒,他们不愿意碰运气或受他人的左右,他们愿意接受挑战,并能承担失败的责任。另外,高成就需要者不喜欢接受那些在他们看来特别容易或者特别困难的工作任务。通常,高成就需要者对于自己感到成败机会各半的工作,表现得最为出色。对他们而言,当成败可能性均等时,才是一种能从自身的奋斗中体验成功的喜悦与满足的最佳机会。不过,高成就需要者未必就是一个优秀的管理者,因为高成就需要者重点只关注自己的成就,但优秀的管理者,应该重视的是帮助他人实现自己的目标。

其次,权力需要是指影响和控制别人的一种愿望或驱动力,是一种左右他人按某种方式行为的需要。高权力需要者喜欢"承担责任",喜欢竞争性和地位取向的工作环境。

再次,归属需要是寻求被他人喜爱、接纳并期待建立友好的、亲密的人际关系的一种愿望。高归属需要者渴望友谊,喜欢合作而不是竞争的环境,希望彼此之间的沟通与理解。

对于权力需要和归属需要,麦克莱兰认为,归属需要与权力需要和管理的成功密切相关;最优秀的管理者是权力需要很高而归属需要很低的人。

9.2.5　阿尔德弗需要理论

阿尔德弗需要理论又简称 ERG 理论,是由美国耶鲁大学心理学家克雷顿·阿尔德弗(Clayton P. Alderfer)根据对工人进行的大量调查研究之后提出的激励理论。他认为一个人的需要分 3 种:生存、相互关系、成长。

①生存的需要,是人最基本的、衣食住行等方面的物质需要。

②相互关系的需要,是指个人在工作环境中与他人之间的人际关系。

③成长的需要,是指个人在事业上、前途方面的发展。

阿尔德弗认为,某个层次的需要得到满足越少,则这种需要越为人所渴求;较低级的需要得到的越多,对较高级的需要渴求就越强;较高级的需求越是满足的少,则对较低级的需要的渴求也越多。这些理论,成为激励的重要指导原则。

9.3　过程型激励理论

9.3.1　目标设定理论

有关目标管理(MBO)的讨论为下面这一观点提供了充分的论据:具有一定难度且具体的目标,一旦被接受,将会比容易的以及诸如"尽力而为"等泛泛的目标更能激发高水平的工作绩效。这种主张称为目标设定理论(Goal Setting),主要由美国马里兰大学管理学兼心理学教授爱德温·洛克(Edwin A. Locke)提出。

具体来说,该理论认为,目标本身就具有激励作用,目标能把人的需要转变为动机,使人们的行为朝着一定的方向努力,并将自己的行为结果与既定的目标相对照,及时进行调整和修正,从而实现目标。另外,对于目标激励,当管理者预期到员工在接受比较困难的工作会遇到阻力时,让员工参与目标的设定是必要的、适当的。

但目标设置理论的有效性,要受到以下3个权变因素的影响:

1)目标承诺

假定个体既不会降低目标也不会放弃目标。一般地,当目标是公开的、个体是内控类型的以及目标是自我设定而不是分派而来的时候,这个假设容易成立。

2)自我效能感

自我效能感,即个体对于自己能否完成任务的信念。一般来说,自我效能感水平越高,个体越自信越能够成功完成任务。

3)民族文化

目标设置理论受到民族文化的限制。目标设置理论的主要思想脉络与北美文化相一致,人们一旦确定并接受目标,就比较容易坚定信念,轻易不改变,此时目标设置理论比较有效。但在其他与北美不一致的文化里,目标设置不一定导致高绩效。

基于目标激励的基本思想、影响因素,可以通过图9.3来揭示目标设置理论的激励过程。

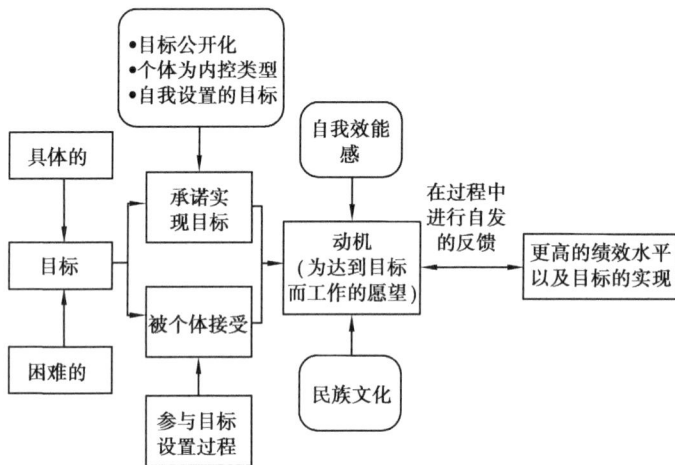

图9.3　目标设置理论的激励机制

需要提出的问题是,在激励需求理论中,激发成就动机的是中度的具有挑战性的目标,而目标设定理论则认为设定具有一定难度的目标将产生更大激励作用,这两种说法矛盾吗?其实不矛盾,原因有两个方面:目标设定理论是针对一般大众的、基层的员工,而成就动机的结论是基于高成就需要者(如主管)而言的;换言之,大多数人更容易接受目标设定理论。目标设定理论适用于那些承诺并接受工作目标的人,也就是,具有一定难度的目标只有被人们所接纳,才会导致更高的工作绩效。

9.3.2　公平理论

在一个共同的工作环境里,员工之间进行贡献与薪酬的比较是一种极为正常的现象。大量事实表明,员工经常将自己的付出与所得和他人进行比较。假如比较的结果是自己与他人相比具有较大差距,由此产生的不公平感将影响此人以后付出的努力。对于雇员来说,有时候一个人的工作努力程度并不是由其得到的绝对收入唯一决定的,它还受与他人相比较后的相对收入以及该雇员公平观念的影响。

公平理论(Equity theory)由美国心理学家约翰·斯塔西·亚当斯(John Stacey Adams)提出。该理论认为员工首先把自己在工作情境中得到的结果(也就是所得,如薪金、晋升、认可等)与自己的努力(付出,如努力程度、工作经验、教育程度及能力水平等)进行比较,然后再将自己的"所得—付出比"与相关他人(即参照对象)的"所得—付出比"进行比较。如果员工感觉到自己的比率与他人相同,则为公平状态;如果感到二者的比率不相同,则产生不公平感,也就是说,他们会认为自己的收入过低或过高。这种不公平感会让员工产生紧张感,这种紧张又会成为他们追求公平和平等的动机基础。

在公平理论中,员工所选择的与自己进行比较的参照对象(Referents)分为 3 类:"他人""制度"和"自我"。其中,"他人"是从事类似工作的其他个体,包括同一组织的其他个体,也包括朋友、邻居及同行。员工通过口头、报纸、杂志及小道消息等渠道可以获得有关工资标准、劳工合同等方面的信息,并在此基础上将自己的收入与他人的收入进行比较。"制度"是指组织的薪酬政策与程序,以及这些制度的运作与管理。对于组织层面上的工资分配、报酬政策,不仅包括那些明文规定,还包括一些隐含的不成文规定、惯例。而"自我"指的是员工自己在工作中付出与所得的比率,它反映了员工个人的过去经历及交往活动,受到员工过去的工作标准及家庭负担程度的影响。

基于公平理论,当员工感到不公平时,可能会采取以下几种做法:曲解自己或他人的付出或所得;采取某种行为使得他人的付出或所得发生改变;采取某种行为改变自己的付出或所得;选择另外一个参照对象进行比较;辞去工作。

大量研究支持了公平理论的观点:员工的积极性不仅受其绝对收入的影响,而且受其相对收入的影响。一旦员工感知到不公平,他们会采取行动纠正这种情境,其结果可能会降低或提高生产率,改善或降低产出质量,缺勤率或自动离职率提高或降低。该理论带给管理的启示是,由于公平性可能不容易被管理者觉察到,如果员工要求增加工资,说明组织对员工仍有吸引力;而如果离职率上升,则意味着员工已经有了强烈的不公平感。

当然,公平理论同样也存在一定的问题。公平与否,在很多方面属主观判断。如员工如何来界定和衡量其付出与所得? 更何况,人具有的一种倾向性是:高估自己的付出、低估自己的收入。这时,采用公平理论来对员工进行激励,将会对管理者产生较大的压力。

9.3.3 期望理论

弗鲁姆(Victor Vroom)的期望理论(Expectancy theory)是一种影响甚广的激励理论。期望理论认为,当人们预期某种行为能带给个体某种特定的结果,而且这种结果对个体具有吸引力时,个体就倾向于采取这种行为。

1)期望理论的简化模式

期望理论包括以下3项变量或3种联系：

①期望(努力—绩效的联系)。个体感觉到通过一定程度的努力可以达到某种工作绩效的可能性。

②手段(绩效—奖赏的联系)。个体对于达到一定工作绩效后即可获得某种理想的奖赏结果的信任程度。

③效价(吸引力)。如果工作完成，个体所获得的潜在结果或奖赏对个体的重要性程度，与个人的目标和需要有关。

上述联系实际上可以转化为以下这几个一目了然的问题：我必须付出多大努力以实现某一工作绩效水平，我真的能达到这一绩效水平吗？当我达到这一绩效水平后会得到什么奖赏，这种奖赏对我有多大吸引力？它是否有助于我实现自己的奋斗目标？

总之，员工是否愿意从事某种工作，取决于个体的具体目标以及员工对工作绩效能否实现这一目标的认识。或者说，如图9.4所示，一个人从事工作的动机强度取决于他认为自己能够实现理想的工作绩效的信念程度。如果目标得以实现(达到了一定的绩效水平)，他是否会获得组织所给予的充分奖赏？如果组织给予了奖励，这种奖励能否满足他的个人目标？

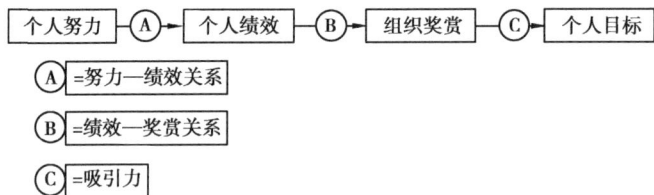

图9.4　简化的期望模式

2)期望理论的运行步骤

①员工感到工作能提供什么样的结果？这些结果是员工知觉到的结果(无论其知觉是否正确)，可以是积极的，如工资、人身安全、友谊、信任、额外福利、发挥自身潜能或才干的机会等。也可以是消极的，如疲劳、厌倦、挫折、焦虑、不自由、失业威胁等。

②这些结果对员工的吸引力有多大？其评价是积极的、消极的还是中性的？这与员工的态度、个性及需要有关。如果员工发现某一结果有特别的吸引力(也即他的评价是积极的)，那么他将努力实现它，而不是放弃工作。相反，有些评价可能是消极并放弃的。

③为得到这一结果，员工需采取什么样的行动？只有员工清楚明确地知道为达到这一结果必须做些什么时，这一结果才会对员工的工作绩效产生影响。

④员工是怎样看待这次工作机会的？也就是在衡量了自己的各项能力后，他认为工作成功的可能性有多大？

一个大学生上课的例子可以很好地再现期望理论的上述步骤。大多数学生可能会问老师这些问题：课程应该做些什么？考试和作业是什么样的？何时完成？平时作业和期末考试占总成绩的比重多大？同时他们自己还要思量：我需要付出多大努力能获得这门功课的学分? 我是否想得高分(拿奖学金、保送读研究生或找份好工作)? 为了该分数我该怎样付出努力? 对任课教师来说,一个好的课程教学设计(即能够激励学生认真学习),应该能解答学生的上述困惑,促使学生自己思考他应该怎样去做,并努力保证任课教师的公信力(他评分很公正,他能够发现哪些学生在努力哪些未努力),因为只有当学生重视分数,知道如何做能得到理想分数,并且获得好成绩的可能性较大时,学生才会被激励而努力学习。

3)期望理论对管理的启示

①期望理论强调报酬和奖赏,且组织给个体提供的奖赏正是他们所需要的,即组织的奖赏应与个体的需要保持一致;

②期望理论的基础是自我利益,也即组织应该意识到每一员工都在寻求获得最大的个人利益或满足感;

③期望理论的核心是双向期望,即管理者期望员工的行为,员工期望管理者的奖赏;

④期望理论注重被期望的行为,其关键在于正确识别个人目标并判断 3 种联系;

⑤期望理论关心的是知觉,而与实际情况不相关,个体对工作绩效、奖赏、目标满足的知觉决定了他们的努力程度,而不是客观情况本身,因此组织应创造这种知觉环境。

总之,管理者必须尽力发现员工在能力方面与工作需求之间的对称性,从而尽力帮助员工实现目标。

9.4 行为改造型激励理论

9.4.1 强化理论

强化理论(Reinforcement theory)是美国哈佛大学心理学家伯尔赫斯·弗雷德里克·斯金纳(Burrhus Frederic Skinner)等人提出的一种理论,也称操作条件反射理论、行为修正理论。所谓强化,是指加强或削弱人的行为的一种刺激,也就是通过不断改变环境的刺激因素,来达到改变某种行为的目的。强化理论是研究行为的结果对动机影响的理论。该理论认为,人的行为是由外部因素控制的,行为的原因来自外部,控制行为的因素称为强化物(Reinforcers)。强化物是在行为结果之后紧接着的一个反应,它提高了该行为重复的可能性。换言之,当人们因采取某种理想行为而受到奖励时,他们最有可能重复这种行为;当这种奖励紧跟在理想行为之后,则奖励最为有效;而当某种行为没有受到奖励或者是受到惩罚时,其重复的可能性则非常小。

强化可以分为正强化、负强化、惩罚、消失(或自然消退)4 种类型:

1)正强化

正强化又称积极强化,就是奖励那些组织需要的行为,从而加强这种行为。当员工采取某种行为时,能从组织那里得到某种令其感到愉快的结果,这种结果反过来又成为推进员工趋向或重复此种行为的力量。或者说,个体作出某种行为或反应,随后或同时得到某种奖励,从而使行为或反应强度、概率或速度增加的过程。

例如,组织用奖金、休假、认可、表扬、晋级、提升、改善工作条件和人际关系、安排担任挑战性的工作,给予学习和成长的机会等某种具有吸引力的结果,以表示对员工努力进行安全生产的行为的肯定,从而增强职工进一步遵守安全规程进行安全生产的行为。又比如,妈妈为了激励小明提高成绩,提出如果他期末考试进了全班前十名,就给他买他一直想要的手机,这也是正强化或积极强化。

正强化的原理常常被用来激励人们努力地学习与工作,做对社会有意义的事情,也用来帮助病人消除不良的行为和症状。

2)负强化

负强化又称消极强化,是指通过某种不符合要求的行为所引起的不愉快的后果,对该行为予以否定。若员工能按符合要求的方式行动,就可减少或消除令人不愉快的处境,从而也增大了职工符合要求的行为重复出现的可能性。

例如,企业安全管理人员告知工人不遵守安全规程,就得不到季度安全奖励,工人为了避免此种不期望的结果,而认真按操作规程进行安全作业。又比如,妈妈为了激励小明提高成绩,提出如果他期末考试进了全班前十名,就免去他每周末洗碗的任务,这也是负强化。

3)惩罚

惩罚是通过厌恶刺激的呈现来降低反映在将来发生的概率。换言之,在消极行为发生后,组织施以某种带有强制性、威慑性的手段(如批评、处分、经济处罚等)使行为的实施遭受身体上的痛苦,或给人带来某种不愉快的结果,或取消现有的令人愉快和满意的条件,以表示对某种不符合要求的行为的否定,从而减少这种行为。

例如,妈妈为了激励小明提高成绩,提出如果他期末考试没有进入全班前十名,寒假就没有压岁钱。这就是惩罚:用"没有压岁钱"来减少"没有考进全班前十名"发生的概率。

4)消失

消失又称衰减、自然消退,是指撤销对原来可接受的行为的强化,由于一定时期内连续不强化,这种行为将逐步降低争辩,直至消失。

消失是减少不良行为、消除坏习惯的有效方法。例如,企业曾对职工加班加点完成生产定额给予奖酬,后经研究认为这样不利于职工的身体健康和企业的长远利益,因此不再发给奖酬,从而使加班加点的职工逐渐减少。

按照强化理论,管理者可以通过强化他们认为有利的行为来影响员工的活动,无疑会对工作行为产生了重大影响。但强化理论的致命弱点是忽视了诸如目标、期望、需要、工资级别等个体要素,而仅仅注重当人们采取某种行动时会带来什么样的后果。

9.4.2 归因理论

归因论(Attribution theory)是美国心理学家海德、维纳、凯利(Harold Harding Kelley)

等学者提出或发展的一种激励理论。所谓归因,是指人们对他人或自己的行为进行分析,确认其性质或推论其原因的过程。

1)归因的类型

(1)情境归因

情境归因是将某种行为或结果归结为社会条件等外部环境因素。

(2)个人倾向归因

个人倾向归因是将行为的发生归结于个人主观的因素而引起的。

2)归因偏见

美国心理学家韦纳认为,成功与失败可以归纳为4个原因,即:努力、能力、任务难度和机遇。大量的心理学研究结果表明,一般人都有这样的归因倾向或偏见:将成功归结于内因(自身的努力、能力、情绪、心境),将失败归结于外因(环境、任务难度、机遇);而对他人成功与失败的归因,却刚好相反。例如,当人看到好照片时通常的反应是"真不错,你用的什么相机";当看到烂照片时,则往往嘲笑拍摄者"水平很臭"。

3)归因的标准

正确的归因,根据自己或他人行为的一贯性、一致性与特殊性等原则进行。凯利认为,这3个方面的信息构成一个协变的立体框架,可以将人的行为归因于行动者、客观刺激物、情境3类。其中,行动者的因素是属于内部归因,客观刺激物或情境属于外部归因。

(1)一贯性

一贯性(Consistency)是指某种行为的发生不是偶然的,行动者在任何情境和任何时候对同一刺激物做相同的反应,行动者的行为稳定持久。例如,有一位学生今天上课迟到了。如果该学生并不总是上课迟到,她在一学年中有7个月从未迟到过,则表明这是一个特例,行为的一贯性较低;而如果她每周都迟到两三次,则说明行为的一贯性高。行为的一贯性越高,观察者越倾向于对其作内部归因。

(2)一致性

一致性(Consensus)是将某种行为与他人进行对比,考察其是否具有相同性。如果每个人面对相似的情境都有相同的反应,该行为表现出一致性。比如,所有住在同一栋宿舍、到同一个食堂去吃早饭、走相同路线上课的同学都迟到了,则迟到行为的一致性就高。如果一致性高,我们对迟到行为进行外部归因;但如果住在同一栋宿舍、到同一个食堂去吃早饭、走相同路线上课的其他同学都准时到课堂了,则应认为该学生迟到行为的原因来自于内部。

(3)特殊性

特殊性(Distinctiveness)是指考察某种行为时,要分析是否有特殊背景或条件,也即行动者是在众多场合下都表现出这种行为,还是仅在某一特定情境下表现这一行为。如一名迟到学生是否经常表现得自由散漫、违反校纪校规或上课纪律。如果行为的区分性低,则观察者可能会对行为内部归因;如果行为的区分性高,则活动原因可能会被归于外部。

> 举例:教授甲批评学生乙,这件事情既可归因于学生乙,如学生乙懒惰;也可归因于教授甲,如教授甲是个爱批评人的人;又可归因于环境,如环境使教授甲误解了学生乙。
>
> 这3个原因都是可能的,问题在于要找出一个真正的原因。凯利认为,要找出真正的原因主要使用3种信息:一致性、一贯性和特殊性。一致性是指该行为是否与其他人的行为相一致,如果每个教授都批评学生乙,则教授的行为是一致性高的。一贯性指行动者的行为是否一贯,如教授甲是否总是批评学生乙,如果是的,则一贯性高。特殊性指行动者的行为在不同情况下对不同的人是否相同,如教授甲是否在一定情况下对学生乙如此,而对其他学生则不如此,如果是的,则特殊性高。凯利从这里引出结论说,如果一致性低、一贯性高、特异性低,则应归因于行动者。这就是说,其他教授都不批评学生乙,教授甲总是批评学生乙,教授甲对其他学生也如此,此时应归因于教授甲。如果一致性高、一贯性高、特殊性高,则应归因于对手。这就是说,每个教授都批评学生乙,教授甲总是批评学生乙,教授甲不批评其他学生,此时应归因于学生乙。如果一致性低、一贯性低、特异性高,则应归因于环境。这就是说,其他教授都不批评学生乙,教授甲也不总是批评学生乙,教授甲只是在一定情况下批评学生乙,对其他学生未加批评,此时应归因于环境。

实践中,根据归因理论,管理者要认识到员工是根据他们对事物的主观知觉而不仅仅是客观现实作出反应的。员工对于薪水、上级的评价、工作满意度、自己在组织中的位置和成就等方面的知觉与归因正确与否,对于其潜力的发挥和组织的良好运作是有重要影响的。同时,管理者在对员工的行为进行判断和解释时也应尽量避免归因中的偏见和误差。

9.5　当代激励问题

9.5.1　激励理论与民族文化

《管理学》所介绍的激励理论,主要是由美国心理学家建立起来的,并在研究美国产业工人中得到了验证。因此,这些理论需要根据不同的文化背景进行调整。

"自我利益"概念与美国的资本主义和崇尚个人主义的文化相契合,本章介绍的激励理论都是以自我利益动机为基础,可能适用于英国、澳大利亚、新西兰、加拿大等。但是,在集体主义占优势的国家(如委内瑞拉、新加坡、日本、墨西哥、中国),个人与组织的联系强调的是个人对组织或社会的忠诚性,而不是他的自我利益。集体主义文化中的员工,更容易接受以集体为基础的职务设计、群体目标和群体绩效评估。如成就需要的概念就是带有美国特征的理论假定,因为那种认为高成就需要是内部激励因素的观点,其实是预先假设存在两种文化特征:一是接受中等程度风险的愿望;二是对绩效的关注。显然,这些特征将排除具有较高不确定性回避倾向和较高生活质量评价的国家中的组织。

9.5.2 激励多元化的员工队伍

为了对每一个个体进行最大程度的激励,管理者有必要进行灵活的考虑和处理。灵活性是激励多元化员工队伍的关键,多样化奖励措施应满足个人各不相同的需要与目标。例如,研究表明男性与女性相比更看重工作的独立性;女性则比男性更看重学习机会、方便的工作时间以及良好的人际关系。再如一个有未成年孩子且需要从事全日制工作以维持家庭生活的单身母亲,一个单身且从事兼职工作的博士生,一个被返聘的大学教师,管理者应该清楚地认识到,激励他们工作的动力是完全不同的。一个单身母亲,她的孩子还未到入学年龄,如果公司拥有亲情般的福利项目,如小孩入托,灵活的工作时间,工作分工,多种福利待遇和个人假期,她会容易对自己的工作感到满意,对公司表现出更多的承诺与忠诚。一个在校博士生可能会选择一些兼职工作,因为边工作边读书的学习方式可以使他获得有价值的工作经验,满足他的经济需要,同时还能使他继续攻读博士学位。一个已到退休年龄的大学副教授,他会经常称赞这个返聘他继续工作并能够提供良好医疗健康计划的高校,并保持着异常的勤奋以及科研工作热情。

再比如,对大学教师等专业人员的激励与对一般公司员工的激励应该很不相同。其中,把科研工作表现出色的大学教授提升为管理者或者将其调配到行政岗位的做法可能并不是很好的奖励方法,因为这样做,反而可能会阻碍其科研、教学工作。相反,承认和奖励某些大学教授的最有效措施,就是给他们更多的学术自由、赋予他们更大的责任。很多大学教授并不想承担管理责任,但却需要学术自由、教学氛围的自由以及对其技术才能的认可。

此外,对诸如应急工、兼职工、合同工及其他的短期工,对那些缺乏技能、工资较低的员工,激励方案和举措应该也不一样。

9.5.3 关于激励员工的建议

本章介绍了很多激励理论,问题是在实践中管理者到底应该如何做呢?尽管并没有一个简单的、放之四海而皆准的行为指南,但是有些建议会对管理的激励有实质性帮助。

1)认清个体差异

几乎所有的当代激励理论都认为每个员工都是一个独特的不同于他人的个体,他们的需要、态度、个性及其他重要的个体变量各不相同。例如,期望理论对内控型人比外控型人预测得更准确,因为这与期望理论中的自我利益假设是一致的。

2)人与职务相匹配

例如高成就需要者应该从事小公司的独立经营工作或大企业中从事相对独立的部门运作;大型官僚组织中管理者通常是高权力需要和低归属需要的个体。

3）运用目标

目标激励在很多情况下都比较适用。管理者应确保员工具有一定难度的具体目标，并对他们工作完成的程度提供反馈。此外，如果管理者预期到目标会受到抵制，则应该让员工参与目标的设定；如果参与做法与组织文化相抵触，应由管理者单独设定目标。

4）确保个体认为目标可以达到

如果员工认为目标无法达到，则其努力程度会降低。因此，管理者必须确保员工的自信，让他们感到只要努力、勤奋，就可以实现绩效目标。

5）个别化奖励

不同员工的需要不同，管理者应当根据员工的需求差异对其进行个别化的奖励，差别化地运用加薪、晋升、度假、参与目标设定、参与决策的机会等奖励措施。

6）奖励与绩效挂钩

奖励与绩效需要相统一。一些常见的奖励举措，如加薪、晋升等，应该授予那些达到了特定目标的员工，并增加奖励、晋升问题的透明度。

7）检查体制的公平性

员工应当感到付出与所得是对等的。但由于公平是相对的且很主观的，所以理想的奖励系统能够分别评估每一项工作的投入，并相应给予合适的奖励。

8）不要忽视钱的因素

钱是大多数人从事工作的主要原因。因此，以绩效为基础的加薪、奖励及其他物质刺激在决定员工工作积极性上起着重要的作用。

【本章小结】

1.动机是个体通过高水平的努力而实现组织目标的愿望，而这种努力又能满足个体的某些需要。动机过程始于一个未被满足的需要，它产生了心理紧张，从而驱动个人去寻求特定的目标，如果最终目标实现，则需要得以满足，紧张得以解除。

2.需要层次理论认为人有生理、安全、社交、受尊重和自我实现5个层次的需要。个体试图不断努力以逐层满足这些需要。一种需要相对得到满足就不会再产生激励作用。

3.X理论比较消极地看待人性，如员工不喜欢工作，逃避责任且懒惰，所以必须强制；Y理论则比较积极地看待员工，认为他们具有创造性，愿意主动承担责任，能够自我约束。

4.双因素理论认为，保健因素只能安抚员工，不能让员工产生工作满足感，进而没有激励作用。但诸如成就、认可、责任及晋升等激励因素能够使员工产生工作满意感。

5.高成就需要者喜欢能够独立负责，可以获得信息反馈和中等风险水平的工作。

6.通过提供具体的、富有挑战性的目标可以激励员工，起到指导和促进工作绩效的作用。

7.强化理论认为,只有使用积极强化而非消极强化才能奖励理想行为。

8.公平理论认为,个人总是将自己的付出—所得比与他人进行比较,进而导致降低或提高对工作的积极性。

9.期望理论指出,只有当人们预期到某一行为能给个人带来既定结果,且这种结果对其具有吸引力时,个人才会采取这一特定行为。

10.有效的激励建议包括:认清个体差异,使人与职务相匹配;运用目标;确保个体认为目标可以达到;个别化奖励;奖酬与绩效挂钩;确保公平及重视金钱的激励作用。

【案例分析】

【案例9.1】　有轨电车为何脱轨

(1)昨天下午4:30左右,一辆满载乘客的有轨电车在接近南沙车站附近转弯时脱轨撞墙,车上乘客30人受伤,其中5人伤势较重。有轨电车公司经理罗伯明说,这次事故显然是由于该车超速行驶所致。他认为,事故发生时电车正驶过一段弧线,刚要驶入南沙站,车速达30 km/h,比转弯处的规定行驶速度高2~3倍。有轨电车公司的一些工作人员认为,车撞到铁轨右侧的院墙才免于翻车,否则会造成更大伤亡。据罗伯明介绍,昨天发生事故的3509号车以前曾发生过3次脱轨,上一次脱轨也是由昨天那位司机开的。前3次脱轨事故都发生在中山广场的转弯处。

(2)下面是《滨海日报》于1988年4月18日发表的关于电车脱轨事故的第二篇报道。昨天,有轨电车公司工会领导人就3509号车发生脱轨事故一事发表不同看法,认为事故的原因不能完全归咎于电车司机,有轨电车线路设计和车辆维修上的问题难辞其咎。工会主席乔亚平为此提出警告:"如果这些问题不能马上解决,这车我们是没法儿开下去了。"乔亚平承认他还不知道这次事故的具体原因,但他指出:"我们希望公司领导不要武断地认为这是人为的过失。这些车辆本身早就有毛病。"自1982年1月这些新式有轨电车投入使用以来,已经发生了30多起脱轨事故。当初,有轨电车公司共订购了25辆新车,耗资150万元;而现在只有十二三辆还能正常运行,其余的都已入库待修。

有轨电车公司发言人宣义德说,公司的技术人员对事故发生地点进行了详细调查,认定线路状况良好,符合运行条件。有轨电车公司对转弯处的速度有明确规定,不得超过10 km/h。但据一些当事者和电车公司的罗伯明经理说,当时这辆电车速度可能达到了20 km/h。另一位工会干部介绍,他在出事后与司机谈过,司机说他当时并没有给车加速,他开得很慢,速度只有3~4 km/h。"我们可以肯定,这次事故不是由于司机加速行驶造成的。"但是,公司发言人宣义德说,"罗伯明经理仍认为把事故原因归于司机加速行驶是有根据的"。

问题:根据归因理论,你认为此次事故原因何在?还需要做哪些调查?

【思考与练习】

一、单项选择题

1.对"戴罪立功"的犯人一般会"从轻发落"是(　　)。

A.消退 　　　　　B.惩罚 　　　　　C.正强化 　　　　　D.负强化

2.下列因素中属于保健因素的有(　　)。

A.领导的赏识 　　　B.个人的发展前途 　C.工作上的责任感 　D.工作条件

3.某组织规定,职工上班迟到或早退一次,扣发当月 50%的奖金。自此规定出台之后,职工迟到早退现象基本消除,这是哪一种强化方式?(　　)

A.正强化 　　　　　B.负强化 　　　　　C.惩罚 　　　　　D.消失

4.某企业采用"胡萝卜加大棒"的管理方式,你认为他们把工人看成(　　)。

A.社会人 　　　　　B.经济人 　　　　　C.复杂人 　　　　　D.自我实现人

5.如果某人对完成某任务的期望值很高,但效价较低,则他干该任务的积极性(　　)。

A.高 　　　　　　　B.低 　　　　　　　C.中等 　　　　　　D.难以确定

6.以下哪种现象不能在需要层次理论中得到合理的解释?(　　)

A.一个饥饿的人会冒险去寻找食物

B.穷人很少参加排场讲究的社交活动

C.在陋室中苦攻"哥德巴赫猜想"的陈景润

D.一个安全需要占主导地位的人,可能因为担心失败而拒绝接受富有挑战性的工作

二、名词解释

动机　自我效能感

三、简答题

1.需要在动机中起什么作用?

2.试用 X 理论和 Y 理论解释"胡萝卜加大棒"的激励政策。

3.根据强化理论的观点,谈谈为什么管理者不应该惩罚员工?

4.目标设定理论所提倡的"具有一定难度的目标"与高成就需要者所寻求的"中等难度的目标"之间,似乎存在着明显的矛盾,如何解释?

5.当员工感到自己的投入产出比与相关他人比较时不相等,可能会出现什么结果?

四、应用分析题

1.分析金钱在以下理论中分别起什么作用?

(1)需要层次理论;

(2)激励—保健理论;

(3)公平理论;

（4）期望理论；

（5）具有高成就需要的员工。

2.分析知觉在以下理论中分别起什么作用？

（1）期望理论；

（2）公平理论；

（3）强化理论。

3.根据本章的各种激励理论,假设你是学院的学生会主席,如果你要为学生参与公共事务(如元旦晚会、体育竞赛、公益慈善活动、知识竞赛)开发一种奖励制度,你将要采用哪种理论的何种要素,为什么？

4.你认为员工队伍的多样化会给管理者应用公平理论造成什么困难？

第 10 章　领　导

【知识目标】

　　1.解释管理者与领导者之间的差异。

　　2.阐述领导的特质理论与行为理论。

　　3.解释费德勒的权变模型。

　　4.概述路径—目标模型。

　　5.描述领袖魅力的领导者、愿景规划的领导者以及团队领导者各有哪些特点。

【能力目标】

　　1.对比事务领导者与变革领导者的差异。

　　2.对比赫塞-布兰查德的情境理论与领导者参与模型的差异。

　　3.解释领导者可能拥有的各种权力资源。

【素质目标】

　　1.假如你是一个领导者,你会如何创造一个信任的组织文化。

　　2.你是如何理解或看待领导风格中的性别差异与文化差异的。

10.1　领导的基本概念

　　为了更深刻地理解与"领导"有关的管理及理论问题,先来看一段舆论对美国著名企业家、地产商人唐纳德·特朗普(Donald Trump)与著名律师、美国前国务卿希拉里·黛安·罗德姆·克林顿(Hillary Diane Rodham Clinton)对决美国第58届总统竞选后的评论。

　　一些舆论分析认为,唐纳德·特朗普意外成功当选美国历史上第58届、第45任和第44位总统,美国资深政客输给政治圈外的地产商人,这可能给人们对领导力有了重新认识或认识上有深刻变化提供了依据。对此,中人网合伙人、人才管理首席顾问唐斌地认为,美国政治精英在近二十年的全球互联时代,陷入了"高大上"的伪领导力误区,脱离了大部分中基层人民的利益诉求,以表面好听的概念和口号自欺欺人而不自知。

　　美国前国务卿希拉里表面上看起来像一位言辞漂亮的一贯政治正确的光明领导者,并没有觉察到美国阶层的世界变动及中基层人民的利益需求,更致命的是通过"邮件门"的暴露,她实际呈现出来的是一位"暗黑领导者"。与此相反,特朗普通过数据团队早已理性地分析出美国阶层收入的变化以及这些年一直被忽略的中基层人民的政治及利益诉求,从而对自己的营销定位也非常明确清晰,以"让美国再次强大"的口号深深地嵌入选民的大脑。他以极具本色化和区分度的粗俗而又直接感性的言行,抓住人性中更容易接受生动的故事的特点,利用 Twitter 及 Facebook 等自媒体的频繁互动,辅之以大量面对面的激情演讲的参与式体验,将本来是民主党票仓的中基层人民和摇摆州的选票纳入囊中。这是务实商人特朗普在对世界变化的利用和人性的洞察两方面都完胜了传统政治精英的体现。

　　上述这段网络评论的立场性明确、个人主观色彩浓重,但也给人们理解"领导"的概念、特征、风格提供了一些线索。唐纳德·特朗普作为政治素人赢得了总统大选,既让一些人领略到了粗鄙的常人特朗普,也让更多的人看到了不屈不挠,具有顽强斗志、富有远见、充满同情心的商人特朗普,自然也就想到了领导的重要性,甚至可以说,有效地进行领导是现代管理者必须掌握的一项基本技能。既然领导如此重要,那很自然要问这样一个问题:"领导能力是与生俱来的,还是后天形成的?"领导者与非领导者有何不同之处?领导者主要会追求什么?女性领导者有何管理上的优势?如果你希望被别人看成领导者,你应怎样做?这些都是本章主要回答的问题。不过,在讨论领导理论之前,首先来辨析管理与领导的区别和联系。

10.1.1　领导和领导者

　　一般认为,领导者(Leaders)是指那些能够影响他人并拥有管理职权的人;而所谓领导(Leadership),是一个影响群体成功地实现目标的过程。准确地理解"领导"的含义,还需要把握以下 3 个方面:

　　1)领导是一过程

　　领导是一个过程而不是某一个体。"领导"的这一过程是一个动态过程,受许多因素影响,领导活动表现出很强的规律性和创造性,是科学性和艺术性的综合体现,是领导与群体的各种交换作用的体现。

　　2)领导的本质人际影响

　　领导的本质人际影响是一种追随关系。领导要有追随者,要有影响力。没有影响力就不会有追随者。正是人们愿意追随某人,从而使他成为一名领导者。人们往往追随那些他们认为能提供实现其愿望和需求手段的人。

　　3)领导的目的是群体或组织目标的实现

　　领导是一种社会活动,特指领导的角色行为,对他人施加影响力,以实现组织或群体目标;而领导者是一种社会角色,特指领导活动的行为主体,即能实现领导过程的人。

10.1.2　领导与管理的异同

任何一个管理者要带领他的团队走向成功,领导才能是他的内在因素,管理是他的外在因素。因此,领导与管理,既有共性的地方又有较大的差异。

在共性问题上,领导或管理都是通过影响他人的协调活动来实现组织目标的过程。领导和管理两者也存在诸多非共性的地方,主要表现在以下5个方面:

①管理是一种附属于职权的强制力,通常下属必须服从,但可以消极抵抗。而领导的本质是建立在个人魅力或专长上的影响力,如品格、才能、知识、情感、责任感等,接受领导的下属一般会自觉地为组织目标努力。

②管理者是被任命的,他们拥有合法的权力对下属进行奖励和处罚,其影响力来自他们所在的职位所赋予的正式权力。而领导者可以是任命的,也可以是从群体中产生出来的,他可以不运用正式权力来影响他人的活动。

③管理的经验、制度可以从其他组织中学习和引进,但领导才能必须自我锤炼。

④领导的对象主要是人(下属、员工以及其他非组织中的个人或群体),而管理的对象可以是人,也可以财、物、信息、时间、空间、资源。

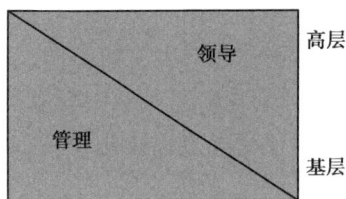

图 10.1　领导、管理与组织层次

⑤领导与管理各自运用的比重与组织的层级有关。作为一个管理者,当职位不断向上提升时,除了具备应有的管理技能外,领导力也需要不断的提升(图10.1),其由内而外逐渐培养起来的品质、领袖风范等对人际关系的影响力的运用逐渐增加。

基于上述管理与领导差异的理解,管理学研究的是那些能够影响他人行为并拥有正式职位的人,并主要关心管理者如何成为领导者。人们会有这样的疑问:所有的管理者都是领导者吗? 或反过来说,所有的领导者都是管理者吗? 在理想情况下,所有的管理者都应该是领导者。但是,一个人能够影响别人这一事实并不表明他同样也能够计划、组织和控制;实际上,也并不是所有的领导者必然具备有效管理者应具备的能力或技能。因此,既然所有的管理者都理应是领导者,本章主要就管理的角度来探讨领导这一主题。

10.1.3　领导者的权力与影响力

1)领导者的权力来源

领导者一般都具有一定的力量,这因为他拥有权力,例如领导者有权作决策,他可能会影响一个组织的成功或失败,他也可能会影响别人的升迁与收入。现实中,有些领导者在使用权力方面做得非常好,而有些人却在挥霍这些权力。领导者有5种权力来源,分别是:

(1)法定权力

法定权力是领导者在组织中身处某一职位而获得的权力,也就是根据领导者在组织中的职位而拥有的,如任命权、罢免权等,它来源于正式或官方明确的规定。这样法定权力还可以引申出下面(2)和(3)种权力。

(2) 奖赏权力

奖赏权力包括加薪、改变津贴限额、提供晋升机会、授予官衔、改变福利分配等被奖赏方看重的任何东西。领导者因为有能力控制组织的金融、人力资源,可以对依赖这些资源的人施加影响,这些奖赏可以使追随者对领导者的忠诚度有所提高。

(3) 强制权力

强制权力是领导者惩罚或控制的能力,即通过处罚或剥夺他人权利来影响他人,如批评、训斥、降薪、解雇等。惩罚的作用是利用追随者对失去其重视的成果的恐惧感来控制他们。

以上 3 种领导者的权力(法定权力、奖赏权力、强制权力)是由于工作职位带来的权力,我们也可以统称为职位权力,并具有强制性、潜在性等特征,与职务相关。领导者除了源于法定职位带来的职位权力外,还有下面两种源于个人特征的权力,统称为个人权力:

(4) 专家权力

专家权力是由于具有他人承认的知识、技能而产生的权力,是一种基于专业技术、特殊技能或知识的影响力。如电工、律师、医生等,相对而言,他们具有专家性权力。

(5) 参照权力

参照权力是一种具有他人喜欢、仰慕的人格特征而产生的力量,源自个人所具备的令人羡慕的资源或人格特点,参照权力的形成是由于对他们的崇拜以及希望自己成为那样的人而产生的。

2) 领导者的影响力

在传统的领导观看来,领导差不多就等于权力(领导=权力);但现代领导观认为,领导是权力加上威信的综合体(领导=权力+威信),即领导力不仅意味着权力,也意味着对人际关系的影响力。尽管领导者的各种权力构成了影响力的基础,但权力≠影响力,如表 10.1 所示。

表 10.1　权力与影响力的比较

项　目	职位权力	影响力
来源	法定职位,由组织带来规定	完全由个人素质、品质、业绩和魅力而来
范围	受时空限制,受权限限制	不受时空限制,可以超越权限,甚至超越组织的局限
大小	不因人而异	因人而异,同一职位的经理,有的有影响力,有的没有
方式	以行政命令方式实现,外在作用	自觉接受,是一种内在的影响
效果	服从、敬畏,也可以调职、离职方式逃避	追随、信赖、爱戴
性质	强制性地影响	自然地影响

10.1.4　领导理论的分类

领导理论是关于领导有效性的研究。影响领导有效性的因素以及如何提高领导的有效性是领导理论研究的核心。学术界将领导理论大致归纳为3个方面：

1）领导特质理论

领导特质理论集中研究有效领导者应有的个人特性，包括领导的品行、素质、修养等，好的领导者应该具备的特质。

2）领导行为理论

领导行为理论研究领导的行为和风格对领导的有效性及对下属的影响，主要关心好的领导行为和风格。

3）领导权变理论

领导权变理论集中研究不同情况下，采用何种的工作作风和领导行为效果最佳，重点放在研究影响领导有效性的环境因素，希望了解在具体情况下，什么样的领导方式是好的。

本章下面几节内容重点阐述领导特质理论、领导行为理论、领导权变理论中几个代表性的理论观点。

10.2　领导特质理论

如果在行人中随机做一个街头访谈或调查，问一问这些行人在他们心目中领导是什么样子，可能会得到一系列的品质特征，如智慧、领袖魅力、决策力、热情、实力、勇气、正直和自信等。这些回答反映出领导的特质理论(Trait theories)的本质。

早期的领导理论研究着重在找出杰出领导者所具有的某些共同的特性或品质上。所谓领导者特质，是指那些能够把领导者从非领导者中区分出来的个性特点。领导特质理论侧重于选择"正确"的人来承担组织中的正式领导职位。但是，对于那些被公认为领导者的个体，如林肯、拿破仑、撒切尔夫人、比尔·盖茨以及刘彻、李世民、朱元璋、李嘉诚、任正非等人，我们能够从他们身上分离出一个或几个非领导者所不具备的特质吗？这些人毫无疑问符合领导者的定义，但他们各自表现出全然不同的特点。如果特质概念站得住脚，就需要找到所有领导者可能都具备的具体特点。

传统领导特质理论认为，领导者品质是天生、超人的，由遗传因素决定，包括体质特征、特性特征、工作特征和社会性特征，反映在领导者的精力、外貌、年龄、适应性、进取心、独立性等特征上，可以划分为3类因素：生理与气质，包括年龄、身高、体重、容貌、体格、风度等；能力与技巧，包括智力、指导别人的能力、决断能力、与人友好相处的能力以及运作技能等，且智力对领导效能的影响较大；兴趣与性格，热衷于探究并乐于从事某事物的倾向,以及自信度、适应性、支配性、外向性等性格特征。

现代领导特质理论认为领导者的特质也可以在实践中形成,可以通过后天的教育锻炼培养出来。美国心理学家艾德温·杰沙利将领导品质分为3大类,13个因素:能力,包括监督能力、智力、创造力;个性特征,包括性别、自信、决断力、成熟度、人际关系;激励特征,包括职业成就、自立、对权力的追求、不慕财富、冒险。在这13个因素中,性别是最不重要的,而监督能力、职业成就需要、智力、自立、自信、决断力则是最重要的6个品质因素。

斯蒂芬·罗宾斯总结出领导者有6项特质不同于非领导者,即进取心、领导愿望、正直与诚实、自信、智慧和工作相关知识。表10.2简要描述了这些特质。

表 10.2 区分领导者与非领导者的 6 项特质

序 号	特 质	描 述
1	进取心	领导者表现出高努力水平,拥有较高的成就渴望;他们进取心强,精力充沛,对自己所从事的活动坚持不懈,并有高度的注意力
2	领导愿望	领导者有强烈的愿望去影响和领导别人,他们表现为乐于承担责任
3	诚实与正直	领导者的真诚与无欺以及言行高度一致,在他们与下属之间建立相互信赖的关系
4	自信	下属觉得领导者从没缺乏过自信。领导者为了使下属相信他的目标和决策的正确性,必须表现出高度的自信
5	智慧	领导者需要具备足够的智慧来收集、整理和解释大量信息;并能够确立目标、解决问题和作出正确的决策
6	工作相关知识	有效的领导者对于公司、行业和技术事项拥有较高的知识水平。广博的知识能够使他们作出富有远见的决策,并能理解这种决策的意义

另外,变革型领导的倡导者巴斯(Bass)也认为,有效的领导者在完成任务中具有这样的特质:强烈的责任心;能精力充沛、锲而不舍地追求目标;在解决问题中具有冒险性和创造性,在社会环境中能运用首创精神;富于自信和特有的辨力;愿意承受决策和行为的结果;愿意承受人与人之间的压力;愿意经受挫折的磨炼;具有影响其他人行为的能力。

然而,不管如何描述管理者的特质,也有学者指出,完全基于特质的解释忽视了领导者与下属的相互关系以及情境因素,如被领导者的地位和影响。具备恰当的特质只能使个体更有可能成为有效的领导者,但他还需要采取正确的活动,因为,在一种情境下正确的活动在另一种情境下却未必正确。此外,领导者的性格特征内容过于复杂,且随不同情况而变化,既难以寻求由此获得成功的真正因素,也难以探索领导者所有性格特性彼此的相对重要性。

10.3 领导行为理论

在意识到特质论的一些局限性之后,研究者开始把目光转向具体的领导者表现出的行为上,希望了解有效领导者的行为是否有什么独特之处。比如,领导者倾向于更为民主还是更为专制? 研究者希望行为理论(Behavior theory)观点能提供更为明确的有关领导实质的答案,据此提供一个为组织中的正式领导岗位选拔"正确"人员的基础。并且,如果行为研究的确找到了有关领导方面的关键性决定因素,就可以把人们培养成为领导者了。

领导行为理论认为领导的有效性取决于领导者与被领导者之间形成相互作用的适当行为方式。为此,研究者们将研究的重点集中在 3 个方面:任务绩效、群体的维系程度和员工决策时的参与度,并试图通过这一方法识别优秀的领导者都在做什么? 领导者的工作是集中在把工作做好还是让下属感到愉快? 决策时应是独裁还是民主? 这一节将介绍研究者在行为类型方面所进行的一些经典研究。

10.3.1 俄亥俄州立大学的研究

较为全面且重复较多的行为理论是来自于 20 世纪 40 年代末的俄亥俄州立大学进行的"四分图理论"研究。研究者希望确认领导者行为的独立维度,收集了大量下属对领导行为的描述,开始时列出了 1 000 多个因素,最后归纳出两大类:定规维度和关怀维度。

1) 定规维度

定规维度(Initiating structure)指的是为了达到组织目标,领导者界定和构造自己与下属角色的倾向程度。它包括试图设立工作、工作关系和目标的行为,具有高定规特点的领导者会向小组成员分配具体工作,要求员工保持一定的绩效标准,并强调工作的最后期限。

2) 关怀维度

关怀维度(Consideration)指的是一个人具有信任和尊重下属的看法与情感的这种工作关系的程度。高关怀的领导者帮助下属解决个人问题,他友善而平易近人,公平对待每一个下属,并对下属的生活、健康、地位和满意度等问题十分关心。

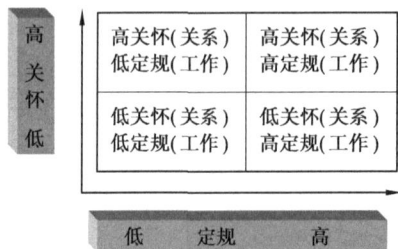

图 10.2 领导行为的四分图

"定规"与"关怀"这两个因素的组合可构成 4 种不同的领导行为模式(图 10.2)。以这些概念为基础进行的大量研究发现,一个在定规和关怀方面均高的领导者(高-高型领导者,High-high leader)常常比其他 3 种类型的领导者(低定规-高关怀、高定规-低关怀、低定规-低关怀)更能使下属达到高绩效和高满意度。

但是,"高-高型风格"并不总是产生积极的效果。比如,当工人从事常规任务时,以高定规为特点的领导行为导致了高抱怨率、高缺勤率和高离职率,工作的满意度水平也很低。其他研究还发现,在生产部门内,工作绩效评定结果往往与定规程度呈正相关,与关怀程度呈负相关;而在非生产部门,则相反。总之,"高-高型风格"能够产生一些积极的效果,但同时研究者们也发现了足够的特例,表明这一理论还需加入情境因素。

10.3.2　密歇根大学的研究

与俄亥俄州立大学的研究同期,密歇根大学调查研究中心也进行着相似性质的研究,即确定领导者的行为特点,以及它们与工作绩效的关系。

密歇根大学的研究小组也将领导行为划分为二个维度,称之为员工导向和生产导向。员工导向的领导被描述为重视人际关系,他们总会考虑到下属的需要,并承认人与人之间的不同。相反,生产导向的领导者倾向于强调工作的技术或任务事项,主要关心的是群体任务的完成情况,并把群体成员视为达到目标的工具。

密歇根大学研究者的结论对员工导向的领导十分有利,他们与高群体生产率和高工作满意度成正相关,而生产导向的领导者则与低群体生产率和低工作满意度联系在一起。

10.3.3　艾奥瓦大学的研究

艾奥瓦大学心理学家科特·勒温(Kurt Lewin)教授与其助手们,以权力为变量,把领导者在领导工作中所体现出来的领导行为分为独裁型风格、民主型风格、放任型风格 3 种维度:

1)独裁型风格

独裁型风格是告知下属使用什么样的工作方法。这种领导风格将权力定位于领导者个人,以力服人,靠权力和强制让人服从。其特点是独断专行、奉命行事,有命令和纪律约束,上下属之间常常保持一种心理距离。领导效果既有对领导服从,但也容易导致成员之间的相互攻击,领导不在则工作松懈。

2)民主型风格

民主型风格是员工参与有关工作方法与工作目标的决策,并把反馈当作指导员工工作的机会。这种领导风格将权力定位于组织中的群体,依靠领导的影响力和成员的自觉性来表现。其特点是群体讨论政策,下属的自由度高,主要依靠影响力来维持合作,下属更积极地参与群体活动。领导效果是,成员关系比较融洽,成员之间比较团结,领导不在也同样努力。

3)放任型风格

放任型风格是给予群体充分自由而作出决策和完成工作的领导风格。也是一种放任自流的领导风格,将权力定位于组织每一个成员,崇尚一种无政府式的管理,领导者缺乏关于团体目标和工作方针的指示,对具体工作安排和人员调配也不作明确指导。

10.3.4 管理方格论

布莱克和莫顿(Blake and Mouton)2人发展了领导风格的二维观点,在"关心人"和"关心生产"的基础上提出了管理方格论(Managerial grid),充分概括了俄亥俄州立大学的关怀与定规维度以及密歇根大学的员工取向和生产取向维度。管理方格如图10.3所示,它在两个坐标轴上分别划分出9个等级,从而生成了81种不同的领导类型。但是,管理方格理论主要强调的并不是产生结果,而是领导者为了达到这些结果应考虑的主要因素。尽管在管理方格中存在81种类型,但布莱克和莫顿主要阐述了5种最具代表性的类型。

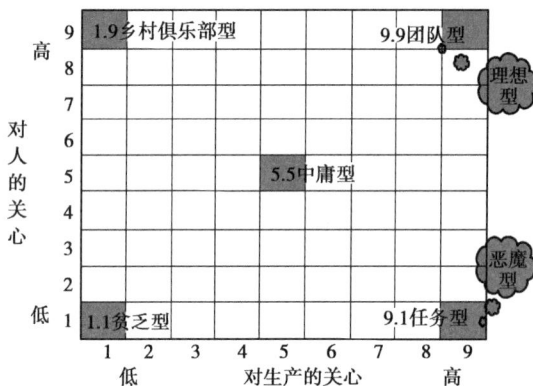

图10.3　管理方格图

1)贫乏型(1.1)

领导者付出最小的努力完成工作,他们花最少的努力去实现目标与维持组织成员的身份,对生产和人的关心程度很小。

2)任务型(9.1)

领导者只重视任务效果,而不重视下属的发展和下属的士气,也即由于工作条件的安排从而使工作实现高效运作,使人的因素的干预降到最低限度。

3)乡村俱乐部型(1.9)

关注员工,创造良好的工作环境,领导者只注重支持和关心下属,而不关心任务效率。

4)中庸之道型(5.5)

也就是领导者维持足够的任务效率和令人满意的士气。领导者在生产与关心员工之间保持平衡,使组织绩效得以充分实现成为可能。

5)团队型(9.9)

通过共同的目标、信任与相互尊敬来激励员工的奉献精神。领导者通过协调和综合工作中的相关活动,提高任务效率与员工士气,把组织的目标和个人的需求、理想等有效地结合起来。

从这些发现中,布莱克和莫顿得出结论:团队型(9.9)风格的管理者工作最佳。遗憾的是,管理方格论并未对如何培养管理者提供答案,只是为领导风格的概念化提供了框架。并且,也没有实质性的证据支持在所有情境下(9.9)风格都是最有效的方式。

10.3.5　领导行为理论的总结

以上阐述了几种对领导进行解释的最流行、最重要的行为理论。然而,所有这些研究在确定领导行为类型与成功的绩效之间的一致性关系上很不成功。事实上,不同的环境导致了不同的结果,因此很难对领导行为作出概括性的陈述。领导行为理论欠缺的是对影响成功与失败的情境因素的考虑。如几个需要重新思考领导行为的典型的例子:如果是放在 19 世纪末或 20 世纪初,特蕾莎修女(Mother Teresa)、黑人人权运动领袖马丁·路德·金(Martin Luther King, Jr.)是否还会成为被压迫者的杰出领袖? 也有足够多的事实表明,虽然诺贝尔和平奖获得者纳尔逊·罗利赫拉赫拉·曼德拉(Nelson Rolihlahla Mandela) 可称得上是全球政治家里唯一一个能够突破意识形态、几乎被全球所有国家认同、被高度评价的政治家,但他治理下的南非,经济状况、社会治安、国家实力,比起白人统治南非时期差距较大。还有,如果瑞尔弗·奈德(Ralph Nader)出生于 1834 年而不是 1934 年,或出生于哥斯达黎加而非美国,他还会成为消费者活动团体的领导人物吗? 这似乎很不可能,但行为观点未能指明这些情境因素。

10.4　领导权变理论

由于领导特质理论、领导行为理论未能在领导效果等诸多方面获得一致性的结果,使得人们开始重视情境的影响。权变理论认为,领导的有效性与否不仅与领导者的素质和行为有关,而且与其所处的环境相关。具体地,与特定情境相适合的领导方式是有效的,而与特定情境不相适合的领导方式则往往是无效的;也就是说,领导的有效性还取决于领导者、被领导者和环境的影响。领导风格与有效性之间的关系也可以证明,X 风格在 A 条件下恰当可行;Y 风格则更适合于条件 B;Z 风格适合于条件 C,即随着环境的改变而改变领导行为也许是最有效的领导。条件 A、B、C 可以理解为环境或情境,但 A、B、C 到底是什么呢? 这意味着,研究者不仅要知道领导的有效性取决于情境,还需要能分离出这些情境条件。

很多研究在分离出影响领导效果的主要情境因素方面作出了贡献。这些情境因素包括:领导者所从事的任务(即项目的复杂性、类型、技术和规模)是一个明显的中间变量,还有领导者直接主管的风格、群体规范、控制范围、外部的威胁与压力、组织文化等。本书主要介绍情境变量的 4 种分离方法:菲德勒模型、赫塞和布兰查德的情境理论、路径—目标理论和领导者—参与模型。

10.4.1　菲德勒的模型

美国管理学家弗莱德·菲德勒(Fred E. Fiedler)提出的领导情境论认为,任何领导方式都可能是有效的,其有效性取决于领导方式是否与所处环境相适应。菲德勒权变模型(Fiedler contingency model)指出,有效的群体绩效取决于领导者与下属相互作用的风格以及情境对领导者的控制和影响程度之间的合理匹配。下面是对该模型的具体描述。

1)领导风格的测量

菲德勒相信影响领导成功的关键因素之一是个体的基本领导风格,因此他首先试图发现这种基本风格是什么。为了测定领导者的领导方式或领导风格,菲德勒设计了一种调查问卷,让领导者对最难合作的同事进行评分,用以测量个体是任务取向型还是关系取向型。问卷由16组对应形容词构成(表10.3)。菲德勒让作答者回想一下自己共过事的所有同事,并找出一个最难共事者或最难合作的同事(Least Preferred Co-worker,LPC,是指从工作绩效角度考虑,领导者最不愿意挑选其来一起工作的下属),在16组形容词中按1—8等级对他进行评估。菲德勒相信,在LPC问卷的回答基础上,可以判断出人们最基本的领导风格。

表 10.3　菲德勒的 LPC 问卷

快　乐	——8 7 6 5 4 3 2 1——	不快乐
友　善	——8 7 6 5 4 3 2 1——	不友善
拒　绝	——1 2 3 4 5 6 7 8——	接　纳
有　益	——8 7 6 5 4 3 2 1——	无　益
不热情	——1 2 3 4 5 6 7 8——	热　情
紧　张	——1 2 3 4 5 6 7 8——	轻　松
疏　远	——1 2 3 4 5 6 7 8——	亲　密
冷　漠	——1 2 3 4 5 6 7 8——	热　心
合　作	——8 7 6 5 4 3 2 1——	不合作
助　人	——8 7 6 5 4 3 2 1——	敌　意
无　聊	——1 2 3 4 5 6 7 8——	有　趣
好　争	——1 2 3 4 5 6 7 8——	融　洽
自　信	——8 7 6 5 4 3 2 1——	犹　豫
高　效	——8 7 6 5 4 3 2 1——	低　效
郁　闷	——1 2 3 4 5 6 7 8——	开　朗
开　放	——8 7 6 5 4 3 2 1——	防　备

菲德勒运用LPC工具可以将绝大多数作答者划分为两种领导风格:

①对最难合作的同事能给予高评价——宽容型的,人际关系型的领导(LPC≥72);

②对最难合作的同事给予低评价——工作任务型的领导(LPC≤63)。

具体说来就是,如果以相对积极的词汇描述最难共事者(LPC得分高),则作答者很乐意与同事形成友好的人际关系,也就是说,如果你把最难共事的同事描述得比较有利,菲德勒称为关系取向型;相反,如果你对最难共事的同事看法不很有利(LPC得分低),你可能主要感兴趣的是生产,因而被称为任务取向型。当然,他也发现有一小部分人处于二者之间,菲德勒承认很难勾勒出这些人的个性特点。

值得注意的是,菲德勒认为一个人的领导风格是固定不变的——你不可能改变你的风格去适应变化的情境,这意味着,如果情境要求任务取向的领导者,而在此岗位上的人却是关系取向型领导者,这时要想到达最佳效果,则要么改变情境,要么替换领导者。

2) 权变因素的确定

在用 LPC 问卷对个体的基本领导风格进行评估之后以及进行情境评估之前,菲德勒列出了 3 项权变因素用以确定决定领导有效性的情境:

①领导者—成员关系(Leader-member relations),即下属对其领导的信任、喜爱、忠诚和愿意追随的程度,以及领导者对下属的信赖、尊重和吸引力的程度。

②任务结构(Task structure),即下属担任的工作任务的明确程度和人们对这些任务的负责程度,也即工作任务的程序化程度(结构化或非结构化)。

③职位权力(Position power),即领导者拥有的权力(包括雇用、解雇、训诫、晋升和加薪)的影响程度,具体指的是领导者所处的职位具有的权威和权力的大小,或领导的决定权、强制权、奖励权的大小。

通过将个体的个性和特点与情境联系起来,并将领导效果作为二者的函数进行预测,费德勒相信通过操作上述 3 项因素能产生与领导者行为取向相匹配的情境组合。

3) 领导情境的评估

菲德勒模型的下一步是根据这 3 项权变变量来评估情境。领导者—成员关系或好或差,任务结构或高或低,职位权力或强或弱,3 项权变变量总和起来,可以得到 8 种不同的情境(图 10.4)。从最理想的情境(强有力的职权、明确的任务结构和良好的上下级关系)到最差的情境(职位权力弱、无序的任务结构和恶劣的上下级关系),每一个领导者都可以从中找到自己的位置。

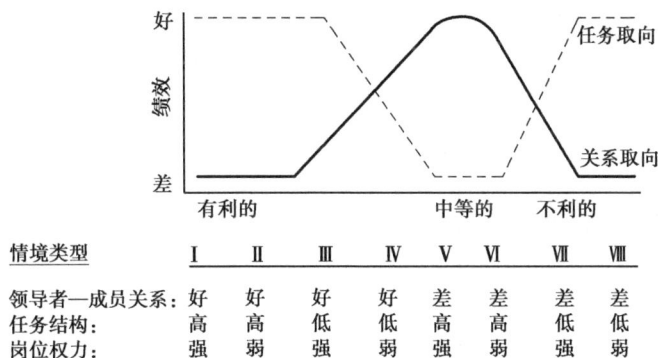

情境类型	Ⅰ	Ⅱ	Ⅲ	Ⅳ	Ⅴ	Ⅵ	Ⅶ	Ⅷ
领导者—成员关系:	好	好	好	好	差	差	差	差
任务结构:	高	高	低	低	高	高	低	低
岗位权力:	强	弱	强	弱	强	弱	强	弱

图 10.4　菲德勒的领导情境模型

4) 情境类型与领导风格的对比

菲德勒模型认为,当个体的 LPC 分数与 3 项权变因素的评估分数相匹配时,则会达到最佳的领导效果。菲德勒研究了多个工作群体,对 8 种情境类型的每一种,均对比了关系取向和任务取向两种领导风格。由此得出结论:任务取向的领导者在非常有利的情境和非常不利的情境下工作得更好(图 10.4)。也就是说,当面对Ⅰ、Ⅱ、Ⅲ、Ⅷ类型的情境时,任务取向的领导者干得更好;而关系取向的领导者则在中度有利的情境,即Ⅳ、Ⅴ

型的情境中干得更好。

前已述及,菲德勒认为个体的领导风格是稳定不变的,因此提高领导者的有效性实际上只有两条途径:你可以替换领导者以适应情境。例如,如果群体所处的情境被评估为十分不利,而此前又是一个关系取向的管理者进行领导,那么启用一个任务取向的管理者则能提高群体绩效。改变情境以适应领导者,即重新建构任务或提高或降低领导者可控制的权力(如加薪、晋职和训练活动),包括改善领导者与被领导者关系,提高下属任务的明确度,强化领导的职位权威。

有大量的研究对菲德勒模型的总体效率进行了考查,并得到了十分积极的结果,有相当多的证据支持这一模型。也就是说,不存在唯一最佳领导方式,不同情境需要不同的领导方式;不能只根据领导者过去的工作成绩预测现在,还要了解以前的工作类型同现在是否相同。但是,该模型也还存在一些欠缺,例如:该模型假定"个体不可能改变自己的领导风格以适应情境"并不符合实际情况;在 LPC 量表以及该模型的实际应用方面存在着一些问题,一些研究指出作答者的 LPC 分数并不稳定;权变变量对于实践者来说也过于复杂和困难,在实践中很难确定领导者—成员关系有多好,任务的结构化有多高,以及领导者拥有的职权有多大。

10.4.2 赫塞—布兰查德的情境领导理论

保罗·赫塞(Paul Hersey)和肯尼思·布兰查德(Kenneth Blanchard)开发的情境领导理论(Situational leadership theory)是一个重视下属的权变理论,又称领导生命周期理论。赫塞和布兰查德认为,依据下属的成熟度水平选择正确的领导风格会取得领导的成功。这一理论由于其广泛的接受性和很强的直观感,而常被作为主要的培训手段而应用,它还为所有的军队服务系统所承认。

赫塞和布兰查德将成熟度(Maturity)定义为:个体对自己的直接行为负责任的能力和意愿。它包括两项要素:工作成熟度与心理成熟度。前者包括一个人的知识和技能;工作成熟度高的个体拥有足够的知识、能力和经验完成他们的工作任务而不需要他人的指导。后者指的是一个人做某事的意愿和动机;心理成熟度高的个体不需要太多的外部鼓励,他们靠内部动机激励。成熟度的确定,应从两方面去考察:一方面考察任务状况、目标要求(工作任务是不是模糊不清的);另一方面考察人员能力、工作阅历、教育程度、经验、积极性。

同时,情境领导模式使用的两个领导维度(即任务行为和关系行为)与菲德勒的划分相同,并进一步将这两个维度组合成以下 4 种具体的领导风格:

1)指示(高任务—低关系)

领导者界定角色,明确告诉下属具体该干什么、怎么干以及何时何地去干。

2)推销(高任务—高关系)

领导者同时提供指示性行为与支持性行为。

3)参与(低任务—高关系)

领导与下属共同决策,领导者的主要角色是提供便利条件与沟通。

4) 授权(低任务—低关系)

领导者提供极少的指示性行为或支持性行为。

赫塞-布兰查德定义了成熟度的 4 个阶段,并针对下属成熟度的 4 个阶段,分别实行命令式、说服式、参与式和授权式 4 种领导方式:

第一阶段 M_1,下属对执行任务既无能力又不情愿;他们既不胜任工作又不能被信任。

第二阶段 M_2,下属缺乏能力,但却愿意从事必要的工作任务;他们有积极性,但目前尚缺乏足够的技能。

第三阶段 M_3,下属有能力却不愿意干领导者希望他们做的工作。

第四阶段 M_4,下属既有能力又愿意干让他们做的工作。

图 10.5 概括了情境领导模型的各项要素。当下属的成熟度水平不断提高时,领导者不但可以不断减少对活动的控制,还可以不断减少关系行为。在第一阶段中,下属需要得到明确而具体的指导;在第二阶段中,领导者需要采取高任务—高关系行为。高任务行为能够弥补下属能力的欠缺;高关系行为则试图使下属在心理上"领会"领导者的意图。在第三阶段中出现的激励问题运用支持性、非指导性的参与风格可获最佳解决。在第四阶段中,领导者不需要做太多事,因为下属既愿意又有能力担负责任。

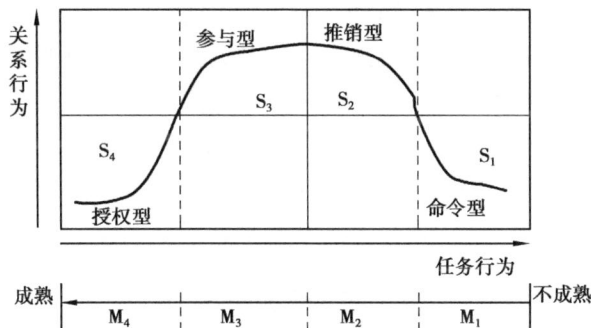

图 10.5　情境领导模型

不过,赫塞-布兰查德的情境领导理论很少被研究者所重视。一些研究者认为已有部分证据支持这一理论;另一些人却指出没有发现这一假设的支持证据,应用该理论要谨慎。

10.4.3　路径—目标理论

路径—目标理论是罗伯特·豪斯(Robert House)开发的一种领导权变模型,它从俄亥俄州大学的领导研究与激励的期望理论中吸收了重要元素。该理论认为,领导者的工作是帮助下属达到他们的目标,并提供必要的指导和支持以确保各自的目标与群体或组织的总体目标相一致。"路径—目标"的概念来自于这样一种信念:有效领导者通过指明实现工作目标的途径来帮助下属,并为下属清理各项障碍和危险。

按照路径—目标理论,领导者的行为被下属接受的程度,取决于下属是将这种行为视为获得满足的即时源泉,还是作为未来获得满足的手段。领导者行为的激励作用在于:第一,它使下属需要的满足取决于有效的工作绩效;第二,它提供了有效绩效所必需的辅导、指导、支持和奖励。为了考查这些陈述,豪斯确定了4种领导行为:

1）指导型领导者

他们让下属知道期望他们的是什么,以及完成工作的时间安排,并对如何完成任务给予具体指导,这种领导类型与俄亥俄州立大学的定规维度十分近似。

2）支持型领导者

他们十分友善,并表现出对下属需求的关怀,这种领导类型与俄亥俄州立大学研究的关怀维度十分近似。

3）参与型领导者

他们与下属共同磋商,并在决策之前充分考虑他们的建议。

4）成就导向型领导者

他们设定富有挑战的目标,并期望下属发挥自己的最佳水平。

不过,与菲德勒领导行为理论中领导风格是固定不变的假定相反,豪斯行为领导者是灵活的,同一领导者可以根据不同的情境表现出任何一种领导风格。

同时,豪斯还设置了影响领导效果的两大中间变量:

①环境。环境是在下属可控制范围之外的权变因素,如工作性质、组织性质、任务结构、正式权力系统、工作群体等,它决定了需要什么样的领导行为类型。

②个人。个人是下属个性特点中的一部分内容,如控制点、经验、知觉能力、受教育程度、承担责任、独立程度等因素,决定了个体对于环境和领导者行为如何解释。

图10.6揭示了路径—目标理论中两类情境或权变变量作为领导行为—结果关系。

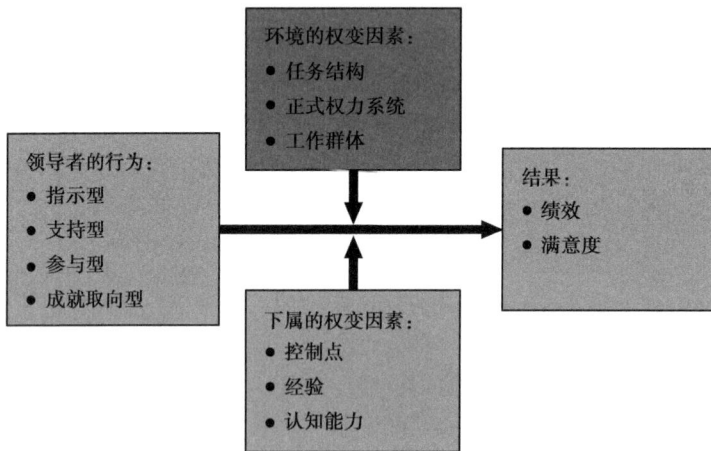

图10.6 路径-目标理论

如图10.6所示,当环境结构与领导者行为相比重复多余或领导者行为与下属特点不一致时,领导行为效果均不佳。大多数研究证据支持了该理论背后的逻辑基础。

下面的论述是路径—目标理论的应用:

①相比具有高度结构化的任务(具有高度结构化和安排完好的任务)来说,当任务不明或压力过大时,指导型领导能导致更高的满意度;

②当下属执行结构化任务时,支持型领导能导致员工的高绩效和高满意度;

③当下属知觉能力强或经验丰富时,指导型领导往往会被视为累赘多余;

④组织中的正式权力关系越明确、越官僚化,领导者越应表现出支持型行为,降低指导型行为;

⑤当任务结构不清时,成就导向型领导能提高下属的努力水平,易实现高绩效的预期;

⑥控制点为内部的下属,对指导型风格更为满意。

上述这些应用证据支持了路径-目标理论背后的逻辑性。也就是说,当领导者弥补了员工或工作环境方面的不足,则会对员工的绩效和满意度起到积极的影响。当任务本身十分明确或员工有能力和经验处理它们而无须干预时,如果领导者还花费时间解释这些任务,则下属会把这种指导性行为视为累赘多余甚至是无用的。

10.4.4　领导者参与模型

1973年维克多·弗罗姆(Victor Vroom)和菲利普·耶顿(Phillip Yetton)提出的领导者参与模型(Leader participation model),主要指出了领导行为和决策参与的关系。由于认识到常规活动和非常规活动对任务结构的要求各不相同,研究者认为领导者的行为必须加以调整以适应这些任务结构。弗罗姆和耶顿的模型提供了根据不同的情境类型而遵循的一系列序列规则,以确定参与决策的类型和程度。这一决策模型包括了7项权变因素(可通过"是"或"否"选项进行判定)和5种可供选择的领导风格。

该模型认为对于某种情境而言,5种领导行为中的任何一种都是可行的,它们是:独裁 I (A I)、独裁 II (A II)、磋商 I (C I)、磋商 II (C II)、群体决策 II (G II)。描述如下:

· A I 你使用自己手头现有的资料独立解决问题或作出决策。

· A II 你从下属那里获得必要的信息,然后独自作出决策。在从下属那里获得信息时,你可以告诉或不告诉他们你的问题。在决策中下属扮演的角色显然是向你提供必要信息的人,而不是提出或评估可行性解决方案的人。

· C I 你与有关下属进行个别讨论,获得他们的意见和建议。你所作出的决策可能受到或不受到下属的影响。

· C II 你与下属集体讨论有关问题,收集他们的意见和建议,然后你所作出的决策可能受到或不受到他们的影响。

· G II 你与下属集体讨论问题,一起提出和评估可行性方案,并试图获得一致的解决办法。

领导者参与模型进一步证实了领导研究应指向情境而非个体。与豪斯的路径—目标理论相同,弗罗姆、耶顿和杰戈都反对把领导者的行为看成固定不变的,他们认为,领导者可根据不同的情境调整他的风格。

10.4.5　领导并非总是需要

按照权变理论,领导风格在任何情境下都有效的看法可能并不正确。领导并不总是重要的。不少研究资料表明:在许多情境下,领导者表现出什么样的行为是无关紧要的。某些个体、工作和组织变量可以作为"领导的代替物",从而替代了领导者的影响。

首先,当下属的特点是有经验、受过专业培训,或有独立需要时,则替代了领导的效果,或取代了为了进行结构化和降低任务模糊性而产生的对领导支持的需求。同样,当工作明确、规范或能满足个体需求时,对领导变量的需要也大大减少。最后,某些组织的特点,如明确正式的目标,严格的规章和程序,或高内聚力的工作群体,都可以代替正式的领导活动。

10.4.6　民族文化与领导风格

根据领导权变理论,有效的领导者并不只采用某一种风格,他们会根据情境调整自己的风格。但也有例外,即民族文化这个重要情境变量对塑造领导风格有重要影响。

领导风格的有效性受到民族文化的影响,因为下属的期望会基于他们的文化基础。这时,领导者不能凭主观意愿选择他的风格。例如,阿拉伯地区,远东地区和拉丁美洲国家的权力距离分数较高,操纵或专制的风格可能比较有效。而在低权力距离的文化中,如在挪威、芬兰、丹麦和瑞典等国,参与式可能最为有效,那里的员工倾向于接受参与风格领导。

不过,绝大多数领导理论都是在美国发展起来的。这些理论都比较强调下属的责任而不是权利,看重达到自我满足感而不是对职责的承诺或是利他的动机,看重工作本身和民主化的价值取向,比较强调理性。基于此类领导风格的领导理论,就可能在其他国家不太适应。

10.5　有关领导的其他视角

10.5.1　领导的归因理论

归因理论不仅可以解释激励理论,还可以用于解释领导的知觉。归因理论主要用于搞清原因—结果之间的关系。当一件事发生时,人们总愿意将它归因于某种原因。领导的归因理论(Attribution theory of leadership)指领导主要是人们对其他个体进行的归因。

运用归因理论的框架,研究者发现,人们倾向于把领导者描述为具有这样一些特质,如智慧、随和的个性、很强的语言表达能力、进取心、理解力和勤奋。在俄亥俄州立大学研究中的高-高模型与人们对什么因素创造了好领导的归因相一致,即不论情境如何,人们都倾向于高-高型领导者知觉为最佳。

在组织层面上,归因理论解释了人们为什么倾向于把组织中绝对消极或绝对积极的工作绩效归因于领导。它还有助于解释当组织承受严重的财政危机时首席执行官们的敏感性;它还澄清了为什么 CEO 都会因为极好的财政状况而赢得好评,而不管他们实际贡献的大小。

还有一个有趣的现象,人们常常认为有效的领导者所作的决策前后一贯或坚定不移。有证据表明"伟人式"领导人被认为是从困难或不寻常入手,通过决心和毅力,最终获得成功。

10.5.2 领袖魅力的领导与愿景规划的领导

领袖魅力的领导(Charismatic leadership)理论是指当下属观察到某些行为时,会把它们归因为伟人式的或杰出的领导能力。大部分领袖魅力的领导研究,主要是确定具有领袖气质的领导者(如亚伯拉罕·林肯、拿破仑、毛泽东)与无领袖气质的领导之间的行为差异。

一些研究者试图确认有领袖魅力的领导者的个性特点。罗伯特·豪斯确定了 3 项因素:极高的自信、支配力以及对自己信仰的坚定信念。瓦伦·本尼斯(Warren Bennis)研究了 90 位美国最有效和最成功的领导者,发现他们有 4 种共同的能力:有令人折服的远见和目标意识;能清晰地表述这一目标,使下属明确理解;对这一目标的追求表现出一致性和全身心的投入;了解自己的实力并以此作为资本。而麦吉尔大学的杰·康格(Jay Conger)和鲁宾德拉·卡农格(Rabindra Kanungo)发现有领袖魅力的领导:都有一个他们希望达到的理想目标;为此目标能够全身心地投入和奉献;反传统;非常固执而自信;被认为是激进变革的代言人而不是传统现状的卫道士。表 10.4 总结了区别有领袖魅力的领导者与无领袖气质的领导者的关键特点。

表 10.4 有领袖魅力的领导者的关键特点

特 点	描 述
自信	有领袖魅力的领导者对他们自己的判断和能力有充分的信心
远见	能够清晰生动地描述愿景目标。他们有理想的目标,认为未来定会比现状更美好
清楚表述目标的能力	他们能够明确地陈述目标,以使其他人都能明白。这种清晰的表达表明了对下属需要的了解,并成为一种激励的力量
对目标的坚定信念	他们被认为具有强烈奉献精神,愿意从事高冒险性的工作,承受高代价。愿意为了实现目标而勇于前进,不惧失败
不循规蹈矩的行为	行为表现常常超乎常规。他们的行为被认为是新颖、反传统、反规范的。当获得成功时,这些行为令下属们惊诧而崇敬
作为变革的代言人出现	他们被认为是激进变革的代言人而不是传统现状的卫道士
环境敏感性	对环境限制及下属需要十分敏感。他们能够对需要进行变革的环境约束和资源进行切实可行的评估

研究表明,有领袖魅力的领导者与下属的高绩效和高满意度之间有着显著的相关性。为有领袖魅力的领导者工作的员工,会因为受到激励为工作付出更多的努力,而且,由于他们喜爱自己的领导,也表现出更高的满意度。另外,既然领袖魅力如此理想,人们是否可以学做有领袖魅力的领导者呢? 大多数学者专家认为个体可以经过培训而展现领袖魅力的行为。

另外,虽然有领袖魅力的领导者对于员工达到高绩效水平来说并不总是必需的,但当下属的任务中包含观念性要素时,它最为恰当。这可以解释为什么领袖魅力的领导更多地存在于政治、宗教中,或在一个引入重要新产品或面临生存危机的组织中出现。如富兰克林·罗斯福在经济大萧条中指出了光明的前景;马丁·路德·金不屈不挠的愿望是通过和平手段建立社会平等;斯蒂文·乔布斯(Steve Jobs)为苹果公司赢得了技术员工坚定的忠诚和承诺;毛泽东在中国革命陷入低谷时凭着超人的意志、伟大的洞见和卓越的军事指挥才能带领着中国共产党取得了长征的胜利。

愿景规划的领导是指那些能够设计一个现实的、可信的、诱人的前景目标的领导者。通常他们具有引人注目的鲜明形象,这种形象撞击着人们的情感、鼓舞着人们的热情、激发着人们的能量,去实现组织目标,且组织成员还要相信这种愿景完全可以实现。中国女排教练郎平就是一个善于规划球队的发展方向、完成组队,并协助教练班子完成训练和比赛任务,鲜明的愿景规划的领导形象。

愿景规划的领导者具备的技能有:向他人解释愿景的能力;不但通过言语更要通过行动表达愿景的能力;在不同领导情境中施展并运用愿景的能力。

10.5.3 事务型领导与变革型领导

本章介绍的大多数领导理论(如俄亥俄州立大学的研究,菲德勒的模型,路径—目标理论,领导者参与模型)都讲的是事务型领导者(Transactional leaders)。这些领导者通过明确角色和任务要求而指导或激励下属向着既定的目标活动。但是还有另一种领导类型,他们鼓励下属为了组织的利益而超越自身利益,并能对下属产生深远而不同寻常的影响。他们是变革型领导者(Transformational leaders),这其中包括微软公司的比尔·盖茨、阿里巴巴的马云、苹果公司的乔布斯、华为公司的任正非。他们关怀着每一个下属的日常生活和发展需要,关注每一个下属的兴趣所在;他们帮助下属以新观念看待老问题从而改变了下属对问题的看法;他们能够激励、唤醒和鼓舞下属为达到群体目标而付出更大的努力;他们鼓励下属为了组织利益而超越自身利益;他们对下属产生超乎寻常的深远影响。

当然,事务型领导与变革型领导并非是采取截然对立的方法处理问题。变革型领导是在事务型领导的肩膀上形成的,但有相当多的证据支持变革型领导优于事务型领导。变革型领导所导致的下属的努力和绩效水平比单纯事务型好得多;或者说,变革型领导与事务型领导相比,在低离职率、高生产率和高员工满意度之间有着更强的相关性。此外,变革型领导也更具有领袖魅力。单纯领袖魅力的领导仅仅是想让下属适应领袖魅力的世界就足够了,而变革型领导者则试图逐步培养下属的能力,使他们不但能解决那些由观念而产生的问题,而且完全能解决那些由领导者提出的问题。

10.5.4　性别与领导

今天,已经有成千上万的女性走上了管理岗位甚至国家领导人的职位,像德国总理安格拉·多罗特娅·默克尔(Angela Dorothea Merkel)、英国前首相玛格丽特·希尔达·撒切尔(Margaret Hilda Thatcher)、英国现任首相特蕾莎·玛丽·梅(Theresa Mary May)、缅甸国务资政昂山素季(Aung San Suu Kyi)、中国香港特区行政长官林郑月娥、珠海格力电器股份有限公司董事长兼总裁董明珠等,都是杰出的女性政治领导人或企业家。随着女性地位、受教育水平的提高,相信会有越来越多的女性进入管理层,扮演着企业家、银行家或政治家等角色。但无论对于男性还是女性,领导中的一些性别话题将会对聘用、绩效评估、晋升及其他人事决策造成困扰,因而有必要对性别与管理问题加以讨论。

有一个颇具争议性的课题,那就是:女性与男性的领导风格是否有不同? 进一步的问题是,如果确有不同,那是否就意味着某一种更为不利? 以性别来标识领导风格是否会助长那些在性别上的偏见? 这些都是无法回避的问题。

大量的研究表明,男性与女性确实会采用不同的领导风格。通常,女性相对于男性倾向于采用更为民主型或参与型的风格,而较少采用专制型或指导型的风格。她们鼓励参与、共享权力与信息,并努力提高下属的自我价值,并依赖她们的领袖魅力、专业知识、接触和人际交往技能来影响他人。女性倾向于运用变革型的领导方式,通过对员工的自身利益转化为组织目标而激励他人。而男性以自己岗位所赋予的正式权力作为影响基础,更乐于使用指导型、命令加控制型的风格。男性运用事务型领导方式,通过奖励优异工作和惩罚不良工作而进行领导。不过,也有研究表明,在男性主导的工作中,女性领导者更为民主的倾向性会减弱。此时,群体规范和男性角色的刻板印象大大超过了个人偏好,因而女性在这些工作中放弃了她们本质的风格而以更为专制的风格采取行动。

另外,在今天的组织中,灵活性、团队工作、信任和信息共享的特点正在迅速地取代僵化的工作结构、竞争中的个人主义倾向、控制和保密这些特点。此时,最好的管理者是认真聆听他的下属,充分激励和支持他的下属,是鼓励和影响下属而不是控制。而总体来说,女性在倾听、激励、放权、支持、鼓舞、谈判等事务上似乎比男性更出色。一般地,在组织发展的共同事务上,女性并不像男性那样过分看重个人的竞争及输赢。

当然,并非所有的女性领导者都偏好民主型风格,也有不少男性采取变革型的领导方式。因此,当我们以性别来标识领导风格时应十分慎重。另外,女性倾向于采取的领导风格并非必然带来领导的有效性。何种风格有效还取决于情境,不应断定某一种风格总比另一种风格具有优势。比如,当没有经验和缺乏进取心的工人从事结构不明的任务时,指导型的领导可能更有效,但指导型风格不是女性所偏好的。最好的领导者可能是那些能够不断地调整领导风格以适应不同情境的管理者。

10.5.5　通过授权而领导

技术创造的日新月异以及经济的全球化,使那些单个管理者的能力、知识、见识在现代管理工作的复杂性面前相形见绌。授权成为解决现代管理与治理难题的重要内容。

授权运动受到两种力量的推动。其一是对所发生的问题最为了解的人需要进行快速决策,这需要将决策移到较低层次。如果组织想在全球经济竞争中获胜,就必须能够进行快速决策和迅速变革。其二是组织精简的事实,其结果使得很多管理者的管理幅度显著增加,因此处处过问、事无巨细的管理显然行不通了,"因为你不可能懂得每一种数据系统和每一项决策"。这样,管理者必须授权给他的员工。授权是一个放手的过程,是一种领导的延伸。

如果工作队伍由有知识、有技能、有经验、完全可以胜任工作的成员组成,而且员工是内控型并追求工作的自主型,则通过授权与参与方式而使员工拥有权力,这与情境领导和路径—目标的权变理论是一致的。另外,授权工作几乎总是与集中培训相伴随,因为当员工基于再培训提高了技术、能力和自信后,授权过程成功的可能性增加了。

10.5.6　团队领导

团队领导是指负责为团队提供指导,作为团队制订长远目标,在适当的时候代表团队处理与组织内其他部门关系的角色。团队领导属于这个团队,是这个团队中的一员,并且从团队内部施加影响。

团队领导角色与传统的领导者角色十分不同。团队领导要求的一些技能,包括:耐心地分享信息;信任他人并放弃自己的职权;明白在什么时候对员工进行干预。基于此,团队领导在管理工作过程中,一般会重点关注两个方面的内容:对团队外部事务的管理;对团队进程所实施的推动。此外,团队领导扮演着4种具体的领导角色:

①对外联络官。该角色包括:澄清其他人对团队的期望,从外界收集信息,并与团队成员分享这些信息。

②困难处理专家。团队领导能够帮助构成团队的成员针对困难进行交流,并获得解决某些困难所必需的资源。

③冲突管理者。团队领导能够帮助人们明确问题所在,包括明确:有谁卷入了冲突?可能的解决方案有哪些?

④教练。团队领导能够明确团队的未来期望和所有团队成员的角色,为团队成员提供教育与支持,为团队成员的成功喝彩,尽一切努力帮助团队成员保持高水平的工作业绩。

10.5.7　创建信任的文化

本章讲到这里,可能还有一个跟领导角色相关的问题尚未触及,那就是,作为一个组织成员,你是否不相信组织或领导?也许你有正当的理由,如因为领导失信于人,或者因为领导或你服务的组织不正规、不靠谱。"一朝被蛇咬,十年怕井绳。"这句谚语合理地解释了某些员工难以对组织领导产生信赖的原因。这就涉及领导在组织中如何创新信任文化的课题,因为建立和谐的合作关系的唯一途径,就是建立在双方相互信任的基础上。

创建信任的文化包括两个方面:

①领导者要有信誉。所谓信誉,就是领导者的诚实、胜任力和鼓舞他人的能力等要素。其中,在受尊重的领导者中,诚实这一要素位列第一。

②领导者要被下属、组织成员所信任。信任是组织成员对领导者的为人、人格和能力的一种信念。他们确信领导者的权力与影响力不会滥用。这时,领导给下属授权很重要,领导要必须相信组织成员、下属会利用好他们的新权力来完成任务;同时,扩展组织内部与组织之间的非权威性关系。

领导又如何在组织中建立起信任呢? 研究表明,以下方面对建立信任非常重要:工作要透明化;领导者要公正;领导者适当地与组织成员分享情感;领导者要讲真话;领导者在对待组织工作和组织员工能做到始终如一;领导者要能够兑现承诺;领导者要保护隐私;必要的时候,领导者要能够展现出实力,比如领导者的临危不乱、气魄、勇气、毅力、胆识、洞见、坚持不懈等,都是展现一种实力,对员工形成榜样,信任自然就建立起了。

【本章小结】

1.管理者是被任命的,他们拥有合法权利进行奖励和处罚,其影响力来自于他们所在的职位赋予的正式权力。而领导者则可以是任命的,也可以是从一个群体中产生出来的。领导者可以不运用正式权力来影响他人。

2.领导者有 6 项特质不同于非领导者:进取心、领导意愿、诚实与正直、自信、智慧、工作相关知识。

3.菲德勒模型确定了 3 项情境变量:领导者—成员关系、任务结构和职位权力。通常,在十分有利和十分不利的情境中,任务取向的领导者工作得更好;在中等有利或不利的情境中,关系取向的领导者工作得更好。

4.情境领导理论提出 4 种领导风格:指示、推销、参与、授权。选择何种领导风格取决于下属的成熟度。如果下属的成熟水平较高,领导者应减少控制和参与。

5.路径—目标理论指出有两类权变变量:环境变量和下属个性特点以及 4 种领导行为:指导型、支持型、参与型、成就导向型。领导行为应与环境要求和下属特点相匹配。

6.领袖魅力型的领导者是自信的、富有远见的,对目标有强烈的信念,具有反传统精神;事务型的领导者通过明确角色和任务要求而指导下属达到目标;而变革型的领导者能够鼓励下属为了组织的利益而超越自身的利益。

7.女性与男性具有不同的领导风格。通常,女性更倾向于民主或参与;而男性则更倾向于指导、命令和控制。当然,这个结论并不具有普遍意义。

【案例分析】

【案例 10.1】 什么是好的领导

教室的门被推开后,走进来 3 个人,教授后面跟着一个年轻的陌生人,还有一位则是大家都认识的某企业名人,看上去与教授年龄相仿,约 60 岁。教授先介绍这位年轻的陌生人,说他是去年以第一名成绩毕业的 MBA 学生;另外这位企业名人则是教授的高中同学,学历只有高中毕业。教授说他今天请这两位来宾分别用 20 分钟来说明什么是"好的领导"的情况后,要求同学写出这两人的差异何在。

那位年轻人在短短 20 分钟内引用了 5 位名人的领导经验,这 5 人包括奇异的杰克·威尔逊,英特尔的安迪·葛洛夫,管理泰斗彼得·德鲁克,以及台湾的郭台铭和张忠谋。听来似乎这 5 人的领导方式便代表着好的领导。

年轻人讲完后,很有信心地将麦克风交到企业名人手中。企业家微笑着说,他本来可以用 6 个字就说明完"什么是好的领导",而他语气却停顿了一下:"但是怕教授和同学说我在浑水摸鱼,因此必须把 6 个字讲成 20 分钟,希望大家未来不要学我把领导复杂化了。"

"在我 40 年的职场岁月中,只是不断地想做到一个境界:那就是如何让别人在我的公司上班是出于'心'甘情愿,而非出于'薪'甘情愿。虽然只差一个字,我却练习了 40 年。"

"要做到'薪'甘情愿比较简单,有一套健全的管理制度就办得到,但要做到让别人'心'甘情愿,就必须要让别人从心底接受你。所以我认为,领导没有什么大道理,就是'领导等于做人'这 6 个字而已。"

"我把职场分成从什么都不懂、初阶主管、中阶主管、高阶主管、老板 5 个阶段,为了把人做好,我不断在每一阶段练习一件事,因此总共要练习 5 件事,虽然只有 5 件事,但它们共花了我 40 年的时间。"

"在我刚毕业什么都不会的时候,我练习的第一件事是:'少不多是',也就是我从'不'会去问公司给的任务有多困难,我只问自己要如何去达成而已,练习久了,就会感觉到自己正在快速地成长。"

"后来自己变成了初阶主管,我练习的第二件事是:'少说多听',也就是可以听的时候我绝对不开口,让自己不断学习如何掌握重点与分析逻辑。练习久了,自然学会以后讲话只需讲重点的风格。"

"当自己成为中阶主管后,我练习的第三件事是:'少我多你',也就是多想到别人,少想到自己,凡事以别人的角度来想,练习久了,自然就培养出更大的雅量。"

"成为高阶主管时,我练习的第四件事是:'少旧多新',也就是我不再重复做已经成功做过的事,否则不可能有新的突破,练习久了,就会不断产生新的创意。"

"最后当自己变成了老板,我练习的第五件事是:'少会多读',也就是要求自己重新从什么都不会的阶段再开始要求自己,放空自己多阅读,书读多了,自然会看到自己还有很多本该谦虚的地方。"

老教授最后向学生解说道,他今天之所以安排一位没经验的管理者,与一位有丰富经验的管理者来对比,主要目的是想让学生亲身感受一个简单的事实,若想将自己变成一位成功的领导者,那就请先把人做好。"自己都无法把人做好的人,要如何来领导别人?因为智慧都源自于怎么做人!"

问题:试运用本章所学习的领导理论分析企业家的领导哲学。

【案例 10.2】　最初的"军事训练营"

马克·扬是一家大型医院的粉刷部领导,其手下有 20 名雇员。在来医院工作之前,也是一名独立承包人。他在医院的这一职位是新设立的,因为医院觉得进行粉刷事务的方式应该有所改变。

在马克开始新工作时,他先进行了一项为期 4 个月的关于粉刷事务的直接和间接花费的分析。分析结果与他的上司得出的粉刷服务效率低下而又花费昂贵的看法完全符合。因此,马克对整个部门进行了重组,制订出了一套新的进度计划程序,重新确立了评估绩效的标准。马克说他刚开始新工作时的准则是"唯任务论",就像一名军事训练官一样根本不理会下属反映的情况。在他看来,医院这一工作环境决定了工作中不允许出现任何差错,所以他应该严格要求员工使他们在医院的环境约束下努力工作。

随着时间的推移,马克逐渐改变了他的领导模式,变得比较宽松,而不是只会通过下命令来领导了。他把部分责任交给了两位向他负责和报告的组长,但同时还保持和每一个员工的近距离交流。每周他都会带些员工去当地的一个体育休闲酒吧里吃点东西。他还喜欢和雇员们开玩笑。他在"索取"的同时也注意"付出"。

马克为他的部门感到骄傲。他说他总是希望能够成为一名教练,这也是他对于管理这一部门的想法。他喜欢和人们一起工作,尤其喜欢看见他们漂亮地完成工作,并且还是依靠自身力量完成时兴奋的目光。

因为马克成功的领导,粉刷部的工作成绩有了显著的提高,现在已经被别的部门视为维护部中最具效率的部门。顾客们对粉刷服务的好评率高达 92%,这是医院所有服务项目中最高的。

问题:

1.从领导行为理论的角度考虑,你会如何描述马克·扬的领导行为?

2.马克的领导模式随着时间是如何变化的?

3.总的来说,你认为马克是偏向于任务导向还是关系导向?

【案例 10.3】　孔明失街亭的根源

《三国演义》中第 95、96 回是书中极为精彩的一段,写的是孔明与司马懿为争取街亭的一段斗智斗勇的故事。孔明虽然胸中有百万甲兵,但对人的领导仍存在盲点。现在以情境领导的观念看,则会发现孔明由于直接带领众多的将军,也许是"控制幅度"过大,加上在战事中决策的失误,不但失了街亭,还斩了马谡,可以说是孔明一世英明的一大败笔。虽然随后用空城计退了司马懿,扳回一役,但是无法弥补他斩将的损失。

问题:

1.孔明的失误说明了领导者在用人方面应注意哪些问题?

2.试用情境领导理论剖析孔明的"失街亭,斩马谡"的领导行为。

【思考与练习】

一、单项选择题

1.根据领导者运用职权的方式不同,可以将领导方式分为专制、民主与放任 3 种类型。其中民主式领导方式的主要优点是( )。

A.纪律严格,管理规范,赏罚分明

B.组织成员具有高度的独立自主性

C.按规章管理,领导者不运用权力

D.员工关系融洽,工作积极主动,富有创造性

2.领导者是( )。

A.企业中职称最高的人 B.企业中技术水平最高的人

C.企业中最有威信的人 D.确定和实现组织目标的指挥者

3.根据领导权变理论,领导的有效性取决于( )。

A.领导者的个人品质 B.固定不变的领导行为

C.领导者是否适应所处的具体环境 D.领导者是民主型领导还是放任型领导

4.按照领导生命周期理论,对于已经比较成熟的中年骨干职工,领导风格宜取( )。

A.命令型 B.说服型 C.参与型 D.授权型

5.领导力的来源包括两方面:位置权力和个人权力。以下类型权力中属个人权力部分的是( )。

A.惩罚权 B.模范权 C.合法权 D.奖赏权

二、名词解释

领导者 管理方格理论

三、简答题

1.领导者的权力来源是什么?

2.对比赫塞-布兰查德的情境领导理论与管理方格理论。

3.按照领导者参与模型,哪些权变因素决定了领导的实施参与的程度?

4.人们是否可以通过学习成为具有领袖魅力的领导?请举例解释。

5.我们是否可以说女性比男性的领导风格更好,为什么?

四、应用题

1.为什么人一走,茶就凉? 请运用领导理论解释"人走茶凉"的现象。

2.如果让在大街上的普通人解释为什么一个人会成为领导,他们倾向于描述这个人有能力、坚韧持久、自信、能够激发共识、对未来的目标倾注热情,以及支持下属。你是否能将这些描述与本章提出的领导概念协调起来。

3.有人请教艾森豪威尔是怎么当领导的。他就拿了一根软软的绳子,在地上画了一条直线,然后说:"要叫这根绳子按着这条直线走的话,你是在后面推它呢,还是在前面拉它?"请运用本章的领导理论解释艾森豪威尔的言行,并试着分析艾森豪威尔的特质。

第 11 章 控 制

【知识目标】

    1.定义控制。

    2.描述 3 种控制方法。

    3.描述控制过程。

    4.区分 3 种不同类型的控制。

【能力目标】

    1.解释控制为何重要。

    2.描述一个有效控制系统的特性。

    3.讨论影响一个组织的控制系统设计的权变因素。

    4.说明哪些因素是管理者能够控制的。

【素质目标】

    1.解释工作场所的隐私、员工偷窃、工作场所暴力者 3 个当代问题如何影响控制。

11.1　控制的概念

11.1.1　控制的定义

所谓控制(Control),是指对各项活动的监视,从而保证各项行动按计划进行并纠正各种显著偏差的过程。所有的管理者都应当承担控制的职责,即便其部门是完全按照计划在运作。因为管理者对已经完成的工作与计划所应达到的标准进行比较之前,他并不知道他的部门的工作是否进行得正常。一个有效的控制系统可以保证各项行动朝向组织目标,且确定控制系统有效性的准则,就是看它对促进组织目标实现的程度如何。一般地,控制系统越完善,管理者实现组织的目标就越容易。

11.1.2　控制的重要性

良好的计划制订,有效的组织结构以及员工的积极性,都不能保证所有的行动都按计划执行,不能保证管理者追求的目标一定能达到。"走出沙漠"的故事可以揭示这种状况。

比塞尔是西撒哈拉沙漠中的一颗明珠,每年有数以万计的旅游者来到这里。

可是在肯·莱文发现之前,这里的人没有一个走出了沙漠,据说不是他们不愿意离开这块贫瘠的土地,而是尝试过很多次都没有走出去。

肯·莱文当然不相信这种说法。他用手语问这里的人其中的原因,结果每个人的答案都一样:从这儿无论向哪个方向走,最后都还是转回出发的地方。为了证明这种说法,他做了一次试验,从比塞尔村向北走,结果 3 天半就走了出来。

肯·莱文非常纳闷,为什么比塞尔人走不出来呢? 最后他雇了一个比塞尔人,让他带路,看看到底怎么回事。他们带了半个月的水,牵了两头骆驼,收起了指南针等现代设备,只挂一根木棍跟在后面。10 天过去了,他们走了 800 英里的路程,第十一天早晨,他们果然回到了比塞尔。这次肯·莱文明白了为什么他们走不出沙漠,是因为他们根本不认识北斗星,没有目标调整方位。

在现实中会出现这种情况,虽然有完善的计划、目标明确、合理的组织结构,员工的积极性也可以成功地调动起来,但我们发现,这些仍然不能保证所有的行动都按计划进行,不能完全保证管理者追求的目标一定可以实现,原因是活动过程中缺乏有效的控制。

首先,控制职能是作为管理的最后一个职能,其重要性表现在,如果缺乏有效控制手段的支持,管理者难以保证计划、组织和领导的运行不偏离既定的方向。

其次,控制作用的价值还体现在它与计划的关系上。目标是计划的基础,目标能为管理者指明具体方向。但是仅仅能够说明目标或者被动地接受目标,并不能保证必要的行动是可以完成的。也就是说,控制与计划的关系表现在,有效的管理者应该始终监测、督促他人,以保证应该采取的计划行动已经在进行,保证他人应该达到的计划目标能够达到。

再次,控制系统的重要性也体现在管理者的授权问题上。授权意味着管理者对下属的决策负有最终的责任,因此,建立反馈机制是必要的。实践中,许多管理者认为授权是一件非常困难的事情,一个主要原因是顾虑下属犯错误而后果却由管理者自己来承担责任,从而导致许多管理者试图靠自己做事来避免授权给他人。但是,如果形成了有效的控制系统,这种不愿授权的现象就可以有效改善,因为控制可以提供授予了权力的下属工作绩效的信息和反馈,进而及时纠正过来。

最后,控制的重要性还体现在以下对需要控制的原因的描述上:

①组织内、外环境变化导致环境的不确定;

②分工导致管理权力的分散;

③组织成员的工作能力及素质客观上存在差异;

④组织活动也是动态的、复杂的;

⑤管理失误有时候是不可避免的。

11.1.3 市场控制、官僚控制和小集团控制

1）市场控制

市场控制是一种强调使用外在市场竞争的机制,在系统中建立使用标准来达到控制的方法。市场控制实际上是一种"无形的手"在控制、纠偏,常用于产品或服务的激烈市场竞争上,其控制效果的评价标准可以是各自对公司利润贡献的百分比,以及优胜劣汰。

2）官僚控制

官僚控制是一种强调组织权威的控制手段或途径,这种控制依靠组织建立起完备的管理规章、制度、管理过程及公司政策,依赖行为规范、良好的职务设计、工作描述和其他具体的管理机制与工作流程来实现。

3）小集团控制

所谓小集团控制,是指员工的行为靠组织共同的价值、规范、传统、仪式、信念及其他组织文化方面的东西来调节,是一种基于个体和群体(或小集团)来辨别适当的和期望的行为及其衡量方法,常常在团体合作频繁且技术变化剧烈的公司中出现。从小集团控制的角度来讲,组织文化和民族文化对组织的运行和发展扮演着关键性的角色。

11.1.4 控制的基本要素

1）控制标准

控制标准也就是实施控制行为所依据的标准。标准可以分为多种类别,如质量标准、消耗标准、利润标准、时间标准等。并且,标准可以是有形的,也可以是无形的;标准可以是定量的,也可以是定性的;标准可以是综合的,也可以是具体的。

2）偏差信息

偏差信息也就是实际行动、工作情况或行动结果与控制标准之间的偏差。了解偏差信息,是实施控制与否的基础。

3）纠正措施

纠正措施包括对偏差原因进行有效且正确分析,然后对偏差加以纠正,这些纠正措施包括:采取弥补措施,或拨乱反正,或者终止工作。

11.2 控制过程

控制过程(Control process)可以划分为 3 个步骤:衡量实际绩效;将实际绩效与标准进行比较,并报告给那些通过自己的行动能对最终结果产生影响的人;采取管理行动来纠正偏差或不适当的标准,这包括:寻找原因,即判断是目标不合理,还是执行存在问题;

纠正性调整,即判断是恢复工作条件,还是对下属加以培训或损员。

控制过程假定行动的标准总是存在的。虽然标准有很多种类别,但控制标准实际上是一系列的、可以用来对实际行动进行度量的目标。控制标准的基本要求是,让有关人员都知道希望达到的成果是什么。目标主要是在管理的计划职能中产生的,一般应具备明确的、可证实的和可度量的特征。这里,如果采用目标管理(MBO),那目标管理中的目标成为了比较和衡量工作过程的标准;如果不是采用目标管理,那标准就是管理者使用的具体的衡量指标。但不管怎样,标准必须从计划中产生,计划必须先于控制。

1)衡量

为了确定实际工作的绩效究竟如何,管理者首先需要收集必要的信息,然后是第一步,即衡量。但在进行衡量之前,应该考虑如何衡量和衡量什么。

(1)如何衡量

通常,有 4 种信息被管理者用来衡量实际工作绩效,它们是:个人的观察、统计报告、口头汇报和书面报告。

①个人观察提供了关于实际工作的最直接和最深入的第一手资料。观察的内容十分广泛,理论上任何实际工作的过程都可以被观察到。走动管理是常见的观察手段,它可以获得面部表情、语调以及懈怠这些常被其他来源忽略的信息。但个人观察也有缺陷,如容易受个人偏见的影响,通常要耗费大量时间,有时候还要承受贸然闯入的嫌疑。

②统计报告是另一种用来衡量实际工作情况的信息来源。统计报告不仅有文字,还包括多种图形、图表,如条状图等,并且按管理者的要求列出各种数据。不过,尽管统计数据可以清楚有效地显示各种数据之间的关系,但也有缺陷,如它对实际工作提供的信息是有限的,且只能在少数可以用数值衡量的地方提供数据,并可能会忽略了其他许多重要因素 。

③口头汇报也是获取信息重要渠道,如各种会议、一对一的谈话或电话交谈等。口头汇报是一种快捷的、有反馈的且同时可以通过语言调和词汇本身来传达的信息。在虚拟环境中工作的组织来说,它可能是最好的信息获取方法,且现代信息技术使得口头汇报很容易录制下来,便于存档,像书面文字能够永久保存一样。但缺点是,口头汇报的信息是经过了过滤的。

④书面报告也可以用来衡量实际工作情况。与口头汇报相比,书面汇报的形式更正式、精确和全面,也更易于分类存档和查找;与统计报告相比,书面汇报显得要慢一些。

虽然由于上述 4 种信息及其来源各有优缺点,但将它们结合起来使用,不仅拓宽了信息的来源,也提高了信息的可靠性。

(2)衡量什么

"衡量什么"可能是比"如何衡量"更关键的一个问题。如果错误地选择了标准,将会导致严重的不良后果。一般来说,衡量什么将会在很大程度上决定组织中的管理者和员工追求什么。

有一些控制准则在任何管理环境中都可以运用。比如,管理者是指导他人行动的人,因此像员工的满意程度或营业额,以及出勤率等是可以衡量的;许多管理者通常都有他职权范围内的费用预算,因此将支出费用控制在预算之内也是一种常用的衡量手段。再比如,生产主管可以用日产量、单位耗时、单位能耗或顾客退货率等进行衡量;行政主管可用每天起草的文件份数、每小时发布的命令数,或用电话处理一项事务的平均时间来衡量;销售主管可用市场占有率、每笔合同的销售额或每位销售员拜访的顾客数量等来进行衡量。

但是,控制系统也承认管理者之间的多样性。有些工作和活动的结果是难以用数量标准来衡量的。例如,管理者衡量一个大学教授的工作,显然要比衡量一个人寿保险推销员的工作要困难得多。也有许多活动可以分解成能够用目标去衡量的工作,这时管理者需要先确定某个人、某个部门或某个生产单位对整个组织所贡献的价值,然后将其转换成标准。另外,许多工作可以用确定的或可度量的术语来表达,但当一种衡量业绩的指标难以用这种可确定或可量化的术语来表达时,管理者应该寻求一种主观衡量方法。当然,任何建立在主观标准上的分析和决策都可能会有局限性。

2) 比较

比较是用来确定实际工作成绩与标准之间的偏差。在某些活动中,偏差是在所难免的,因此,如图 11.1 所示,有必要确定可以接受的偏差范围(Range of variation)。在作比较时,管理者应该注意偏差的大小和方向。如果偏差显著地超出范围,就应该引起管理者的警觉。

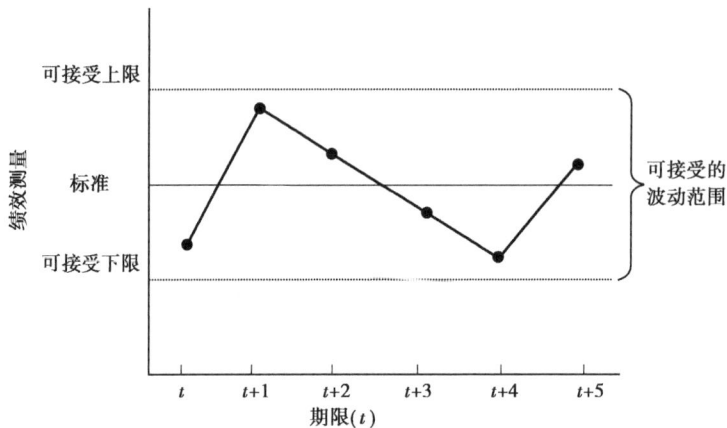

图 11.1　确定可接受的偏差范围

3) 采取管理行动

在作比较之后,控制的下一步就是采取管理行动。管理者应该在下列 3 种行动方案中进行选择:或者改进实际工作,或者修订标准,或者什么也不做。重点看前两项行动方案。

(1) 改进实际绩效

如果偏差是由于工作的不足所产生的,管理者就应该采取纠正行动。具体的纠正行动包括但不限于：调整管理策略、优化组织结构、采取补救措施、实施培训计划、重新配置工作、人事调整等。

改进实际绩效包括了两个工作层面：

①直接纠正行动（Immediate corrective action），即治标的纠偏措施，立即将出现问题的工作矫正到正确的轨道上。

②彻底纠正行动（Basic corrective action），即治本的纠偏举措，先要弄清工作中的偏差是如何产生的，为什么会产生，再从产生偏差的地方开始进行纠正行动。在紧急的状态下，首先应该采取立即纠正行动，但最终，都应该采取彻底纠正行动，对偏差进行认真的分析，不能满足于不断的救火式的直接纠正行动。事实证明，花时间永久性地纠正实际工作绩效与标准之间的偏差是值得的。

（2）修订标准

实际工作中的偏差也有可能来自不现实的标准，也就是说，是标准订得太高或太低了，而不是工作表现。在这种情况下，是标准需要纠正，而不是工作绩效有偏差。

不过，降低标准可能会引起更多麻烦。如用对标准的抱怨来掩饰自己的懒惰就是常有的现象。正如激励的归因理论所解释的那样，人们倾向于将成功归功于自己的努力和聪明才智（内因），而将失败归咎于外部环境（外因），在这里就是指抱怨标准的不合理。当然，也许确实是因为标准不合理（比如定额太高）才导致了工作中的显著偏差，或者说标准也的确需要加以完善或改进，但是，不论是普通雇员还是管理层，当没有达到标准时首先去责备标准并不是恰当的工作态度。就个人而言，正面的工作姿态是首先反省自己，并向雇员或管理层解释你的观点，主动地采取一些必要的行动去改进工作，努力使期望成为现实。

图 11.2 揭示了管理控制的过程。标准来源于目标，但目标又是在制订计划时得到的，因此标准远离控制过程。控制过程基本上是一个在衡量、比较和管理行动之间的连续流动过程。根据比较阶段的结果所采取的管理行动可以是什么也不做、修订标准或改进实际绩效。

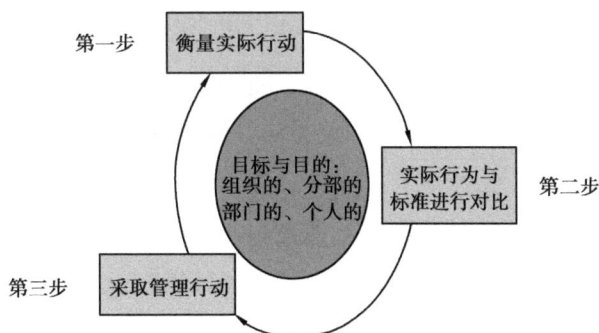

图 11.2 控制的过程

11.3　控制的类型、内容与特征

11.3.1　控制的类型

管理中的控制手段可以在行动开始之前、进行之中或结束之后进行。如图 11.3 所示,在行动开始之前的控制称为前馈控制(Feed-forward control);在行动过程中的控制称为同期控制(Concurrent control);在行动结束后的控制称为反馈控制(Feedback control)。其中,我们常说的"亡羊补牢",既是反馈控制,又是前馈控制。

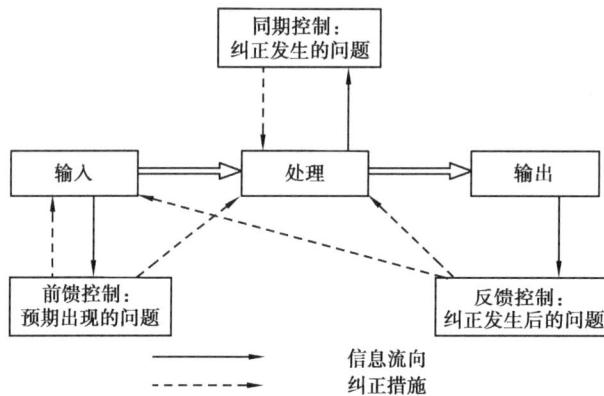

图 11.3　前馈控制、中期控制、反馈控制的关系图

1) 前馈控制

前馈控制是发生在实际工作开始之前的控制,它是以未来导向的控制,又称事前控制、预防控制是最希望采取的控制类型,因为它能避免预期出现的问题。军事演习、消防演练、企业寻求战略联盟合作伙伴关系等都属于前馈控制。采用前馈控制的关键是要在实际问题发生之前就采取管理行动。

前馈控制是期望用来防止问题的发生而不是当出现问题时再补救。这种控制需要及时和准确的信息,当然这很难办到。因此管理者不得不借助于另外两种类型的控制。

2) 同期控制

同期控制又称现场控制、事中控制、作业控制、即时控制、过程控制,它是发生在活动进行之中的控制。在活动进行中予以控制,管理者可以在发生重大损失之前及时纠正问题。

最常见的同期控制方式是直接视察。当管理者直接视察下属的行动时,管理者可以同时监督雇员的实际工作,并在发生问题时马上进行纠正。虽然在实际行动与管理者作出反应之间肯定会有一段延迟时间,但延迟时间是非常短的。正如视频监控,技术设备可以设计成具有同期控制的功能,许多计算机程序中就设置了当出现错误时操作人员就采取的行动。

3）反馈控制

反馈控制是在行动发生之后的控制,又称事后控制,此时损失可能已经发生。总结性会议是组织常见的一种反馈控制方式。尽管反馈控制存在一些缺陷,比如管理者获得信息时损失已经造成了,如前面提到的亡羊补牢,但在许多情况下,反馈控制要优于前馈控制和同期控制。一方面,反馈控制为组织提供了关于计划效果的真实信息:如果反馈显示标准与现实之间只有很小的偏差,说明计划的目标是达到了;如果偏差很大,管理者就应该利用这一信息完善或修订计划。另一方面,反馈控制可以增强员工的积极性。因为人们希望获得评价他们绩效的信息,而反馈正好提供了这样的信息,尽管绩效评价的结果可能是令人沮丧的。

11.3.2　控制原则

实践中,控制活动是复杂的,较难的,环境是不好把握的,绩效是难以考核的,甚至控制的后果也是难以预知的。这个时候,实施管理控制可以基于以下 4 个基本原则:

1）系统控制原则

系统控制是指在控制中要树立目的性、全局性、层次性的观点。

2）以人为中心原则

在控制中应充分发挥人的主观能动性作用,最重要的是纠正人的思想,为人服务,问题最终得靠人去解决。

3）例外与重点原则

管理的控制职能,应该树立一种标准,定期地进行衡量,并且只是进行抽样衡量,只有当情况比较明显地与标准出现偏差时才予以控制。控制的重点应放在对组织目标有重要意义的项目与事务上。

4）弹性原则

任何一个控制系统,必须充分考虑各种变化的可能性,管理系统整体或内部各要素、层次在各个环节和阶段上要保持适当的弹性。

11.3.3　控制内容

管理者控制什么呢？根据事前、事中、事后的控制分类,可以进一步细化控制的内容或者说控制的焦点。虽然控制内容是纷繁复杂的,但许多控制的努力总是使用在下面 5 个方面中的一个方面上,即人员、财务、作业、信息和组织的绩效。

1）人员

管理者是通过他人的工作来实现其目标的。为了实现组织的目标,管理者需要让员工按照其所期望的方式去工作,可以直接巡视和评估员工的表现,纠正可能出现的问题。如果绩效良好,员工应该得到奖励,使之工作更好;如果绩效不达标,管理者就应该想办法解决,并根据偏差程度予以不同的处分。管理者常用的行为控制手段如表11.1所示。

表 11.1　行为的控制手段

甄选	识别和雇用那些价值观、态度和个性符合管理当局期望的人
目标	当员工接受了具体的目标,这些目标就会指导和限制他们的行为
职务设计	在很大程度上决定了工作任务、工作节奏及人与人之间的相互作用
定向	就员工定向规定了何种行为是可接受的或不可接受的
直接监督	监督人员亲临现场可以限制员工的行为和迅速发现偏离标准的行为
培训	正式培训计划向员工传授期望的工作方式
传授	老员工非正式和正式的传授活动向新员工传递了"该知道和不该知道"的规则
正规化	正式的规则、政策、职务说明书和其他制度规定了可接受的行为和禁止的行为
绩效评估	员工会以使各项评价指标看上去不错的方式行事
组织报酬	报酬是一种强化和鼓励期望行为和消除不期望行为的手段
组织文化	通过故事、仪式和高层的表率作用,文化传递了什么构成人们的行为的信息

2) 财务

如企业的首要目标是获取一定的利润。在追求这个目标时,管理者借助于费用控制。又如管理者可能仔细查阅每季度的收支报告,以发现多余的支出;财务主管也可能进行几个常用财务指标的计算,以保证有足够的资金支付产生的各种费用,保证债务负担不至于太重,并使得所有的资产都得以有效的利用。对财务的控制包括但不限于测定、计算和观察以下这些财务指标:流动性检验(流动比率、速率)、财务杠杆(负债比、收益率)、运营检验(周转率)、盈利性(销售利润率、投资收益)等。

当然,财务控制并不仅仅局限企业等营利性组织中使用。如在类似于中国红十字会、宋庆龄基金会等非营利性组织(公益慈善机构)中,管理者的财务控制主要目标之一是提高资金的使用效率;而在医院、学校和政府部门中的预算控制是一种控制成本的重要手段。

3) 作业

作业控制,即对生产作业的事项进行控制。一个组织的成功,很大程度上取决于其生产或服务能力,换言之,作业控制方法是用来评价一个组织的转换过程的效率和效果问题的。

典型的作业控制包括:监督生产活动是否按计划进行;购买能力的评价,以尽可能低的价格提供能保障质量和数量的原材料;监督组织的产品或服务的质量;保证所有的设备处在正常的运行状态下或者得到良好的维护。

4）信息

信息控制，即控制与信息有关的事项。管理者需要信息来完成他们的工作，但不精确的、不完整的、过多的或延迟的信息将会严重阻碍管理行为，因此开发管理信息系统，使它能在正确的时间，以正确的数量，为正确的人提供正确的数据。信息技术的发展为信息的收集、处理和提供带来了巨大的便利，过去管理者要花几天才能得到的数据，现在只需几秒。

5）组织绩效

许多研究部门为衡量一个机构的整体绩效或效果作着不懈的努力。关心组织绩效的利益相关者，例如，对于企业，不仅有组织的管理者、组织的雇员或潜在的雇员，而且包括顾客、客户或其委托人；此外，证券分析家、潜在的投资者、潜在的贷款者和供应商也会作出判断。再如，对于政府机构，要决定一个部门的预算是增加还是减少，其根本的依据就是该部门的任务和绩效。此时，为了维持或改进一个组织的整体效果，管理者应该关心控制。整体绩效的衡量指标，包括生产率、效率、利润、员工士气、产量、适应性、稳定性以及员工的旷工率等，其中的单个或多个指标的综合，在一个或多个侧面反映了组织绩效。

11.3.4　有效控制的特征

有效的控制系统都具有一些相同的特性，当然这些特性在不同情况下的重要程度不同。

1）准确性

准确的控制系统是可靠的，能提供正确的数据。一个提供不准确信息的控制系统会导致管理层在该采取行动时没有行动，或根本没有出现问题而采取行动。

2）适时性

有效的控制系统必须能够提供及时的信息，以便能及时地引起管理层的注意，防止出现对组织造成严重伤害的行为。最好的信息，如果过时了，将毫无用处。

3）经济性

任何控制产生的效益都必须与控制的成本进行比较，使控制从经济角度上看是合理的。为了节省成本，管理层应该在保障期望结果的前提下使用最少量的控制。

4）灵活性

环境的不确定性使得控制方式需要随时间和条件的变化而加以调整。控制系统应该具有这种灵活性，以适应各种不利的变化，或利用各种新出现的机会。

5）通俗性

控制手段应该尽量通俗易懂。一个难以理解的控制系统会导致不必要的错误，挫伤员工的积极性。一个不容易理解的控制是没有价值的。

6）标准的合理性

控制的标准必须是合理的且能达到的。标准的设置需要富有挑战性并能激励员工表现得更好，不能让人泄气或鼓励欺诈行为。标准不合理，就不会起到激励作用。

7）战略高度

管理层应该控制那些对组织行为有战略性影响的因素，包括组织中关键性的活动、作业和事件。也就是说，管理层不可能控制组织中的每一件事，因此控制的重点应该是在容易出现偏差的地方，或者把控制的重心放在偏差造成的危害很大的地方。

8）强调例外

一种例外系统可以保证当出现偏差时管理层不至于不知所措，因此管理层的控制手段应该能够顾及例外情况的发生。

9）多重标准

实际工作很难用单一指标进行客观评价，而多重标准能够更准确地衡量实际工作，防止工作中单一标准所出现的表面文章的现象。

10）纠正行动

控制系统应该能在指出问题的同时给出解决问题的方法。一个有效的控制系统不仅可以指出一个显著偏差的发生，而且还可以建议如何纠正这种偏差。

11.4 对控制的反对

实践中，我们常常遇到因控制而导致社会负面后果的现象。如医院为了避免患者逃欠费而给医院带来损害的情况，一般医院都是规定先交费后治病（救人）。如此，我们经常会听到"因没带够医疗费而未得到及时抢救"导致患者最终死亡的新闻。救急患者之死拷问医院先交钱后救人，属于典型管理控制问题的规则。但各方看似都有合理的托辞。市民说救死扶伤是医生的天职，以交费问题拖延抢救时间肯定不对；医生说在患者未交费的情况下进行救治，可能会导致自己替患者埋单；而医院说很多危重病患者经过急诊救治恢复后因无钱偷偷跑了，导致医院为患者垫付医疗费而造成损失。

如何看待这些问题呢？其实，当控制没有灵活性或控制标准缺乏现实性所产生的后果，有时候可能是严重的甚至危害是无法弥补的，就像上面的例子一样，进而可能导致人们丧失识别组织整体目标的能力。控制措施有时候会扭曲组织存在的目的、意义和价值，导致不是组织在行使控制，而是控制在管理组织，这就是控制系统的缺陷。

任何控制系统都存在某种缺陷，因此当一些个人或组织中的部门想使控制手段看起来好时，问题就产生了。就组织（如医院）的目标而言，其结果就是机能障碍。通常，机能障碍是由于对行为的衡量标准不完善所引起的。如果控制系统仅仅以产量作为衡量依据，那么人们就会忽略质量。就像上面医院收费的例子一样，如果医院仅仅以成本、利润为衡量绩效的依据，那么实际上医院就失去了医院的那个"红十字"标志的意义。与此相似,如果衡量的是活动过程而不是结果,那么人们就在活动过程上花费时间,使之看起来不错;反过来,如果衡量一个学生的学习绩效只看结果(考试分数)而不是学习的过程以及学习的根本价值,那么作弊也就难以杜绝了。总结起来,反对控制的理由主要包括以下 6 条:

①目标不合理,或者目标过多,而人的精力有限;或者目标不明确,抓不住重点。

②标准不合理,或者标准不明确,导致茫然无措;或者标准过高(过低),无法起到激励作用。

③控制过度。过度的控制其实是一种机械控制状态,失去了灵活性,也束缚了自由。

④控制工作的性质。因为控制要衡量绩效,并总是指出偏差、加以整改,甚至会否定过去的行为,所以控制总是带来坏消息。但没有人愿意面对坏消息。

⑤实施控制的主体。这是外行领导内行的情形。不相干的人实施控制,常常与重复、浪费、从头再来等现象相伴。

⑥经济上的考虑。如果控制在经济上不划算,组织(或公司老板)可能会反对控制。

11.5 当代控制问题

11.5.1 控制的国别差异

管理控制既有积极的一面,也有消极的一面。此时,如果在控制系统中不设计一定的灵活性,则可能会产生严重后果。主要体现在以下 4 个方面:

①控制人与工作的方法在不同的国家差别非常大。对跨国公司而言,距离阻碍了直接控制。在国外作业的管理者趋向于远离总部的控制,因此跨国公司总部必须依赖大量的正式报告来维持控制。但是距离产生了形式化控制的倾向,技术的差异异常导致了控制数据的不可比性。如某跨国公司在中国的工厂与在美国的工厂生产同种产品,假定其他条件相同,中国比美国更具有劳动力价格优势;此时,如果总部主管想控制成本,如计算单位产品的劳动力成本或单个工人的产量,其数值将是难以比较的。

②技术先进的国家与技术落后的国家相比,技术对控制的影响更加明显。技术先进国家的组织,如美国、日本、英国、德国的组织除了采用标准化规则和直接监督外,常采用计算机生成的分析报告等间接控制手段来保证活动按计划进行;而在技术相对落后的国家,如菲律宾、赞比亚、黎巴嫩、朝鲜的组织,基本的控制方法是直接监督和高度集中的决策。

③一些国家的法律对管理者采取什么样的纠正行为会有约束。例如,有些国家规定企业的管理当局没有权力关闭工厂、解雇员工,将资金带到国外或从国外引进新的管理队伍。

④为了迎合控制、避免管理者的指责,雇员会故意采取一些虚假行动或操纵衡量标准,进而影响一个特定控制阶段内信息系统中产生的数据,使这些数据表面上看起来光

鲜。篡改控制数据绝非偶然的现象。一般地,组织中的某工作越重要,对个人的报酬越会产生较大的差异,那么该工作被浮夸的可能性就越大。当依据真实的工作绩效来获得奖励的希望非常小时,个人就会倾向于篡改数据使之表面光鲜,如歪曲实际数据、强调功劳、隐匿过失等。与此形成对照的是,如果分配奖金的方法不受影响,则数据中通常只产生随机误差。

11.5.2　工作场所的隐私

有时候,控制也意味着员工的隐私权被部分地剥夺。如你的同事可以读你的电子邮件、接听你的电话;你的主管、上司可以通过计算机监视你的工作、储存和检查计算机文件;公司门卫可能会在员工进出公司、厂房大门时搜身;甚至你在员工澡堂或更衣室也会被监视。

为什么要监视员工在做什么呢? 这是为了防止员工在工作时间上网浏览休闲网站,或为家庭或朋友网上购物,或防止公司机密的泄漏以及防止偷盗行为。

以上这些不是个别现象,实际上,许多公司都制订和实行了工作场所监视制度,包括制订清晰明确的计算机使用规定,告诉员工他们使用的计算机随时都会受到监视,并且,一般会提供明确具体的原则或操作规范,说明电子邮件系统的使用方法,或指明什么是可以接受的网站。

11.5.3　工作场所的暴力

在管理控制的实践中,工作场所也常常伴随有各种形式的暴力存在,这种暴力,既包括硬暴力,如殴打、侮辱、禁闭等,也包括各种软暴力,如歧视、冷漠、恐吓、故意忽视等。形成工作场所暴力的因素可能包括但不限于以下 13 个方面:

①员工是由 TNC(时间、数字、危机)来驱使工作的,内心比较紧张。

②快速的和不可预测的外界环境变化所引起的不稳定性和不确定性折磨着员工。

③管理者沟通时采用过分放肆、恩赐、暴躁、过于消极等有害的交流方式;工作场所过度的取笑、戏弄,或者寻找替罪羊来背锅,造成心灵伤害。

④专制型领导以过于严厉的方式粗暴地对待员工;一般员工不被允许提出疑问、抗辩、参与决策或建立工作团队。

⑤管理者顽固,很少采取或根本没有绩效反馈;只管数量;或以咆哮、恐吓和回避的态度处理冲突。

⑥对管理者和不同的员工在规章、程序、培训机会、职务晋升、工资报酬、休假请假等方面施行双重标准。

⑦缺乏矛盾纠纷的处置机制,或只有敌对方来解决问题而造成悬而未决的冤情。

⑧由于长期存在的规章、以前的工会条约或不愿意(或拖沓)解决问题,而使一些失职的个人受到保护或忽视。

⑨由于管理者的不情愿或不作为,受情绪激动困扰的员工得不到帮助。

⑩没有机会做其他事情,或没有新同事的加入而造成单调乏味的工作。

⑪有故障及不安全的设备,或缺乏培训使工人不能高效率及安全地工作。

⑫糟糕的工作环境,如温度不适、空气质量差、高重复动作、空间过度拥挤、噪声、光污染、加班时间过长、工作负担过重等,导致工作条件具有潜在的危险。

⑬由于个人暴力或谩骂的历史使组织具有某种暴力文化;容忍工作时间饮酒,或容忍吸食毒品;容忍办公室政治斗争;容忍性骚扰或黄色语言等,都可以形成工作场所的暴力。

【本章小结】

1.控制是一种监视工作活动的过程,用来保证工作按计划完成并且纠正出现的任何显著偏差。控制系统是由控制标准、偏差信息、纠偏措施3部分因素构成。

2.控制之所以重要,是因为它监督目标是否按计划实现以及上级权力是否被滥用。控制目标是"限制偏差的积累"和"适应环境的变化",即完整的控制包括"纠偏"和"调适"两个方面。

3.在控制过程中,管理层必须首先根据计划阶段形成的目标制订行为的标准,然后用这个标准来衡量实际的工作绩效。如果标准与实际之间有偏差,那么管理当局必须根据情况选择调整实际工作,或调整标准,或什么也不做。

4.有3种控制类型:前馈控制是以未来为导向的控制,能防患于未然;同期控制是发生在活动进行中的控制;反馈控制是发生在活动结束之后的控制,具有亡羊补牢的作用。

5.控制工作常常聚焦于:人员、财务、作业、信息和组织绩效。

6.一个有效的控制系统应该是准确的、及时的、经济的、灵活的和通俗的。它采用合理的标准,具有战略高度,强调例外的存在,并且能指明纠正问题的方向。

【案例分析】

【案例 11.1】　查克·皮克的停车公司

如果你在好莱坞或贝弗利山举办一场晚会,肯定会有这样一些名人来参加:杰克·尼科尔森(Jack Nicholson)、麦当娜(Madonna)、汤姆·克鲁斯(Tom Cruise)、切尔(Cher)、查克·皮克(Chuck Pick)。"查克·皮克"也是名人?"当然"!没有停车服务员你不可能开一场晚会,而南加州停车行业内响当当的名字就是查克·皮克。查克停车公司中的雇员有100多人,其中大部分是兼职的,每周他至少为几十场晚会办理停车服务。在一个最忙的周六晚上,可能要同时为6~7场晚会提供停车服务,每一场晚会可能需要3~15位服务员。

查克停车公司是一家小企业,但每年的营业额差不多有100万美元。其业务包含两项内容:一项是为晚会提供停车服务;另一项是在一个乡村俱乐部不断地办理停车经营特许权合同。这个乡村俱乐部要求有2~3个服务员。每周7天都是这样。但是查克的主要业务来自私人晚会。

他每天的工作就是拜访那些富人或名人,评价道路和停车设施,并告诉他们需要多少个服务员来处理停车的问题。一场小型的晚会可能只要3个服务员,花费大约400美元。然而一场特别大型的晚会的停车费用可能高达2 000美元。

尽管私人晚会和乡村俱乐部的合同都涉及停车业务,但付费方式却很不相同。私人晚会是以当时出价的方式进行的。查克首先估计大约需要多少服务员为晚会服务,然后按每人每小时多少钱给出一个总价格。如果顾客愿意"买"他的服务,查克就会在晚会结束后寄出一份账单。在乡村俱乐部,查克根据合同规定,每月要付给俱乐部一定数量的租金来换取停车场的经营权。他收入的唯一来源是服务员为顾客服务所获得的小费。因此,在私人晚会服务时,他绝对禁止服务员收取小费,而在俱乐部服务时,小费是他唯一的收入来源。

问题:

1.查克的控制问题在两种场合下是否不同? 为什么?

2.在乡村俱乐部和私人晚会上,列举出查克可能采取的控制手段类型。

【思考与练习】

一、单项选择题

1.控制工作的第一步是( )。

A.采取矫正措施　　　　B.鉴定偏差　　　　C.衡量实际业绩　　　　D.确定控制标准

2."根据过去工作的情况,去调整未来的行动。"这话是对下述哪种控制的描述?
( )

A.前馈控制　　　　B.反馈控制　　　　C.实时控制　　　　D.现场控制

3.统计表明,"关键的事总是少数,一般的事常是多数",这意味着控制工作最应重视
( )。

A.突出重点,强调例外　　　　　　　　B.灵活、及时和适度

C.客观、精确和具体　　　　　　　　D.协调计划和组织工作

4.某企业在新工厂的建设以及生产过程中接二连三地发生了多起恶性人员伤亡事故。为此,新工厂负责人B在公司老板那里挨了一顿训斥。回到办公室后,B立即召集所有有关科室的负责人层层落实安全生产责任制;对所有一线生产职工结合本岗位特点进行了安全培训、教育;并建立了"互保对子",使相互协作的生产职工相互监督,检查"互保对子"的安全生产保障状况。从控制角度来看,该企业在这件事上采取了哪些控制措施? ( )

A.反馈控制　　　　B.前馈控制　　　　C 现场控制　　　　D.以上都是

5."治病不如防病,防病不如讲卫生。"据此,以下几种控制方式中,哪一种最重要?( )

A.现场控制　　　　B.实时控制　　　　C.反馈控制　　　　D.前馈控制

二、名词解释

控制　市场控制　官僚控制　小集团控制

三、简答题

1.在管理中控制的作用是什么?

2.简述计划与控制的联系。

3.为什么说在控制过程中"衡量什么"比"如何衡量"更关键?

4.举例说明管理者用来获得关于实际工作信息的 4 种方法。

5.比较"立即纠正"与"彻底纠正"的差异。

四、应用分析题

在某职能部门工作的管理者(如生产、销售或会计),职能范围是怎样影响他或她所强调的从人员、金融、作业或信息中区分出的控制因素?

第 12 章　彼得·德鲁克的管理思想

【知识目标】

1.掌握彼得·德鲁克关于管理的 3 项任务。

2.掌握彼得·德鲁克关于管理者的两项要务。

3.掌握彼得·德鲁克关于管理者的 5 项基本作业。

【能力目标】

1.理解德鲁克的创新、决策和绩效精神。

2.理解"没有永远的领导者"。

【素质目标】

1.创新意识的塑造。

2.你认同德鲁克关于责任的观点吗?

3.理解德鲁克关于做企业的 3 个境界。

彼得·德鲁克(Peter F. Drucker),被誉为"现代管理学之父"。德鲁克首次提出了"管理学"这个概念,创建了管理这门学科。他的管理思想对世人有卓越的贡献,其著作影响了数代追求创新以及最佳管理实践的学者和企业家们。作为管理类的大学本科生,有必要了解这位被西方管理学界尊为"大师中的大师"及其管理思想的精髓。

12.1　管理与组织使命

掌握彼得·德鲁克管理思想的精髓,要从他对管理的定义入手。或者说,身为一名管理者,首先要弄明白管理是什么? 为什么管理?

德鲁克说:"管理就是界定企业的使命,并激励和组织人力资源去实现这个使命。界定使命是企业家的任务,而激励与组织人力资源是领导力的范畴,二者的结合就是管理。"

管理的这个定义中,德鲁克使用了一个关键词:使命。什么是使命呢? 使命就是组织存在的原因。关于使命的假设规定了组织把什么结果看成有意义的,指明了该组织认

212

为它对整个经济和社会应作出何种贡献。

12.2　管理者的两项要务

德鲁克认为,仅将管理者定义为"对他人的工作负有责任的人"还不够,管理者应该是"对企业的绩效负有责任的人"。这个绩效,就是合理使用资源(人员、设备、原材料等)。基于此,管理者的两项核心要务如下:

1)建立团队

管理者必须建立一支单一、有机的团队。团队并非个体成员能力的简单集合,因为良好的团队能使全体成员的能力倍增。两个人齐心协力,其工作绩效将超过10个单打独斗的人。

作为管理者,要协调大量活动。协调是管理的精要所在。企业必须协调股东、客户、社会、员工和管理人员之间的冲突。经理人的任务是创造出一个大于其各组成部分总和的、真正的、富有活力的整体,把投入其中的各项资源,转化为比单项资源加总更多的东西。

2)权衡利益

管理者必须权衡当前利益与长远利益。管理者所做的一切必须既有利于当前,又有利于根本的长期目标和原则。管理者即使不能把这两个方面协调起来,至少也必须使之取得平衡。管理者必须计算为当前利益而在长期利益方面作出的牺牲,以及为了长期利益而在当前利益方面作出的牺牲,并使这两方面的牺牲尽可能小、尽快地得到弥补。管理者生活与活动于当前和未来的两度时间之中,对整个组织系统的绩效负责。

12.3　管理的三项任务

1)实现组织的特定目的和使命

一个组织的存在,是为了特定的目的、使命以及特定的社会功能。对营利性组织而言,就是经济绩效;对非营利性组织而言,就是公共利益。企业与非营利组织的目的、使命是不同的。只有企业才有经济绩效这项特殊任务,这虽然不是社会赋予企业的唯一任务,但它是优先的任务,因为所有的其他社会任务,如教育、卫生、国防以及知识的更新均依赖于经济资源的剩余,而经济资源的剩余源自成功的经济绩效产生的利润和其他储蓄。

企业管理必须始终将经济绩效放在首位。管理层只能以它创造的经济成果来证明自己存在的必要与权威性。如果管理未能创造经济成果,管理就是失败的;如果管理层不能以顾客愿意支付的价格提供顾客需要的商品和服务,管理就是失败的;如果管理层未能用交付于他的经济资源提高或至少保持其生产财富的能力,管理也是失败的。

2)使工作富有成效,员工具有成就感

企业只有一个真正的资源:人。只有使人力资源具有生产力,企业才能运作。今天的组织已经逐渐变为个人赖以谋生、取得社会地位、获得个人成就与满足的工具。因此,使员工有成就感不仅重要,也是一种衡量组织绩效的尺度。

人力资源是所有经济资源中最为有效使用的资源,提高经济绩效的最大机会在于提高人们工作的效率。企业能否运作,归根结底取决于它促使人们尽职尽责、完成工作的能力,使工作具有生产力。因此,对员工和工作的管理是管理层的一项基本职能。

3)处理对社会的影响与承担社会责任

没有一个机构能够独立生存并以己身之存在为存在的目的。每个组织都是社会的一个器官,作为营利性组织的企业也不例外。只有对社会有益的企业才是好企业。

企业、医院或大学承担的社会责任可能在两个领域中产生:一个领域是机构对社会的影响,另一个领域是社会本身的问题。这两个领域中所产生的问题虽然不同,但都与管理有关。第一个领域讨论的是机构能对社会做什么,第二个领域讨论的是机构能为社会做什么。

现代组织存在的目的是为了向社会提供某种特定的服务,所以它必须在一定的社会环境中工作。它还必须雇用人员为其工作,因此,不可避免地会对社会产生一些影响。

12.4 管理者的五项基本作业

1)制订目标

管理者首先要制订目标。他决定目标应该是什么,为了实现这些目标应该做些什么,这些目标在每一领域中的具体目标是什么。他把这些目标告诉那些同目标实现有关的人员,以便目标得以有效地实现。制订目标是进行平衡:在"企业成果"与"一个人信奉的原则的实现"之间进行平衡,在企业的"当前需要"与"未来需要"之间进行平衡,在"所要达到的目标"与"现有的条件"之间进行平衡。

德鲁克认为,制订目标显然要求管理者具有分析和综合的能力。一个人能够制订目标,不一定就能成为经理人;正如一个人能在一个很小的空间范围内缝针打结,不一定就能成为外科大夫一样。但是,一个人没有制订目标的能力,决不能成为称职的管理者。正如一个外科大夫可以通过提高缝针打结技术来使自己成为更好的外科大夫那样,一个管理者通过提高其各项工作的技术和成就,可以使自己成为更好的经理人。

2)组织工作

在一定意义上说,管理者所从事的就是组织工作。他分析所需的各项活动、决策和关系,他对工作进行分类,把工作划分成各项可以管理的活动,又进一步把这些活动划分成各项可以管理的作业。管理者把这些单位和作业组合成为一个组织结构。

同时,管理者选择人员来管理这些单位并执行这些作业。组织工作也要求管理者具有分析能力,因为组织工作要求最经济地利用稀缺资源。不过,因为组织工作是同人打交道的,所以管理者具有公正、正直的品格。

3)激励和信息交流工作

人们工作是出于不同的原因,有人为了金钱,有人为了社会地位,有人为了得到别人的欣赏,也有人是为了在工作中获得满足感和自我发展。作为管理者,一定要明晰这些人的需求以及不断变化,确保员工尽可能最有效地工作。简而言之,激励就是鼓舞和指导员工取得好绩效。管理者要培训员工,为他们提供有挑战性和有趣味性的工作,激励他们在工作中追求最好成绩。更为重要的是,身为管理者,一定要相信员工并公平地对待他们。

除了激励外,管理者还要做好沟通工作。管理者要把担任各项职务的人组织成为一个团队,而要做到这点,需要通过日常的工作实践,通过员工关系,通过有关报酬、安置和提升的"人事决定",通过同其下级、上级和同级之间经常性的信息交流与沟通。

4)建立绩效衡量标准

管理者要建立衡量标准。衡量标准对于组织绩效和个人绩效至关重要,不但要专注于整个组织的绩效,而且要专注于个人的工作并帮助他做好。管理者要对成就进行分析、评价和解释,把衡量的意义、结果通报给他的下级、上级和同级。衡量是用来促使实现自我控制,而不是用来控制他人的工具。

德鲁克提倡衡量的结果应告知当事人。但衡量常常被人滥用为一种控制的工具,甚至有时候被用来作为一种内部秘密警察的工具。

5)培养他人(包括自己)

管理者最重要的工作就是培养人。这种培养的方向决定着人——既作为人,又作为一种资源——能否变得更富活力,或最终完全失去活力。这一点不仅适用于被管理的人,而且适用于管理者自身。管理者是否按正确的方向来培养其下属,是否帮助他们成长并成为更高大和更丰富的人,将直接决定着他本人是否得到发展,是成长还是萎缩,是更丰富还是更贫乏,是进步还是退步。

人们希望不断提升自己,因此他们需要培训、指导和鼓励。管理者应该为下属提供发展的机会。只有当人们承担有挑战性的工作,他们才能得到发展。人们工作时,不可避免犯有这样或那样的错误。对他人所犯的错误应给予宽容的态度。德鲁克说:"一个人越好,他犯的错误就越多——因为他会努力尝试更多的新东西。我永远不会提拔一个从不犯错误、特别是从不犯大错误的人担任最高层的工作。否则,他肯定将成为一个工作平庸的管理者。"

12.5　创新是一项提升财富创造能力的任务

在当今这个结构快速变迁的时代,管理最大的挑战是使组织成为变革的领导者。此时,管理者需要让组织具有创新活力。而德鲁克将创新定义为一项赋予人力和物质资源以提升创造财富能力的任务;同时,创新也意味着管理者必须把社会的需要转变为企业的盈利机会。

组织创新应该包括但不限于:持续改善、改进某项产品或服务,使之成为真正与众不同的产品或服务;必须学会充分利用组织掌握的知识,在成功的基础上不断开发下一代应用(产品);创新必须是一种系统化的过程。

12.6　有效的决策从解决分歧开始

德鲁克认为决策就是判断,是在各种可行方案之间进行选择。但决策很少是在正确和错误之间进行选择,而主要是在"几乎正确"和"可能错误"之间进行选择。更常见的情况是,在两种不同行为方案之间进行选择,而这两者之间很难说哪个更正确。

德鲁克关于"如何作出有效的决策"的基本概念、方式和方法基于他多年的管理咨询工作,也与传统教科书中的"科学决策"颇有不同。决策者只有从看法开始,才能发现决策是关于什么事的。德鲁克认为,人们所提供的答案当然是各不相同的,但这些不同并非备选方案本身的差异,而绝大多数是看法上的分歧,反映了一种潜在的(也常常是隐蔽的)关于决策实际上要解决什么问题的分歧。因此,有效决策的第一步是确定各种可能的问题。

12.7　绩效精神要求每个人都充分发挥他的长处

德鲁克认为,组织的目的是使平凡的人做出不平凡的事。组织不能依赖于天才,因为天才稀少如凤毛麟角。一个真正优秀的组织,能够使组织中那些并非优秀的平常人取得比他们看来所能取得的更好的绩效,能够使组织中所有成员发挥出长处,并利用每个人的长处来帮助其他人取得绩效。此时,组织的任务还在于使其成员的缺点相抵消。

因此,组织的绩效精神要求每个人都充分发挥他的长处,绩效评价的重点是放在一个人的长处上,也就是重点是放在他能做什么上,而不是他不能做什么上。

德鲁克认为,组织的人际关系或氛围,其检验标准应该是绩效。如果人际关系不以达成出色绩效为目标,那么实际上就是不良的人际关系,是互相迁就,并会导致组织内人员士气萎靡。

12.8　没有永远的领导者

世界变化非常快速,很多企业领导人都苦恼于无法有效地将成功经验复制或是转移给他们所领导的人或组织，或传给其接班人。但德鲁克认为，没办法"复制"或"移转"经验。如你闻到一朵玫瑰花很香，这样的经验是无法转移的；每个人都必须自己去闻玫瑰的香味。

经验是无法"转移"的。组织领导人最大的挑战是如何通过组织的设计，有系统地提供精确的管理实务经验（而非所谓的成功经验）给年轻一辈的经理人，让他们得以从中得到启发，并在实际管理中创造出属于他们自己的模式。

12.9　做企业的三个境界

德鲁克曾以"三个石匠的比喻"来说明做企业的三个境界：

第一个石匠说"我终于找到了一个好饭碗"。

第二个石匠说"我做的是一流的石匠活"。

第三个石匠说"我在建一座大教堂"。

德鲁克认为，第三个石匠才代表做企业的最高境界。

从石匠寓言来审视中国企业，在中国目前的"成功企业"中，有相当一部分仍属第一种境界，有少数企业进入第二种境界，具备第三种境界的企业，几近于无。而中国要想获得强大的国家竞争力，就必须拥有一批不仅进入财富 500 强而且真正堪称"伟大公司"的企业。中国企业要想在下一个 20 年从表面的胜利走向实质的成功，就必须从第一种境界进入第二种境界，进而达到第三种境界。"伟大"是一种"永远在路上"的状态，一种认为自己"永远不够伟大"的心态下对于"伟大"的持续追求。

12.10　管理当局的责任

进入德鲁克管理世界的捷径就是从认识管理人员的责任、员工的责任和企业的责任开始。在《管理：任务、责任、实践》一书中，实际上德鲁克是把管理诠释为：管理任务、承担责任、勇于实践。在该书中，德鲁克还告诫人们，作为管理者不应以自己的性格行事，更不得以显示自己的权力行事，而是要按自己的职责行事。

在德鲁克看来，"权力和职权是两回事。管理当局并没有权力，而只有责任。它需要而且必须有职权来完成其责任——但除此之外，决不能再多要一点。"管理当局只有在它进行工作时才有职权（Authority），而并没有什么所谓的"权力"（Power）。

德鲁克反复强调，认真负责的员工确实会对经理人提出很高的要求，要求他们真正能胜任工作，要求他们认真地对待自己的工作，要求他们对自己的任务和成绩负起责任来。

责任是一个严厉的主人。如果只对别人提出要求而并不对自己提出要求，那是没有用的，而且也是不负责任的。如果员工不能肯定自己的公司是认真的、负责的、有能力的,他们就不会为自己的工作、团队和所在单位的事务承担起责任来。

同时,要使员工承担起责任和有所成就,必须由实现工作目标的人员同其上级一起为每一项工作制订目标。此外,确保自己的目标与整个团体的目标一致,也是所有成员的责任。必须使工作富有活力,以便员工能通过工作使自己有所成就,而员工则需要有他们承担责任而引起的要求、纪律和激励。

12.11　德鲁克的经典著作导读

1)《公司的概念》

1945 年出版的《公司的概念》(*Concept of the Corporation*),是德鲁克从组织角度审视企业社会结构,审视组织、管理和工业社会的著作,并首次把管理视为承担特定工作与责任、履行组织特定机能。德鲁克首次提到了"组织"的概念,奠定了组织学的基础。传统社会学没有"组织"的概念,因为传统社会学研究的是社会(society)和社区(community),而"组织"既不是社会,也不是社区,却又兼有两者的成分。

2)《管理的实践》

1954 年出版的《管理的实践》(*The Practice of Management*)是管理学的诞生以及管理这门学科创建的标志。在该书中,德鲁克精辟地阐述:管理是一种实践,其本质不在于"知"而在于"行";其验证不在于逻辑,而在于成果;其唯一权威就是成就。

3)《卓有成效的管理者》

1967 年出版的《卓有成效的管理者》(*The Effective Executive*)提出,管理者的价值是帮助同事(包括上司和下属)发挥其长处并避其短处。该书讨论的对象并不是那些决定要做些什么或应该做些什么的高级主管,而是为每一位对促进机构有效运转负有行动与决策责任的知识员工。管理部门的核心不是职能而是服务;管理如果脱离了其服务机构及对象,就失去了存在的意义。

4)《管理:任务、责任、实践》

虽然管理从一开始的时候将注意力放在企业等营利性组织上,但管理实际上是所有现代社会机构的器官。德鲁克在《管理:任务、责任、实践》(*Management: Tasks, Responsibilities, Practices*,1973 年)一书中指出:"管理是一种器官,是赋予机构以生命的、能动的、动态的器官。没有机构(如工商企业),就不会有管理。但是,如果没有管理,那也就只会有一群乌合之众,而不会有一个机构。而机构本身又是社会的一个器官,它之所以存在,只是为了给社会、经济和个人提供所需的成果。可是,器官从来都不是由它们做些什么来确定,更不用说由它们怎么做来确定,它们是由其贡献来确定的。"德鲁克把管理比作器官,也就是要揭示:"管理"的重要性所在,不是由它想做些什么或者它是怎么做的来确定,而是像判断一个身体器官的功能一样,由它在整个组织中到底起到了什么作用来确定。

5)《旁观者》

《旁观者》(*Adventures of bystander*)出版于 1979 年。对于该书的重要价值,德鲁克说:"我希望借此呈现社会的图像,捕捉并传达这一代人难以想象的那种神髓、韵味与感觉。在我的著作中,没有一本反刍的时间像这本这么长——20 年来,这些人物一直在我脑海中挥之不去,行、住、坐、卧,无所不在;也没有一本书这么快就问世了——从我坐在打字机前写下第一个字,到完成全书,不到一年的光景。这本书虽不是我最重要的著作,却是我最喜爱的一本。"

6)《变动中的管理界》

《变动中的管理界》(*The Changing World of the Executive*)出版于 1982 年,主要探讨了有关管理者的一些问题,管理者的角色内涵的变化,管理者的任务和使命,面临的问题和机遇,以及他们的发展趋势。在该书中,德鲁克对传统的管理者概念提出了一系列质疑,对其日常工作内容、决策和绩效标准提出了一些新的见解,重点内容包括:管理者的工作事项、企业绩效、非营利部门、在工作的人们、变化中的世界 5 个方面。

7)《创新与企业家精神》

《创新与企业家精神》(*Innovation and Entrepreneurship*:*Practice and Principles*)出版于 1985 年,是一部有关创新理论和实践的经典之作,通过大量真实案例和解析,探讨了有关创新的观点、行动、规则和警示,首次将实践创新与企业家精神视为所有企业和机构有组织、有目的、系统化的工作,展示了如何寻找创新机遇,将创意发展为可行的事业需注意的原则和禁忌,并把机构——创新的载体作为重点,从现存企业、公共服务机构以及新企业 3 个方向来讨论企业家管理。该书被北京大学国家发展研究院管理学教授、原华南理工大学工商管理学院教授陈春花称赞为"对未来产生重大影响的经典之作"。全书强调目前的经济已由"管理的经济"转变为"创新的经济"。

8)《21 世纪的管理挑战》

德鲁克在《21 世纪的管理挑战》(*Management Challenges for the 21st Century*)一书中指出:"管理"最初并不是应用在企业,而是应用在非营利组织和政府机构里。1912 年泰勒在美国国会上作证时谈到"科学管理",美国因此初次注意到"管理"。当时泰勒没有提及任何企业,却引用非营利的美友诊所为例。而泰勒的"科学管理"最广为人知的实例也不在企业,而是应用在美国陆军的毕特城兵工厂,虽然最后因工会的压力而放弃。

【本章小结】

1.德鲁克说:"管理就是界定企业的使命,并激励和组织人力资源去实现这个使命。界定使命是企业家的任务,而激励与组织人力资源是领导力的范畴,二者的结合就是管理。"

2.德鲁克指出,管理者的两项核心要务是:建立团队;权衡利益。

3.德鲁克认为,管理的三项任务包括:实现组织的特定目的和使命;使工作富有成效,员工具有成就感;处理对社会的影响,承担社会责任。

4.管理者的五项基本作业包括:制订目标;从事组织工作;从事激励和信息交流工作;建立绩效衡量标准;培养他人(包括培养自己)。

5.德鲁克将创新定义为一项赋予人力和物质资源以提升创造财富能力的任务,以及把社会的需要转变为企业的盈利机会。

6.决策者只有从看法开始,才能发现决策是关于什么事的。因此,有效决策的第一步是确定各种可能的问题。

7.德鲁克认为,绩效精神要求每个人都充分发挥他的长处。

8.德鲁克认为,经验是无法"转移"的。组织领导人最大的挑战是如何通过组织的设计,有系统地提供精确的管理实务经验(而非所谓的成功经验)给年轻一辈的经理人。

9.德鲁克曾以"三个石匠的比喻"来说明做企业的三个境界。

10.德鲁克把管理诠释为:管理任务、承担责任、勇于实践。

【案例分析】

【案例12.1】 老板与员工的故事

在咨询行业流行这样一个故事:一个咨询顾问到一家公司去,老板非常高兴地说:"你来得正好,帮助我培训员工,因为他们笨得像猪一样,我说什么他们都听不懂。"接下来这个顾问去培训员工,但是员工们却对顾问讲:"你快去培训我们老板吧,他讲的全是鸟语,我们根本听不懂。"

问题:请用彼得·德鲁克的管理思想来分析该公司老板在管理上的问题。

【点评】"既然员工'笨得像猪',就应该用猪的语言去说,老板却用'鸟语',员工当然不懂!"这是原华南理工大学工商管理学院的陈春花教授对这个小故事的诙谐点评。尽管表述有些直白,但一语道破管理的核心所在。换句话说,就是老板和员工根本无法对话。

管理者有时喜欢把事情变得复杂不易理解,以显示自己卓尔不群和有深度,但是管理是要作决定并让所有人执行这个决定的。管理所要求的合格决策,就是让下属明白什么是最重要的。企业的管理者每日忙于决定他们认为重要的问题,但是对于下属应该做什么,对于每一个岗位应该做什么却从来不作分析,不作安排,结果每一个员工都是凭着自己对于这份工作的理解,凭着自己对企业的热情和责任在工作,达成的工作结果就很难符合标准。

【思考与练习】

一、单项选择题

1.下列哪种认识不符合德鲁克的管理思想( )。

A.管理者就是对他人的工作负有责任的人

B.只有对社会有益的企业才是好企业

C.管理者最重要的工作就是培养人,包括自己

D.有效的决策是从解决分歧开始的

二、名词解释

组织使命　创新

三、简答题

1.对比本书第1章关于管理的定义与德鲁克关于管理的定义,阐释两个定义的区别与联系。

2.根据德鲁克对创新的理解,简述你对我国倡导的"大众创业,万众创新"的看法。

四、应用分析题

请根据彼得·德鲁克的"三个石匠的比喻",系统地阐释你对管理者的要务、管理的任务、创新、决策、领导、绩效评估的理解。

附　录

附录 1　如何学好"管理学"——以案例讨论为例

在多数情况下,管理类的教学是除了理论知识的传授以外,还包括在整个教学过程中随时穿插大量的案例教学。大学生教育的最终目标,其实就是帮助受教育者一生能够不断地自我教育。因此,从某种意义上看,管理类的教学也是一种以学生为中心(student-centered)的教学模式。此时,学生的准备和主动参与直接决定着教学效果的好坏。

首先是学习姿态:

有两种学习姿态,对于包括"管理学"在内的任何课程的学习都非常重要:一种是"永远都要坐前排";另一种是"买件红衣服穿"。

做任何事情,态度决定高度。在大学的课堂里,经常性上课迟到的、不爱读书的、不愿参与互动的、不愿回应教师的同学,都会选择坐在后排或者选择靠后就座。与此相反的,一般会尽量选择前排就座。实际上,"永远都要坐前排"是一种积极的人生态度,能激发一往无前的勇气和争创一流的精神。在这个世界上,想坐前排的人不少,真正能够坐在"前排"的却总是不多。选择"坐在前排",就是把这种积极的人生态度转化为具体行动。

歌德说,"善于捕捉机会者为俊杰"。美国钢铁大王卡内基小时候路过一处建筑工地,看到有位老板模样的人正指挥工人建百货大楼。卡内基向他请教成功秘诀,老板回答:"第一,勤奋;第二,买件红衣服穿。""买红衣服?""你看我有这么多员工,都穿清一色的蓝衣服。只有那个穿红衬衫的,他与众不同的穿着让我认识他,所以将要请他做我的副手。"卡内基深受启发,在他以后的经营理念中,个性化生产、个性化营销是公司最重要的信条。如果你手中有一项工作,那么,竭尽全力把它做成最好的。你要在业绩上超过所有的人,不要表现得和别人一样,要成为你所在群体中突出的那一个。要想让别人注意到你,只有恒久地付出与专注,才能将你造就成一个不平凡的人,才能自己给自己创造机会。

其次是课前准备：

管理学的案例教学力图把管理实践上客观发生的事件以背景、事件和过程的形式描述下来，在课堂上要求教师、学生本人站在案例"当事人"的角度去思考问题和反思，不管你有没有管理经验，你都要设身处地地进行角色扮演。为什么要这样做呢？其实这样学习所隐含的逻辑是：学习管理是一种熟能生巧的过程，你扮演决策者或者站在管理者的角度考虑决策问题和决策过程多了，你对各行各业了解多了，那么作为管理者，你做正确的事和把事情做正确的概率就比没有经过训练的人高出许多。

但对学生来说，要从案例教学中受益，必须在课前阅读案例，也就是个人要作准备，把案例的背景和描述的信息搞清楚，甚至某些案例还有图表、财务数据等，都要读懂、明晰，多问几个为什么。然后进行小组成员讨论，要求小组成员都相互自由地、开放地贡献自己的看法与思路，充分讨论甚至争论，但并不要求所有成员就某个问题达成完全一致的意见；这样每个成员相互学习、检查和审视自己的决策思路，能增强自己的倾听能力和锻炼自己作为决策者对不同思路和看法的包容能力。这样才能有效学习案例。

再次是课堂参与：

在大家的共同参与下，案例讨论可以逐渐演变为类似董事会的决策会议，或案例公司中高级管理人员开会的模拟场面进行讨论。同时，也有必要服从教授的调度和引导。这是一种从具体的管理现象或管理实践到一般的商业规律，再到将管理理论运用到具体的商业环境和决策的学习思路。

最后是课后反思：

虽然教授会在课堂上带给学生一些问题的分析框架、知识要点，但一般不会鼓励你照搬这些分析框架，也不会简单地告诉你应该如何做，最多教授们只提出他自己的观点和看法。这是因为，一方面，教授可能完全不如学生了解学生自己和所处的变化的环境；另一方面，学习的目的是让学生针对自己组织（可以是模仿的）的情况和所处的商业环境加以灵活运用，提高作正确决策的概率或增强领导能力和领导艺术。这时，学生就要反思，思考在我们自己的企业和所处的这个商业环境下，怎么去管理，怎么去运用我们的管理知识去解决我们自己的现实的问题。课堂重要的是培养如何进行思考与分析的能力，你不可能期望在课堂上学到能解决所有问题的知识。

附录 2 中国的 MBA、MPA、MSW 教育简介

一、中国 MBA 教育简介

1）基本情况和发展趋势

工商管理硕士（Master of Business Administration,MBA）教育于 20 世纪初起源于美国,经过百余年的发展,逐渐成为国际上通行的工商管理教育的主流模式。1990 年,国务院学位委员会正式批准在我国设立工商管理硕士（MBA）学位并于 1991 年开始招生。目前,MBA 教育已经成为我国培养高层次管理人才的重要渠道,对我国的改革开放和经济社会发展作出了重要的贡献。

自 2002 年起,我国开始培养高级管理人员工商管理硕士（Executive Master Of Business Administration,EMBA）。EMBA 教育是面向高层管理人员招生的工商管理硕士教育。

MBA 教育的目标是培养综合性管理人才。MBA 学生在入学前应有一定的实践经验,各种专业背景的大学毕业生都可以报考 MBA。毕业生主要从事企业管理工作。

MBA 教育注重理论与实践的结合,强调能力与素质的培养。MBA 培养院校通过与企业建立密切联系或与企业联合培养,保证教学内容紧密联系企业实际,MBA 教育通过各种课程和案例教学、企业实践项目等环节培养学生从事企业经营和管理工作所需要的战略眼光、创新意识、创业精神、团队合作能力、处理复杂问题的决策和应变能力以及社会责任感。

MBA 核心课程包括经济与管理理论和方法课程以及与企业管理职能相联系的专业课程。MBA 教育具有团队学习的特点,强调案例教学与互动教学,学生通过 MBA 教育不仅可以学到系统的管理理论与专业知识,还可以与同学分享管理的实践经验,增长才干。

近年来,MBA 教育在全球的发展趋势主要体现在 5 个方面：

①重视学生全面素质的提升,注重培养 MBA 学生的领导力和企业家精神,强调沟通能力和团队合作能力训练,强调商业伦理和企业社会责任的教育；

②强调培养 MBA 学生的全球视野、跨文化沟通与跨文化管理能力；

③强调 MBA 教育贴近企业实践,通过与时俱进和改革创新,适应不断变化的形势；

④开设综合性课程,为 MBA 学生提供整合多学科知识、解决综合性问题的训练；

⑤强调 MBA 教育的特色、个性和差异化,以适应多元性的市场环境。

管理教育与一个国家或者一个地区的制度、文化密切相关。我国的 MBA 教育始终坚持"以我为主,博采众长,融合提炼,自成一家"的原则,与时俱进,结合中国国情不断改革与创新,培养坚持正确的政治方向,既有理论知识又有实践能力,既有国际视野又深谙中国国情,既有开拓创新能力又有社会责任意识的高素质经营管理人才。

2) MBA 学位的基本要求

(1) 获本专业学位应具备的基本素质

获得工商管理硕士(MBA)学位者应具有良好的学术道德和商业道德;具有企业公民意识、社会责任意识和可持续发展意识;具有人文精神、科学精神和创业精神。

(2) 获本专业学位应掌握的基本知识

①基础知识。获得工商管理硕士学位者应掌握现代经济学和管理学的基础理论知识,如经济学、管理学和组织行为学;掌握企业管理所需要的基本分析方法与工具,如统计分析和决策分析。

②专业知识。获得工商管理硕士(MBA)学位者应掌握与企业职能管理相联系的专业知识,如会计、财务、营销、运营、人力资源管理、信息管理等,还应掌握与企业综合管理相联系的专业知识,如领导、决策、创业、公司治理、战略、商业伦理与企业社会责任等。

由于管理人才涉及不同的行业领域和岗位,因此鼓励工商管理硕士(MBA)的专业课程体现行业特色和岗位特色。获得工商管理硕士(MBA)学位应该掌握能胜任某个企业综合管理或职能管理岗位所需要的专业知识。

(3) 获本专业学位应接受的实践训练

工商管理硕士(MBA)教育强调采用案例教学,核心课程至少有 1/4 的时间采用案例教学。会计、财务、营销、运营、人力资源管理和战略管理等课程必须有具有实践经验的专家参与授课。

工商管理硕士(MBA)教育强调密切联系企业管理实践,学生在学期间至少要完成一个解决实际问题的分析报告。

工商管理硕士(MBA)的学位论文必须结合管理实践。

(4) 获本专业学位应具备的基本能力

获得工商管理硕士学位者应具有在全球视野下把握全局的战略思维和分析能力;具有解决复杂问题的科学决策能力;具有团队意识和沟通能力;具有创新能力和组织领导能力。

(5) 学位论文基本要求

①选题要求:工商管理硕士(MBA)学位论文选题应来源于管理实践,要求从企业管理的实际需要中发现问题,提倡问题导向型研究和案例研究。

②学位论文形式和规范要求:工商管理硕士(MBA)学位论文工作时间应不少于半年;论文的具体形式可以是专题研究,可以是调查研究报告或企业诊断报告,也可以是企业管理案例及分析等。

③学位论文水平要求:学位论文要综合反映学生独立运用所学知识发现问题、分析问题和解决问题的能力以及调查研究和文字表达的能力,要求内容充实,联系实际,观点鲜明,论据充分,结论可靠,写作规范。论文写作要求概念清晰,条理清楚,文字通顺。

(6) 对高级管理人员工商管理硕士(EMBA)的要求

EMBA 教育是主要面向企业和政府经济管理部门高级管理人员的 MBA 教育。工商管理硕士(MBA)学位基本要求适用于 EMBA。

由于培养对象的特殊性,EMBA 在基本素质和基本能力要求方面强调具有较强的开拓创新能力和领导能力,掌握系统的现代管理知识和国际政治、经济、技术发展的最新动态,具有全球经营的战略思维和总揽全局的决策能力。在知识学习方面,强调面向国际竞争环境的知识整合运用与决策导向。EMBA 学位论文形式一般为综合研究报告,提倡研究解决企业管理中的全局性问题。

(以上信息来源:全国工商管理硕士教育指导委员会网站)

二、中国 MPA 教育简介

1)MPA 专业学位概况

公共管理硕士(Master of Public Administration,MPA)专业学位是以公共管理学科及其他相关学科为基础的研究生教育项目,是为政府部门及非政府公共机构培养从事公共管理、公共事务和公共政策研究分析等方面的高层次应用型、复合型公共管理专门人才。

公共管理硕士专业学位研究生教育的产生与公共管理事业的发展密切相关。从1924 年美国锡拉丘兹大学马克斯韦尔公民与公共事务学院率先开展后,公共管理硕士专业学位教育在世界范围内蓬勃发展,成为很多国家培养高层次应用型公共管理人才的主要途径之一。

2)MPA 专业学位基本要求

(1)获本专业学位应具备的基本素质

应是德才兼备的高素质人才。政治素质过硬,道路自信,忠于国家,忠于宪法,服务人民。并在学术道德上,树立法治观念,坚守学术底线,严守学术诚信,恪守学术规范。坚决杜绝剽窃、抄袭、篡改、伪造等违反学术道德与学术规范的行为。在职业素质上,具有良好的职业道德和敬业精神,具备服务国家、服务人民的社会责任感。增强创新创业能力。在心理素质上,要有乐观、积极、向上的生活态度和爱岗敬业的精神,意志坚定,自信有度,能正确面对顺境与逆境、成功与失败,具有宽广和包容的胸襟,乐于听取不同的意见。

(2)获本专业学位应掌握的基本知识

①基础知识。应完成公共管理硕士专业学位核心课程的学习,建立完整的公共管理领域基础知识结构,掌握公共管理、公共政策的基本理论、方法以及技术,能够交叉运用管理、政治、经济、法律、现代科技等方面知识和科学研究方法,发现、分析、解决公共管理领域问题。

②专业知识。应在完成核心课程的基础上,选择相应的专业方向,完成该专业方向的系列课程,以熟练掌握公共管理专业技能及研究方法,并完成一些完善知识结构、拓宽视野、提升素质和陶冶情操的选修课。

公共管理硕士专业方向由各培养院校根据自身优势、地域特点和办学条件,结合所招收公共管理硕士生的学科背景及其工作单位需求,经过充分论证后开设。一般地说,公共管理硕士专业方向的开设应与公共管理有关领域、具有共性的公共事务等密切相关。

公共管理硕士生根据自身工作需要、特长和兴趣,选择相应的专业方向。在完成有关系列课程后,应能掌握相关专业方向的基础理论知识、熟悉相应的政策分析方法和技术,工作能力和工作潜力得到切实提高,为日后成为通才型的政策分析者、管理者和领导者奠定坚实的知识与技能基础。

（3）获本专业学位应完成的实践训练

公共管理硕士专业学位教育在培养目标、培养对象、课程设置、培养方式以及知识结构、能力结构等方面有特定的要求和质量标准,区别于教学、科研型人才的培养要求。实践训练是体现公共管理硕士专业学位教育特色的重要方式。

应完成两方面的实践训练:一是要参与相当课时的经过设计的案例教学课堂训练;二是要在公共部门完成有专门实践导师指导的公共管理实践训练。

①案例教学训练:应完成相当课时数的案例教学训练。通过案例教学的训练,在分析、讨论、角色扮演等学习形式中,获得利用理论知识分析和解决公共管理问题的真实"体验",培养在面临矛盾、问题和困境时作出科学决策的思维方法,提升对问题解决方案进行价值判断的能力,以及综合运用所学知识、方法和技能解决实际问题的能力。

②公共管理实践:应完成达到培养方案规定时长的公共管理实践训练。公共管理实践是公共管理硕士生掌握一定的公共管理理论、公共政策分析方法后,在政府部门或非营利组织机构等公共部门进行的实践训练。在实践导师的指导下,有意识地将理论运用到实际工作中,以提高工作效果、提升工作技能。实践形式可以是多元化的,包括参观、考察、参加课题研究等。

在公共部门工作的公共管理硕士生可以在原工作单位完成公共管理实践训练。不在公共部门工作的公共管理硕士生须到公共部门完成公共管理实践训练。公共管理硕士生完成公共管理实践训练后应提交符合所在学位授予单位质量要求的实践报告。

（4）获本专业学位应具备的基本能力

应具备较强的综合能力,能完成公共部门纷繁复杂的工作任务,能应对突发事件、解决新问题。具体如下:

①具有公共服务的能力。具有服务意识,责任心强,对工作认真负责,密切联系群众;善于运用现代公共管理方法和技能,注重提高工作效益。

②具有较强的学习能力。树立终身学习观念,有良好的学习习惯;能通过研读资料和实践等渠道,从理论和实践两方面积累知识与经验;能掌握科学的调查研究方法,发现和分析问题,把握事物发展规律,预测发展趋势,并提出对策建议。

③具有沟通协调能力。语言文字表达条理清晰,用语流畅,重点突出;尊重他人,具有团队合作精神,能有效运用各种沟通方式。

④具有较强的创新能力。公共领域问题的复杂性和难以复制性要求公共管理硕士

生必须具备探索的创新精神,具备新观点、新思维,为提高国家创新力和国际竞争力提供支撑。

⑤具备应对突发事件的应变能力。公共管理实践工作的复杂多变,要求公共管理者能够审时度势,对可能出现的突发事件能够制订预案;在面对复杂事件、突发事件和紧急情况时能保持清醒冷静的头脑,处变不惊,抓住主要矛盾,采取有效措施积极应对。

(5)学位论文基本要求

学位论文写作是我国公共管理硕士教育中不可缺少的重要环节,是公共管理硕士生知识结构、技术方法与综合能力的集中体现,也是其教学培养、理论研究、综合素质等各方面的表达途径和导出方式。同时,撰写公共管理硕士学位论文作为学生学习的最后一个环节,也是体现学生理论联系实践能力的重要方式。

①选题要求:学位论文应体现专业学位特点,强调应用性和实践性,运用先进技术和方法,分析解决公共管理实践中的问题。为了使论文达到一定深度,在论文选题中应选择适当的切入点,使研究的问题具体化、细分化。选题的一般原则是要有实践意义或理论意义。

②学位论文形式和规范要求:学位论文应在导师指导下,经过开题、写作、答辩等环节完成。学位论文答辩过程中需要有公共管理理论和实践领域专家参与。

③学位论文质量要求:选题与综述:选题为公共管理领域的现实问题,在职研究生的选题能够结合作者本人的管理实践,综合、全面地反映有关问题及相关领域的研究状况。

论文能够体现理论基础、专业知识及分析能力:体现出作者在公共管理学科及相关领域较扎实的理论基础;运用规范的公共管理研究方法,通过调研,进行科学分析和论证;材料翔实,结构严谨,推理严密,逻辑性强;层次分明,图表规范,善于总结提炼。

论文成果有一定的创新性、科学性和有效性:能综合运用公共管理理论与方法研究新现象、新问题,提出新命题、新观点;论文成果具有较大的实用价值,为公共管理提供决策参考与政策建议。

(以上信息来源:全国公共管理专业学位研究生教育指导委员会网站)

三、中国 MSW 教育简介

1)学位名称

社会工作硕士专业学位,英文译为"Master of Social Work",MSW。

2)培养目标

培养德、智、体全面发展,具有"以人为本、助人自助、公平公正"的专业价值观,掌握社会工作的理论和方法,熟悉我国社会政策,具备较强的社会服务策划、执行、督导、评估和研究能力,胜任针对不同人群及领域的社会服务与社会管理的应用型高级专业人才。

在国际上,在社会科学领域,社会工作早已成为一门独立的学科和专业,它同社会学、经济学、心理学、政治学等具有同等的学科地位,并已形成比较成熟和完备的社会工作专业教育体系。美国、英国、日本等发达国家以及印度、巴西等发展中国家,不但招收大量的社会工作本科生,而且都设有社会工作硕士专业学位来培养实务导向的社会工作高层次人才。

3) 招生对象及入学考试方法

招生对象一般为社会工作者及相关专业或具有一定社会工作实践经验的其他专业的学士学位获得者。

入学考试实行全国统一组织的统考或联考及招生单位自行组织的专业复试,主要依据考生的考试成绩以及面试情况并结合工作业绩与资历择优录取。

4) 学习年限

实行弹性学制。可以全日制学习,也可以非全日制学习。全日制学习期限为 2 年;非全日制学习期限为 2~4 年。

5) 培养方式

①实行学分制。学生必须通过学校组织的规定课程的考试,成绩合格方能取得该门课程的学分;修满规定的学分方能撰写学位论文;学位论文经答辩获得通过可按学位申请程序申请社会工作硕士专业学位。

②教学方式采用课程讲授、案例研讨和专业实习等多种形式,重视实践教学。实务课程要配备现代化的多媒体教室、社会工作实验室等硬件设施,要聘请有实践经验的优秀社会工作人才为学生上课或开设讲座,可采用案例分析的方式授课,加强社会工作实务技能的训练,兼顾研究能力的培养。

③重视实习环节。要求学生至少有 800 h 的专业实习。发挥学校督导与机构督导的双重作用,提高实习教学水平。

④成立导师组,发挥集体培养的作用。导师组应以具有指导硕士研究生资格的正、副教授为主,并吸收社会服务与管理部门的优秀社会工作人才参加;实行双导师制,即学校专职教师与有实际工作经验和研究水平的优秀社会工作人才共同指导。

6) 社会工作硕士专业学位课程设置

社会工作硕士专业学位课程的总学分不低于 36 学分。包括公共必修课、专业必修课、选修课、社会工作实习、毕业论文。

7) 学位论文

学生应在导师指导下独立完成学位论文。论文可以是项目设计与评估、实务研究或政策研究,经答辩通过和校学位委员会讨论通过后获得学位。

(以上信息来源:中国学位与研究生教育网)

附录3　公共管理学科,什么是好的毕业生

公共管理学科的人才培养,目前并没有统一的评价标准(有的完全参照企业人力资源管理的评价标准,但争议很大),既难以用技术与创造来衡量(如自然科学),也难以用文化创造来衡量,如艺术、影视戏剧、历史,更难以用金钱来衡量,如财务学、金融学等。但是不是就不具有能够形成共识的标准呢? 也不尽然,对照国外的相关学科体系、国家治理需求以及转型期社会的现状,我们可以总结出一些可供参考的评价指标,主要包括以下3个方面:

1)大学的成绩单

大学的成绩单包括数学类、计算机基础类、外语类等公共基础课,专业基础课、专业选修课,同时与素质教育选修课等的综合成绩单,以及外语能力证书,如四、六级,托福成绩。根据博弈论,一份不错的成绩单,是这个学生能力、智力和毅力的表现。

2)自我考评

自我考评或阐述自己从事科研创造的经历、经验;或展示自己音乐、体育、辩论、演讲等才艺方面的天赋及获取的奖项;或强调自己与众不同的领导才能。

3)课余生活

课余生活主要是一份学校报告或教师报告。目前已经有相对比较健全的考评体系。对于公共管理学科的毕业生来说,除了学生掌握的本专业领域的一技之长外,还要包括一些个性化的因素,重点是考查通过学生的课余生活来体现的个人素质(Personal Quality)。

对学生课余生活,看重的是以下5点:

①质量远胜于数量。无须贪多求快的全才,即我们不能期待他/她是各个领域里的通才(这毕竟是极少数),而只需在某一领域里的持之以恒、坚持不懈,培养"不抛弃、不放弃"的品质;你要告诉大家,你为何坚持并如何坚持下来了。

②参加社会公益服务。其中,社区义工是重要的内容。社会志愿服务活动内容包括:医院、养老院、孤儿院、福利中心、收容所、戒毒所等,帮助孤寡病残者料理生活,参加社区的义卖活动,为社区贫困家庭的孩子义务辅导数学和阅读,到贫困地区义务支教,帮助疏导、辅导、矫正"家暴、虐待老人孩童"等。

需要指出的是,公共管理学科的教育特别强调深入社会底层的实践教学,引导学生正视贫困与疾病等问题,鼓励学生用乐观的精神和同情心,通过切身感受贫困与患病人群的生活,运用自己的专业知识和智慧去影响乃至改变社会。目前重庆大学公共管理(大类)本科生培养方案,除了部分专业课程(如社区管理、非营利组织管理、社会工作、公益慈善事业管理等相关课程)有相应"社会实践与社区服务"的课时、学分外,还有一门"社会服务"专业实践课,1个学分。我们认为,一个没有社会服务记录或社会服务记录

很糟糕的学生,不管其学习成绩如何优秀,都是不合格的公共管理专业毕业生,因为一个不参加社会服务的学生在"公共精神"的品质上是不健全的,浪费了学校的资源。

③"做有意义的事"。如到地震灾区、到乡村田野、到菜市场、到城乡接合部、到优秀社区、到国外……去做社会调研,以中立、独立的立场去面对、正视和试着解决来自社会的方方面面问题,去体验社会。

一个大学毕业生,如果能在其看似平凡、朴实的课余活动和大学生活中,发掘出人生的意义及社会影响,那才是真正的闪光点。

④塑造团队精神(Teamwork)和领导力(Leadership)。在课余生活的参与中,学生的团队合作精神或领导力突出,是良好品德与健全人格的体现,比如,组建一个读书俱乐部,在校刊担任编辑、主编、特约记者、新闻调查员。组织一场晚会或舞会、球赛、辩论赛、野外活动……成为某个运动队、辩论队的队长……学生会在这些实践体验中收获良多。

⑤正确地理解社会精英。社会精英,通常是指社会上一些出类拔萃的人,其基本特征是:能独当一面,有一定知识和很强的工作能力。赢得社会认可,是精英的标志;换言之,当精英为社会作出贡献并且为社会所认可,就成为了社会精英。

社会精英的存在,是客观的、现实的、必要的,对一个社会的发展必不可少。在成熟的市场经济中,政治精英、经济精英、知识精英、普通大众、贫困群体都属于稳定的社会群体。无论是哪一个国家、社会,还是哪一种行业,都有社会精英,也都需要社会精英。

那么什么样的人能成为社会精英呢? 其必须具备两个方面的素质。第一,潜能或者说能力。所谓潜能,包括基本素质、理解能力、知识面、独立思考力、分析判断能力、逻辑思维能力、创新精神、沟通能力、语言水平等,是一个人能够主动判断形势、理解现状、积累知识与经验、寻找机会、调节自己、摸索可能性、改变现状等的能力。但通常这些能力与"文凭"没有显著的因果关系,而与社会环境、自己的努力、教育导向有直接联系。第二,公共意识。社会精英要具有高度的社会责任感。一个人为自己所在的所生活的国家、社会做点事,且这些事除了对自己有意义和利益外,同时对整个社会,对他人也有意义和价值。

总之,学生在日复一日的生活积累中,养成持之以恒的品质、强健的体魄和良好的人格,拥有丰富多彩的生活经历,并懂得感恩、承诺和热心奉献,为其毕业后步入社会(公司、企业或社会组织、政府部门),在个人自我与事业、家庭、社会责任中权衡利弊,懂得取舍、明辨是非等奠定基础。而一份坚持学习、训练、表演的出色的成绩单,一份可能不起眼但却尽心尽力的志愿服务记录,能让人看到你的毅力、恒心,不可小觑的能力与智力,以及你的坚持、诚信与团队的奉献精神。

参考文献

［1］斯蒂芬·P.罗宾斯,玛丽·库尔特.管理学［M］.11 版.李原,孙健敏,黄小勇,译.北京：中国人民大学出版社,2012:6.

［2］斯蒂芬·P.罗宾斯,玛丽·库尔特.管理学［M］.9 版.孙健敏,黄卫伟,王凤彬,等,译.北京：中国人民大学出版社,2008:12.

［3］斯蒂芬·P.罗宾斯,玛丽·库尔特.管理学［M］.7 版.黄卫伟,孙健敏,王凤彬,等,译.北京：中国人民大学出版社,2004:1.

［4］刘志坚,徐北妮.管理学——原理与案例［M］.广州：华南理工大学出版社,2004:2.

［5］周三多,陈传明.管理学［M］.4 版.北京：高等教育出版社,2014:12.

［6］中央党的群众路线教育实践活动领导小组办公室.损害群众利益典型案例剖析［M］.北京：中国方正出版社,2013:4.

［7］彼得·德鲁克.德鲁克管理思想精要［M］.北京：机械工业出版社,2009.

［8］George L. Kelling, Catherine M. Coles. Fixing Broken Windows：Restoring Order And Reducing Crime In Our Communities［M］. New York：Free Press, 1998.

［9］陈春花.我读管理经典［M］.北京：机械工业出版社,2016:9.

［10］陈春花.管理的常识：让管理发挥绩效的 8 个基本概念［M］.北京：机械工业出版社,2016:10.

［11］周三多,陈传明,鲁明泓.管理学——原理与方法［M］. 5 版.上海：复旦大学出版社,2011:9.

［12］郑立梅,陈晓东.管理学基础［M］.北京：清华大学出版社,2006:7.

［13］王利平.管理学原理［M］.修订版.北京：中国人民大学出版社,2006:6.

［14］罗锐韧.哈佛管理全集［M］.上下卷全.北京：企业管理出版社,1998:12.

［15］弗莱蒙特·E.卡斯特,詹姆斯·E.罗森茨维克.组织与管理：系统与权变的方法［M］.傅严,等,译.北京：中国社会科学出版社,2000:6.

［16］吴军.浪潮之巅［M］.北京：人民邮电出版社,2016:5.

［17］刘云柏.中国儒家管理思想［M］.上海：上海人民出版社,2015:8.

［18］郑立梅,陈晓东.管理学基础［M］.北京：清华大学出版社,2006:7.